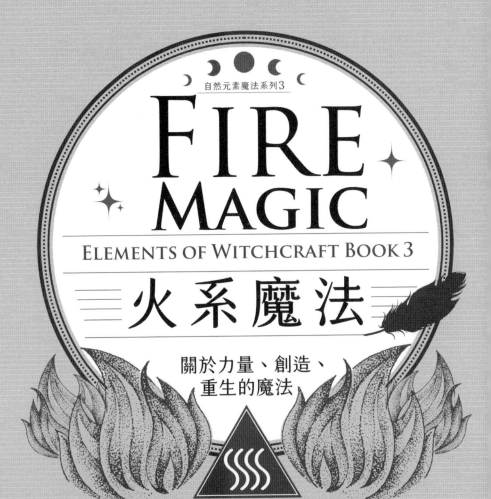

自然元素魔法系列3

FIRE MAGIC

ELEMENTS OF WITCHCRAFT BOOK 3

火系魔法

關於力量、創造、
重生的魔法

約瑟芬・溫特 Josephine Winter 著　非語 譯

本書獻給我的祖母約瑟芬，
感謝我坐在她的爐火旁所學到的一切。

目錄

第3部　火系魔法的應用與儀式

自然魔法系列緒論

魔法工作的基石

好幾世紀以來，透過許多祕傳的實務做法，元素們一直是魔法工作的基石。無論是占星學或現代巫術，這四大元素都在更廣大的多維靈性架構範圍內創造出邊界和結構。它們強調概念，使概念變得更加淺顯易懂。

確切地說，「土」（earth）是我們行走其上的地面，它是岩石、泥漿、山脈。「土」也是我們的身體以及今生的物質顯化，它是我們的中心和我們的穩定。

「火」（fire）是壁爐裡的火焰，它是蠟燭、營火、太陽。「火」既可以溫暖，也可以毀滅。它有力量轉化和煽動，它的火焰是我們的熱情和我們繼續前進的意志。

「水」（water）是來自天空的雨，它是人世間的海洋和湖泊、令人欣慰的沐浴、早晨的露水。「水」是我們的血液和汗水，以及我們的記憶，它統治我們的情緒，顯化成為眼淚。

「風」（air）在我們周圍，它是我們的呼吸、我們聽見的聲音、觸碰我們臉龐的風。「風」攜帶種子和花粉、警告人的氣味和令人愉悅的氣味、文化的歌謠。「風」是我們的聲音、我們的念頭、我們的點子。

雖然每一種祕傳系統以不同的方式應用這些基本概念，但四大元素都在幫忙建構實務做法，逐漸產生對自我的更加理解。對現代女巫來說，四大元素往往表現在她們的魔法工具中；舉例來說，高腳酒杯可能是水，五角星形可能是土。對信仰巫術的威卡派（Wicca）教徒來說，比較具體的是，四大元素幫忙升起魔法圈，讓保護區得到力量的加持。在塔羅牌中，四大元素流經數字牌的象徵性意象；而在占星學中，每一個元素由三個星座代表。對其他人來說，四大元素為每天的靜心、觀想、法術施作或生命功課，提供靈性指引。有人可能會問道：「我需要什麼元素才能度過今天呢？」

本書是一套特殊書系的第三本，這套書系深入探討元素的象徵意義和魔法效用。每一本聚焦在一個元素，涵蓋與該元素相關聯的每一樣東西，從靈性聖域和神明，到實用的法術和儀式。對於想要將自己包裹在元素實務做法中的女巫來說，或是對於需要每一種元素資源的某人而言，本書和同一書系的姊妹作品，將會提供你需要的每一樣東西。

「巫術的元素」（Elements of Witchcraft）書系中的每一本著作，是由來自全球的四位不同作者所撰寫，這顯示，領略深奧莫測的四大元素涉及多麼的廣泛和深入，以及該如何讓那個概念為你自己的魔法和靈性需求運作。

加入我們，一起深入探索四大元素的魔法效用吧。

——海瑟・葛林（Heather Greene）

水、風、火、土四大元素魔法系列主編

作者序

神聖的火元素能量

火（fire）與火焰（flame）對現代女巫和異教徒的工作和修行至關重要，方方面面多不勝數。從節慶時的巨大篝火，下至簡單的茶燈蠟燭，眾所周知，我們一直用火來代表某個神聖的元素、季節的交替、眾神週期循環的重要時間點、已故的親人、太陽或星星等等。一年到頭，陽光或下雪，室內或戶外，火幾乎始終是我們的作業和慶典的關鍵部分。

我寫這本書的目的，不只是要探索火在整個巫術社群、異教徒世界、神祕文化中的現代和歷史用途，而且要向火的種種方式表示敬意，對於我們作為人類和一個社群的真實存在，火是相當重要的。

就像幾個世紀以來廚房爐火是家戶的中心一樣，篝火、營火、蠟燭火焰，也是異教儀式、聚會、魔法運作不可或缺的一部分。與我一起工作的團體通常在戶外工作，而且只要澳大利亞的用火限制允許，無論以篝火或蠟燭的形式，火都扮演著重大的角色。

如果回想參加過的異教節慶（尤其是需要露營的節慶），你八成會發現，你對那段時間的許多美好記憶都圍繞著火：在營火旁社交，在篝火旁跳舞，乃至只是使用燈籠、火炬或蠟燭。我曾經體驗過的某些最深刻的社群儀式，都與以下情況大有關係：隔著圓圈看著我的朋友和摯愛的臉孔被閃爍的黃光照亮，而且知道我們正在為了什麼而努力，我們正在為了什麼而共同努力。雖然「火」並不是讓這些時代變得特殊的唯一事物，但它們確實是我們如何體驗和參與這個社群的基石。

火也有它具毀滅和危險的一面。我們有時候會忘記這點，因為生活在二十一世紀第一世界的奢華享樂中，這點得到了緩衝。我完成本書同時，正當澳洲有史以來最嚴重的叢林大火在我身邊燃燒：我有朋友失去了家園。數千公頃的森林和田野被燒毀，數以百萬計的本地動物遇難。新聞和我們所有社交媒體的訂閱新聞推送，密密麻麻地擠滿了燃燒灌木和建築物的黃色和紅色，以及動物被燒死令人作嘔的黑色。馬拉庫塔（Mallacoota）鎮被龐大的森林火災完全包圍，早晨的天空變成一片漆黑，必須出動海軍營救滯留的居民。

今年整個夏天，襲擊我們的恐懼，來自於我們領悟到火是一個很難操控的元素，那份操控權遠比我們有時候喜歡認定的少許多。同樣是溫暖我們冰冷的指尖且將人們聚集在一起的火，只要情況適合，也可以摧毀和殺死萬物。

火元素

如果你已經閱讀或實踐現代巫術相當一段時間，一定會偶爾遇見土、風、火、水以及（有時候，視你的傳統而定）靈（spirit）等元素。你可能會在建立魔法圈或準備神聖空間時確認它們的存在，或是在你的祭壇上有它們的圖像。

為什麼是四大元素？

在世紀之交，十幾歲的我熱衷閱讀的大部分「巫術」書籍（天哪，我覺得自己好老，居然在撰寫這類書籍了）都堅決主張，在任何儀式中擁有平衡的元素表現是必不可少的，但是卻沒有一本書真正深入探討原因，或是這個概念從哪裡來。

四大（有時候是五大）元素是自然界中所有事物的基本「建築砌塊」的理念，在許多古老文化中是被廣泛接受的信念：在古代的巴比倫尼亞（Babylonia）、希臘、波斯、日本、印度等等，都有類似的元素列表。中國古代的「五行」（「五種流行之氣」的縮寫❶，意指「在不同時期主宰的五種氣或能量」）系統更將「木」列為第五大元素。

幾個世紀以來，這些理念主要是以哲學術語來考量；除了用來解釋或分析自然發生的事物外，這些元素也用來解釋宇宙論和神話學的事件。直到科學和科學研究的興起，例如「伊斯蘭黃金時代」（Islamic Golden Age，西元八百年至一千四百年）以及十七世紀歐洲的「科學革命」（Scientific Revolution），科學家們才開始更密切地研究這個理論：一路走來，實驗、驗證、分類更多的元素。

但是上述任何一點跟巫術有什麼關係呢？這些元素如何進入我們的儀式和「心魔之書」（Book of Shadows）且來到我們的祭壇上呢？答案部分落在歐洲的魔法書和魔法書傳統。

註❶：Zai, *Taoism and Science*, 133。

魔法書、巫術、四大元素

grimoire（魔法書）這個英文字來自一個古老的法蘭克單字，意思是「面具」或「巫師」，而且與grammar（文法）這個現代英文字有關連。魔法書時常被認為是魔法的「咒語書」或「教科書」。這些書（其中某些被認為曾被灌注魔法力量）往往收錄如何創作驅邪法寶和避邪物等魔法物品的說明；如何執行魔咒、符咒、占卜，以及如何召喚或祈請超自然的存在體，例如天使、靈、神明、惡魔。

我想在這裡暫停一下，指出某些現代女巫交換使用「魔法書」和「心魔之書」這兩個術語，但是這兩個術語往往是不同的：「心魔之書」這個詞的歷史不到一個世紀。它是由威卡教（Wicca）的創始人英國巫師傑拉德．加德納（Gerald Gardner）在一九五〇年代初創造的，最初是用來描述加德納的女巫們一入門便被贈予的手寫宣誓書。加德納的女祭司之一朵琳．瓦連特（Doreen Valiente）在她的著作《巫術的重生》（*The Rebirth of Witchcraft*）之中聲稱，加德納在一九四九年的一本神祕雜誌中發現了這個詞：它是一篇文章的標題，刊印在加德納的小說《高等巫術手冊》（*High Magic's Aid*）❷上。

正如巫術在半個多世紀以來，一直不斷演化和擴展且隨後增加許多內容一樣，「心魔之書」（或簡稱 BoS）的定義也已經成長，變成收錄女巫比較個性化的筆記本，包括魔法指令和記錄、咒語、夢境日誌等等。

雖然自古以來某些宗教和靈性教派一直使用魔法書，但是在文藝復興期間，也就是介於西元十四世紀左右中世紀結束與十七世紀「啟蒙時代」（Age of Enlightenment）開始之間的過渡時期，魔法書的普及度卻急劇上升。

文藝復興是社會許多部分發生巨大改變和「重生」的時期。科學、藝術、邏輯的價值遠遠超過中世紀時期，對歷史和歷史文獻的興趣也是如此。在這段期間，對魔法書的興趣崛起，擁有或研究魔法書成為時尚：愈古老、愈神祕，愈好。

從那時候開始，許多關於魔法書的著作和評註，後來被諸如「黃金黎明」（Golden Dawn）之類的儀式魔法會社所採用，而傑拉德·加德納後來便利用這些將他得到的巫術傳統的碎片拼湊起來，而且企圖用現有的資料「填補空缺」。

註❷：Valiente, *The Rebirth of Witchcraft*, 51。

其餘的就是歷史了。傑拉德於一九五〇年代開始撰寫和出版關於巫術和威卡教的文章，那是在英國廢除了最後一條取締巫術的法律之後。威卡教和其他各種巫術成功來到了美洲、澳洲以及世界其他地方，在那裡，它們遇見且融合了六〇和七〇年代湧現的理念（環保主義、女權運動、性解放等等），今天某些已確立的異教傳統和理念的雛形於焉誕生。現在，每十年就有愈來愈多的傳統和開路先鋒，而且每十年異教的「帳篷」（rent）就變得更大、更生氣勃勃，實在是不可思議。

儘管如此，以各種方法和手段，四大元素在許多儀式和許多資料（巫術及非巫術）裡都占有重要地位。如果沒有值得重視的東西，它們大概不會如此盛行，這些包括：土的穩定和肥沃、風的聰明才智和創造力、火的實力和熱情、水的情感和夢幻等等。

火元素尤其獨一無二，因為它是四大元素中唯一可以被創造出來的：點燃火柴、摩擦木棍取火乃至輕彈加熱器或爐子上的開關。它也是唯一可以被其他三個元素摧毀的元素：你可以把水倒在熊熊火焰上、把土堆在營火上方或是吹熄蠟燭。

本書的用法

在本書的前四章，我會研究整個歷史、民間傳說、神話中對火的崇敬和魔法。第五到八章概述當今與火的某些常見對應關係和關聯，然後我們將在後面幾章將所有內容匯總起來，談到更多的親自動手做以及討論火和蠟燭魔法、儀式用火、火系節慶等等。

預先跳到後面這幾章可能很誘人，但是由於這些章節的內容有時候大量借鑒歷史和民間傳說對火的描述，我保證，如果直接跳到後面章節，你絕不會全面了解這個迷人的元素以及它如何融入你、我的巫術。

第1部

火系魔法的神話與歷史

神話學扮演「靈」的清晰覺醒的關鍵。

——克里斯多佛・休斯（Kristoffer Hughes）
《來自誕生的大鍋》（*From the Cauldron Born*）

1 貫穿古今和所有文化的火

身為女巫和異教徒，我們用火和火焰所做的事絕不是新鮮事。從石器時代最早期開始，火就一直存在於人類的文化中，而且有證據顯示，從那時候開始，人們就在儀典上使用火。

史前時代

人類能夠基於這些目的（木炭的碎片、種子、燧石碎片）控制火，最早的證據差不多有八十萬年歷史。❸火使我們的祖先能夠活著，為千千萬萬個冬天提供烹飪和熱度。

因此，人們認為，對火的崇拜、敬畏、奉若神明，可以追溯到同樣遙遠的時間也就不足為奇了。

大部分的印歐語言（西元前一千年，在整個歐洲以及西南亞和南亞部分地區所使用的語系），對火有兩個不同的概念：

* **egni**：以及它的變體字描述了有生命的火。這是梵文中「火」的字根 *agni*（阿耆尼，這也是印度教火神的名字）以及拉丁文 *ignis* 的字根，現代英語因為 *ignis* 而得到諸如 *ignite*（點燃）之類的字。
* **paewr**：以及它的變體字描述了無生命的火。在這裡，我們得到希臘文 *pyr*（現代英文 *pyre*〔火葬用的柴堆〕和 *pyromaniac*〔放火狂〕等字的字根），以及現代英文單字 *fire* 的先祖。❹

註❸：Goren-Inbar 等人，"Evidence of Hominin Control of Fire"。

註❹：Etymology Online（線上詞源學），"Fire"。

將火用於儀典的某些最早證據包括：

- 燒製黏土「維納斯」小雕像，可以追溯到大約一萬一千年前。這些小型女性塑像組成迄今發現的某些最古老的燒製陶器。最著名的小雕像「維倫多爾夫的維納斯」（Venus of Willendorf）實際上是用石灰石雕刻而成的，但是其他雕像，例如「下維斯特尼采的維納斯」（Venus of Dolní Věstonice），則是燒製的黏土，而且已經追溯到大約西元前兩萬五千年至兩萬九千年。
- 最早的火葬儀式的證據，可以追溯到大約西元前一千五百年，發生在西歐。
- 在印度南部早期印度教祭壇的儀式，用火的證據來自大約同一時間。

西元前六百年

祆教

「拜火者」（fire-worshipper）這個詞有時候與「祆教」（Zoroastrianism，譯註：又名

「拜火教」、「瑣羅亞斯德教」）有關，這是一個由「瑣羅亞斯德」（Zoroaster，或稱「查拉圖斯特拉」Zarathustra）於西元前第六世紀左右在波斯（Persia）創建的宗教體系。祆教是第一個崇拜單一神明而不是許多神明的主要宗教，它起源於現在的伊朗東北部和阿富汗西南部。

在祆教中，火（*atar*）和水（*aban*）被認為是儀式淨化的媒介，因此在許多儀式中占有顯著的地位，而在古代，儀式時常發生在火系神廟或火的「房子」中。

希臘和羅馬

在希臘羅馬文化中，有兩大類型的火焰崇拜：爐床之火和鍛造之火，前者有羅馬女神維斯塔（Vesta），以及與她相當的希臘女神赫絲提雅（Hestia），後者則有羅馬男神伏爾甘（Vulcan）以及希臘男神赫菲斯托斯（Hephaestus）。希臘泰坦神普羅米修斯（Prometheus）的故事眾所周知，他從眾神那裡竊取了火，將火給了人類。你可以在第三章讀到更多關於這些神明的信息。

西元一千五百年至一千七百年

歐洲：燃燒的時代

我認為，要寫一本關於女巫和火的書，在某種程度上不可能不提到「燃燒的時代」（Burning Times），那是西元一千五百年至一千七百年之間，當時在歐洲，被控施展巫術的人們被燒死在火刑柱上。

火刑是這時候對付異端的首選處決法。這種做法起源於巴比倫尼亞和古代的以色列，後來被歐洲人所採用。火作為洗禮者或淨化者在整本《聖經》中占有重要的地位，而且許多人認為，以這種方式處決異端是讓做錯事的人擺脫罪孽或「邪惡」的方法……加上在過程中還有除去做錯事的人的「方便副作用」。

就跟在一九九〇年代末期和二〇〇〇年代初期接觸巫術和異教信仰的其他人一樣，我不斷地接觸到「燃燒的時代」的故事，包括：在中世紀的女巫審判期間被燒死的九百萬或更多女巫，一直承繼著「舊宗教」的女巫們的完整傳承——可以追溯到那個時候……等等。

在我還是小小女巫的時候，幾乎讀到的每一本巫術書籍都提到了這點，完全沒有任何主要來源的參照或引證。「九百萬女性」這個數字幾乎被我認識的每一位女巫和異教徒都接受成為絕對的真理，而且它變成了我們自己的一部分神話。誰能責怪我們呢？幫助復興一個在幾個世紀以前幾乎喪失在基督教壓迫者手中的宗教，實在太浪漫了，就連最硬的心腸也無法抗拒。

然而，問題是，這不完全是事實。

在一九二〇年代，瑪格麗特・默里（Margaret Murray）博士首先讓以下概念大受歡迎：在高度組織化的女巫集會中，有完整的女巫傳承可以追溯到「燃燒的時代」。雖然這是一個非常浪漫的想法，但是這個理論很快就被歷史學家和考古學家們否定了：除了沒有任何實質證據外，我們知道，語言、讀寫能力、方言、旅行、距離、經濟上的限制，會使女巫網絡（其實是任何網絡）無法在工業化之前的時代以默里所聲稱的方式存在。

儘管名譽掃地，但是默里的理論後來卻被傑拉德・加德納所採納，在一九五〇年代，英國廢除了最後一條老舊的反巫術法律之後，加德納是第一位「曝光」的巫師。加德納在他的許多工作中大量引用了這些理論，這些變成了我們今天實踐的許多巫術和異

教的基石。❺

加德納對默里理論的詮釋，反過來變成了一九六〇和一九七〇年代有影響力的早期生態中女性主義女巫的基礎，也因此，我們今天在某些巫術資料中還是會看見許多（但不是全部都有）「九百萬女性」的浮誇之辭。在一九九〇年的加拿大紀錄片《燃燒的時代》（*The Burning Times*）當中，這個數字得到進一步的鞏固，因為該片採用了其中幾位作者的看法。

但是，當我們客觀地看待巫術和異教作者對「燃燒的時代」的某些主張時，重要的是不要忽略羅納德．哈頓（Ronald Hutton）教授所描述的「潮汐波」（tidal wave），他在研究中以毫不含糊的措辭指出：

- **在此期間，在歐洲境內被處決的人數遠遠少於九百萬**。沒有「官方」數字，但是學者們估計，數字在四萬到六萬之間。❻九百萬的神話，起源於一七八四年德國學者戈特弗里德．克里斯蒂安．福格特（Gottfried Christian Voigt）所寫的一本小冊子。在這本小冊子當中，福格特估計了（又是在沒有任何證據支持的情況下）在一千多年的時間中、因巫術而被處決的人數。從那以後，無數其他人斷章取義地使用了這個數字。

● **女巫狂熱不是有系統的，實際上並沒有良好的組織。**在中世紀期間，歐洲各地的文化差異極大。對於性別角色、「巫術」／魔法、羅馬教會的態度因國家而異，甚至因城市而異。在不同的國家和城鎮，教會對民間魔法的可接受度、迷信等等，也有不同的看法，即使是在克拉馬（Kramer）的《女巫之槌》（*Malleus Maleficarum*，這是關於女巫和巫術最著名的專著，於十五世紀末首度在德國出版）出版之後。❼

● **對獵巫人或教會來說，《女巫之槌》並不是被普遍接受的文獻。**儘管它當時受到某些宗教極端分子的歡迎，但是許多人認為，《女巫之槌》有辱男性的虔誠以及修女和女性聖人的成果。❽其他人則指出，它忽略了大部分已被確立的關於巫術和惡魔學的傳說。許多宗教裁判所的法官以及神職人員同樣蔑視它，斥之為過度偏執和厭惡女性。❾

註❺：美國作家傑森．曼基（Jason Mankey）在他的著作《轉型的巫術》（*Transformative Witchcraft*）中，針對默里和加德納對現代巫術的貢獻做了絕佳的解讀。

註❻：Adler, "A time for Truth"。

註❼：Waldron, *The Sign of the Witch*, 180。

註❽：Hutton, *Triumph of the Moon*, 180。

註❾：Waldron, *The Sign of the Witch*, 182。

不要誤會我的意思：這當然是一場拙劣的演出和悲劇。幾萬人以最野蠻的方式，在全然悲慘和極度痛苦中喪生。這些人通常是女性，她們往往窮困，而且在某種程度上通常處於弱勢或被邊緣化。但這並不是某些人所說的「女巫大屠殺」。絕大部分被指控和處決的人們，並沒有被鑑定是女巫或經鑑定擁有我們今天所知類似女巫的任何東西。

這一切是否意謂著，身為女巫和異教徒，我們不應該學習或閱讀關於女巫審判的信息？絕對不是。任何類型的女巫狂熱都形成我們的歷史的重要部分，如果你有興致，都值得好好研究。我認識的許多現代女巫，在他們的書架上都有專門探討這個主題的一區。其他人則在學術層面探索了，這些審判和被告的供詞，在多大程度上影響了現代對巫術的理解和詮釋。

重要的是，我們不要促使某種不當的用詞和態度，延續到今天的現代異教信仰之中：每年的耶誕節和復活節，我都看見「網路梗」在社交媒體上一再宣傳：「那些可怕的基督徒」偷走的「異教」傳統，而且每一個萬聖節，我都看見有人胡扯閒聊，說凡是有魄力的女性都是「燒不死的女巫的孫女」。鄭重聲明，我不需要成為某位女巫的孫女就可以為自己挺身而出，而且我當然不需要不斷地嘲笑別人的宗教來為我自己的宗教辯護。

在新異教（Neopaganism）崛起的早期，與所有基督徒大叫對罵，且將巫術視為反抗主流文化的一種方式，那可能是可以接受的，八成也很好玩。但是，讓態度和意識形態奠基於我們現在知道是不真實且有問題的故事是沒有助益的，它們令人尷尬，而且分散了注意力，使人無法關注各地異教祭司所做的努力，更不用說許許多多求道者在他們投入這個宗教時所發現的和諧與美麗了。

西元五〇年至今

出現在歐洲和不列顛群島的柳條人

在女巫和異教徒身邊待得夠久，你應該至少看過一次一九七三年的英國邪典恐怖片《異教徒》（*The Wicker Man*）。喜愛或厭惡（根據我的經驗，不管是喜愛或厭惡，大部分異教徒似乎都有強烈的看法），這部電影在當代異教文化中啟發了柳條人（wicker man，由木材、牧草或蘆葦製成陰森逼人的巨型人物，然後放火點燃）的復興。

我在澳大利亞境內的異教節慶見過一些令人血脈賁張的柳條人。在二十一世紀初，吉朗異教徒（Geelong Pagans）每年都在奧特威（Otway）雨林上演「火人」（a burning man）節，節慶的高潮在於點燃一個巨大人型，那是我們在前一天集結社群之力建造的。人型的設計很巧妙：他是一副巨大的骨架（有胸腔和所有一切），由鎖在一起的鐵片組成。我們唯一需要做的是，收集成捆的柴枝，固定在結構上，讓他「長出肉來」。一旦這一切在儀式中燒掉，那具骨架繼續存在，在黑暗中發出熾熱的光芒。

許多人們認為柳條人是「凱爾特人」（Celtic）的文化，也是古老的凱爾特習俗。但是目前還不清楚是否真有其事。在德魯伊教（Druidism 或 Druidry）的活人獻祭中使用這些的記載，全都可以追溯到尤利烏斯・凱撒（Julius Caesar）西元五〇年的著作《高盧戰記》（*Commentaries on the Gallic War*）。在這本著作中，凱撒提到高盧人（居住在西歐古老地區的凱爾特部落，包括現在的義大利北部、法國、比利時、德國與荷蘭的部分地區）為了安撫他們的神明而做出的「國家」犧牲。[10]

根據凱撒的說法，這些儀式是由德魯伊教僧侶監督和精心安排的，而且包含「巨大的肖像，四肢由柳條編製而成，裡面裝了活人，放火點燃；於是犧牲者死去，被火焰包圍。」[11]

凱撒聲稱，這主要用於處決罪犯，不過也有無辜者遭圍捕並犧牲，以便補足需要的數字。可是，雖然我們知道，德魯伊教僧侶確實實行過活人獻祭，但是沒有找到任何考古學的證據證實凱撒的說法。

歷史學家推測，這個故事是凱撒發明的，為的是用來當作某種不怎麼高明的宣傳，他舉例說明「野蠻的」高盧人（Gaul）和不列顛人需要一些羅馬「文明」，藉此幫忙證明高盧戰爭是正當的。[12]

凱撒的敘述被許多其他古代作家引用和重複，但是直到一六七六年，英國歷史學家艾利特・薩姆斯（Aylett Sammes）出版了《古代不列顛文物》（*Britannia Antiqua Illustrata*）的時候，才有人對它提出質疑或說明。薩姆斯或多或少有些逐字引用了凱撒對柳條人的描述，然後加入了一些他自己的修飾，說明這個人的四肢被「按照籃子的性質編織在一起」等等。[13]

註⑩：Symes, *Willow*, 50。
註⑪：Caesar, Julius, *Commentaries*, 183。
註⑫：Hutton, *Blood and Mistletoe*, 3-5。
註⑬：Symes, *Willow*, 51。

除了這段描述外，薩姆斯還收錄了一幅他想像中高盧人的柳條人可能會是什麼樣子的版畫。這幅圖像（一名金髮人遙看遠方，有著自然的面孔，勻稱的雙臂和雙腿由筆直的柳椿製成，形成籠子，關押悲慘的囚犯）成為自此以後柳條人的所有視覺表現的基礎。[14]

但是，儘管這些不大可能有的結構，在古代確實存在的可能性愈來愈小，然而有關體型不小、人身尺寸之肖像的報導確實到處存在。

十九世紀之前，燃燒「柳條人體模型」（*mannequins d'osier*）在法國境內相當普遍。這種做法類似於在歐洲其他地區點燃仲夏篝火：人們認為它可以驅散惡靈。在巴黎的熊街（Rue aux Ours），人們過去時常製作巨大的柳條人偶，他們將人偶打扮成士兵，帶著在街上逛幾天，在七月三日當天把它燒掉。一六四三年以前，「熊街的使者」（*Le geaunt de la Rue au Ours*）每年被燒毀，由一位被選為「國王」的當地人負責當場監督。這位國王有幸用點燃的火炬縱火燒掉那個人偶，而當火熄滅時，當地人爭先恐後地搶奪剩餘的碎片。[15] 有些故事聲稱，這是為了紀念一四一八年焚燒一名褻瀆神明的士兵，但是大部分的學者並不同意，認為這比較有可能只是一種地區的奇風異俗，在當時是相當司空見慣的傳統。[16]

無論柳條人是真正的歷史做法，還是古羅馬的宣傳產物，從那時候起就一直被持續裝置著，多虧一九七〇年代電影製作人的重新構想，而且受到薩姆斯和其他人的畫像啟發，柳條人在今天的較大型火系節慶（包括異教節慶和其他節慶）依然屢見不鮮。

西元一八五〇年至一八九〇年

火和水製造了蒸汽，為維多利亞時代的工業革命提供了動力，從此改變了人類生活的方式。火為澳大利亞和美國淘金熱的礦工們照亮了道路，這些澈底地改變了我們的景觀和人口，於是在這段期間形成的神祕學和唯心論傳統修習者的人數不斷增長，而火在他們的蠟燭中閃爍。

註⓮：Symes, *Willow*, 51。

註⓯：Frazer, The Golden Bough, 38。

註⓰：Symes, *Willow*, 58。

****

澳洲殖民時期的燒傷痕跡和魔法保護

大衛・沃爾德倫（David Waldron）博士是一位歷史學家、民俗學家，也是活躍的地方歷史和民俗研究者。他是《來自茶樹的咆哮：澳大利亞的大貓民間傳說》（*Snarls from the Tea Tree: Australia's Big Cat Folklore*, ASP, 2012）、《震撼邦蓋的黑狗：當地民間傳說的案例研究》（*Shock the Black Dog of Bungay: A Case Study in Local Folklore*, Hidden Publishing, 2010）、《女巫的徵象：現代性和異教的復興》（*Sign of the Witch: Modernity and the Pagan Revival*, CAP, 2008）的作者。最近，他對十九世紀澳大利亞東南部民間傳說選集《金礦區與哥德式文化：隱藏的遺產和民間傳說》（*Goldfields and the Gothic: A Hidden Heritage and Folklore*, ASP, 2016）做出貢獻且編輯了該選集。他撰寫了大量的文章，談論當代新異教的起源，以及新異教與中世紀和現代早期在超自然力量、浪漫主義、西方現代化等信念方面的關係。他還撰寫了大量鏈接到當地身分和社群的英國民間傳說，以及與環境和社會歷史有關的本耶普（Bunyip）、大貓（Big Cat）、幽威（Yowie）等澳大利亞民間傳說。當前的一個研究焦點是：運用鬼故事作為工具，透過講故事和惡作劇來紀念社群創傷。大衛・沃爾德倫是「金礦區歷史」播客節目《來自鼠城的故事》（*Tales from Rat City*）的研究員兼共同撰稿者。

在墨爾本西北方大約一三〇公里的吉爾福德鎮（Guildford），一家不起眼的鄉村酒吧後面，有一座不起眼的附屬建築物。它是一八五〇年代澳洲淘金熱的遺跡，曾經是著名的「柯布聯合四輪馬車」（Cobb and CO Coach）生產線的馬廄，隨著人口因淘金熱而激增幾十萬，這些生產線延伸穿過白人文明的邊界。在馬廄的各個中央橫梁上都有一系列不起眼的標記，許多人鐵定忽視這些標記，或是將它們誤認成蠟燭的殘餘，但是更仔細觀察就會發現，它們是相當刻意的。在齊眼的高度，十三個圓形拇指大小的標記，圍繞著每一根梁的中心，其中許多標記用湯匙大量掏出原料，然後被重新燒進木材裡，這是一個勢必需要花些時間和精力的過程。或許其中最為壯觀的（也是澳大利亞境內獨一無二的）是在地區城市巴拉瑞特（Ballarat）主要大街上「一八六〇年機械學院」（1860 Mechanics Institute）的地下深處，那兒有大量用煤灰繪製的象徵符號和字母。這些象徵符號和字母首先被仔細地蝕刻，然後在屋頂上用煤灰精心描繪，而且規模大又詳細。單是靠燭光就要花上好幾個小時，才能以塗上煤灰的圖像覆蓋如此巨大的空間，然而關於它們的原始目的，給出的線索卻只有含糊的提到「陣亡者」（**the Fallen**）以及一八八二年的日期。

然而，在不列顛群島各處、中世紀的住家和城堡中，以及在「諾曼征服」（**Norman conquest**，譯註：指一〇六六年法國諾曼第公爵威廉入侵和征服英格蘭）之前的教堂牆壁上，都可以找到這些標記。它們是什麼意思呢？為什麼被如此小心翼翼地置放在建築物的門檻上，以及它們注定要被看見的地方呢？它們代表的是民間魔法實務倖存下來——澳洲殖民時期狡猾的男人和女人，延續了他們的歐洲祖先的做法，製作了儀式和保護標記。一八五〇和六〇年代的淘金熱將幾十萬人帶到澳洲，他們來自不列顛群島，以及來自亞洲、美洲、非洲、歐洲其他地區的移民，而且他們隨身帶來了豐富的民俗和信仰遺產。前來尋找財富的人們通常來自窮人、被剝奪權利的人、無依無靠的人，他們被圈地運動（**Enclosure Movement**，譯註：從十二至十九世紀出現在以英國為代表的歐洲，土地的所有權集中在國王或羅馬教廷承認的皇帝以及教會，少量為自由民私有）、高地清洗（**Highland clearances**，譯註：指蘇格蘭歷史上發生的大量佃農從高地和群島被驅逐的事件，主要發生在一七五〇年至一八六〇年期間）、馬鈴薯飢荒（**potato famine**，譯註：又稱「愛爾蘭大飢荒」，發生在一八四五年至一八五二年期間）所迫，不得不橫跨世界尋求財富。

歷史學家吉兒・布麗（Jill Blee）在研究愛爾蘭移民到澳洲時，發現了這個普遍的信念：農村的愛爾蘭移民帶著「小仙子」跟他們一起漂洋過海，因此小仙子與他們一起踏上澳洲的金礦區，與來自陌生新土地的許多新靈在一起。在一項記載中，人們相信，「從科克（Cork）到植物學灣（Botany Bay），報喪女妖（bean sidhe）一直坐在船頭，梳理她的頭髮。」[17]不僅實質上相信「靈」普遍存在，布麗更主張，故鄉的信仰和習俗永久存在，讓愛爾蘭的天主教徒得以在新的土地裡倖存下來，在那裡，他們特有的身分使他們與信仰新教的英國領主產生歧異。[18]對康瓦耳（Cornwall）、蘇格蘭、約克郡、東安格利亞（East Anglia）的貧苦移民來說，情況也是如此。在這片對他們來說是異國他鄉的地方，與保存自己的傳承和身分角力，因為在此，他們的習俗、信仰乃至身分，都是要被信仰新教的英國當權派剷除的威脅。

註[17]：Blee, J., "The Banshees" in Waldron, D.(Ed.) *Goldfields and the Gothic: A Hidden Heritage and Folklore.* Australian Scholarly Publishing: Melbourne, 2014, 43–54。

註[18]：Blee, J. "The Banshees", 51。

所以，這些象徵符號被如此小心翼翼地置放在這些附屬建築物的牆壁裡，對製作它們的人來說有什麼意義呢？雖然對這些人來說，他們貧窮且未受教育的狀態，使他們的聲音無法被聽到，但是我們確實取得了保留在歷史記錄中的片斷。在十九世紀中葉的報紙中，有紀錄顯示，狡猾的男人和女人定期在澳洲殖民地的墓地、小酒館、原始森林區做生意。由赫特福德大學（University of Hertfordshire）、風土建築協會（Society for Vernacular Architecture）以及聯邦大學（Federation University）和樂卓博大學（La Trobe University）支持的一項「澳大利亞儀式魔法研究專案」（Australian Ritual Magic Research Project），在澳大利亞各地發現了為數眾多維多利亞時代倖存下來的民間魔法實例。雖然遺跡發現地包括富裕的住家、警察局、馬車房、燈塔、棚戶區，但是截至目前為止，大多數遺跡位於窮人居住的附屬建築物和僕人住所。儘管如此，只有三位魔法師被明確地識別出來，主要是因為沒有記錄記載經濟和社會精英之外的人們。這些魔法師提供他們的魔法技能供人僱用，提議如何找到丟失的財產和牲畜、療癒病人、創造護身符、使人們擺脫邪惡的魔法和靈，以及預測未來。其中兩名男子都是酒館老板，而我們有幸得到他們記錄下來供後人使用的魔法實務，而且可以線上觀看。酒館老板威廉・艾利森（William Allison）在他的年鑑中，詳細描述了治療法、補救法、詛咒、護身符、女巫瓶以及其他魔法實務。我們也很幸運，他的同行，另一位狡黠的酒館老板班傑明·諾克斯（Benjamin Noakes），也將他的筆記交給了威廉·艾利森，抄寫到艾利森的年鑑中。[19]這讓我們對澳洲殖民時期魔法修習者的修行和信仰有粗略的了解。

燃燒痕跡

截至目前為止，在澳洲殖民時期，燃燒痕跡是民間魔法修行數量最多的實例。在許多（如果不是大多數）來自十九世紀早期到中葉且有完整木材留存下來的馬廄中，這些拇指大小、淚珠狀的孔洞在馬廄的中央橫梁上屢見不鮮。以某個角度拿著蠟燭針對單一個點精心創造，然後挖出灰燼直到出現凹陷，創造這些孔洞需要大量的時間和精力。民俗學家迪恩（Dean）和希爾（Hill）企圖複製這種效果，而且明確地表示，這些孔洞是經過相當深思熟慮、有系統地製作的。因為用蠟燭、錐狀蠟燭、木材進行實驗，他們發

註[19]：若要以數位化的方式查看威廉·艾利森的魔法年鑑，請見網址：http://stors.tas.gov.au/NS261-1-1。

現，這些痕跡是經由燃燒四五%，然後用小湯匙挖出，去除灰燼，才能更深入地挖掘。這勢必需要大約十五分鐘，才能產生一個大小相當的標記。[20]雖然燃燒痕跡的完整意義目前還是定義模糊，但是大部分研究指出，在預防建築物免於火災，以及淨化建築物免除邪靈的儀式方面，它們扮演了某個角色。[21]

煤灰污漬

巴拉瑞特機械學院地下室屋頂上的煤灰污漬的規模和複雜程度，是民間魔法實務的卓越實例，令人驚嘆。今天，只有十六例這種做法在不列顛群島倖存下來。它們的應用至今仍舊是個謎，而巴拉瑞特的實例在澳大利亞境內是獨一無二的。伊斯頓（Easton）提出，對巫術的恐懼可能是使用巫術的一個因素。在某個大規模的實例中，他主張，它們在某種程度上是用來避開導致惡夢連連的邪靈。在英國境內，往往一把來自教堂的神聖火焰被小心翼翼地帶到現場，用來將保護的標記和象徵符號畫到建築物脆弱區的天花板上。在英國的中世紀教堂內，蠟燭煙痕很常見，看似隨意地散布在天花板各處。名稱開頭字母和象徵符號相當常見，包括風格獨具的十字架和魔鬼陷阱（幾何圖形的曼陀羅）在內。在巴拉瑞特的那些標記，日期標明是在一八八二年，而且提到「陣亡者」，很可能指的是「澳大拉西亞大礦災」（Great Australasian Mine Disaster），在那場礦災中，二十幾名礦工在克雷斯維克（Creswick）附近一條地下河的裂口中溺水身亡。然而，由於提到的原因少之又少，所以只能推測。

註⓴：John, Dean and Nick Hill, "Burn Marks on buildings: accidental or deliberate?" *Venacular Architecture*。45 (1): 1–15 (12 December 2014)。

註㉑：Hutton, Ronald, and Springer Link。"Physical Evidence for Ritual Acts, Sorcery and Witchcraft in Christian Britain: A Feeling for Magic"。*Palgrave Historical Studies in Witchcraft and Magic*。London: Palgrave Macmillan UK: Imprint: Palgrave Macmillan, 2016, 56。

‧結論‧

澳洲的金礦對許多人來說是危險的地方，身在陌生而有全新威脅的新大陸，來自故鄉土地的靈的呼喚，在人們的頭腦中感覺起來非常遙遠。於是難怪在這個新世界中，舊世界的傳統被人們帶過來，也難怪過往的儀式依舊很強大。它們帶來安慰，既是因為相信它們可以帶來的保護，也是因為與在世界另一端的遙遠故鄉，建立了強而有力的情感鏈結。然而那些遺產仍舊寫在門檻上以及隱藏在牆壁之內。

——**大衛‧沃爾德倫**

＊＊＊＊

當代

猶太教、伊斯蘭教、基督教

燃燒的灌木、火柱、燭台火焰，全都是神聖的火的實例，有時候被用作上帝本尊的化身。

在猶太教中，光明節（Chanukah，有時候拼作 Hanukkah）是在十一月和十二月左右舉行的節慶。這個節日持續八天，慶祝在西元前第二世紀被亞述的希臘人征服之後，重建耶路撒冷聖殿期間發生的奇蹟。在所有被儲存起來用於聖光的油之中，只有一小瓶倖免於難，沒有遭到亞述希臘人的劫掠。它燃燒了八天，這被認為是奇蹟的徵象，預示聖殿中的人們可以繼續他們的靈性生活，與上帝建立關係。在功能層面，這也意謂著，要用更多的時間壓榨和加工更多的橄欖油，才不會把最後一瓶橄欖油燃燒掉。

世界各地以種種方式慶祝光明節，但一個共同的傳統是：點燃七燈燭台的蠟燭，然後將蠟燭面向外面的世界，有時候是在房子內的某扇窗戶或某個顯眼的位置。在希伯來語中，這個傳統叫做「宣揚奇蹟」（*pirsuma d'nisa*）。

在天主教中，蠟燭、香、火也占有顯著的地位，包括在復活節時，至今在歐洲各地和世界其他地區仍舊有點亮復活節篝火的儀式。神聖的火焰或聖火時常被點亮，意謂著「逾越節三日慶典」（*Paschal Triduum*）的結束，這三個復活節聖日從「聖週五」（Good Friday，又名「耶穌受難日」）開始，到「復活主日」（Easter Sunday）結束。

印度教

長久以來，火一直也是某些印度教傳統的一部分，儀式時常在聖火之前進行，有時候還會念誦梵咒或向眾神獻祭。火焰和火構成許多不同儀式的關鍵構成要素，包括結婚，在結婚儀式期間，阿耆尼（Agni，印度教的火神，有時候是火本尊的化身）有時候被要求要見證兩人的結合。[22]

日常中的遠古之火

雖然甚至比起二十年前，我們今天更少用火，但是許多古代或民間做法的片斷，仍舊留存在多數人認為平凡無奇的習俗中。

舉例來說，看著生日蛋糕上的蠟燭。有些人相信，用點燃的蠟燭裝飾圓形蛋糕的傳統，起源於古希臘文化中為女神阿緹蜜絲（Artemis，譯註：希臘神話中的狩獵與生育女神，相當於羅馬神話中的黛安娜）舉行的慶祝活動。即使古希臘和羅馬人並沒有那麼做（我們確實知道，圓形「蛋糕」在古代的希臘和羅馬肯定有其重要性，而蠟燭被用於敬拜阿緹蜜絲，但是並不清楚蛋糕上點燃的蠟燭是否專門用於敬拜阿緹密絲），德國境內也早在十八世紀就有記錄顯示，蛋糕上燃燒的蠟燭可用於慶祝兒童節或孩子的生日。[23]

結論

縱觀歷史，還有更多關於火的敬拜和神聖的火的實例，我無法在此一一敘述。可以這麼說，自有記載的時間開始，火一直是許多文化儀典的一部分，而且它繼續成為今天許多人類的宗教和文化的一部分：在火葬和篝火中；在用於各種宗教儀典的蠟燭裡；在被用來提醒我們重大場合的永恆火焰之中。

註㉒：Hazen, *Inside Hinduism*, 34。

註㉓：Nowak, “The Fascinating History of the Birthday Cake”。

2 神話中的火獸與火鄉

就跟火元素本身一樣，神話中的火獸往往是不可預測的、神祕的、多方面的。有趣的是，與火有關的神話界域和地方，往往與創造和改變的行為有關，或是在某種程度上與毀滅和破壞有關。在本章中，我收錄了一些歷史、當代信仰以及其他通常與火有關聯的某些神話生物和地方的信息。

神話中的火獸

在這本書介紹中，我們稍微探討過火元素以及它如何以及為何被囊括在巫術中，但是我認為，在本章中指出乙太生物與特定元素有關聯很重要——例如地精（gnome）來自土元素、西爾芙（sylph）來自風元素、火蜥蜴（salamander）來自火元素、水女神昂丁（undine）來自水元素等等——何況這個觀念已經存在了大約幾個世紀。某些神祕學傳統主張，火元素精靈是第一位友善對待人類的元素精靈，他們教導早期的人們如何創造和使用營火和火炬。[24]

但是，最早提到元素精靈，明確地與巫術連結是在《惡行要論》（*Compendium Maleficarum*）[25]之類的著作中，這是一本獵巫手冊，由義大利神職人員弗朗切斯科·瑪莉亞·瓜佐（**Francesco Maria Guazzo**）撰寫並於一六〇八年出版。瓜佐於他在米蘭期間蘊孕了這本書，當時米蘭當地在巫術和妖術修行擁有不小的名聲，瓜佐的著作針對女巫以及他們與不同的魔鬼和靈（包括土、風、火、水精靈）打交道提出了許多主張。他的著作，大大影響了日後針對這些生物與魔法和巫術的關係所撰寫的文章。[26]

註24：Grimassi, *Encyclopedia of Wicca and Witchcraft*, 116。
註25：Grimassi, 115。
註26：Grimassi, 80。

鎮尼

鎮尼（djinn，又名 jinn、genn 或 genies）是阿拉伯傳統的精靈，被認為是比人類高階的生物，而且是由精微許多的物質創造出來的。[27]

鎮尼被認為具有以超自然方式強化建築的技能，據信被所羅門王（King Solomon）僱來幫忙建造他的宏偉神廟。[28] 在許多國家的民間傳說中，鎮尼據說居住或至少聚集在門口、門檻附近以及其他閾限空間（liminal space），而且是與這些空間有關的許多迷信的根源。[29]

根據伊斯蘭教的信仰，在人類被創造出來之前，鎮尼統治著地球，而且被認為是一種居中的存有，介於天使與人類之間。[30] 根據大多數的說法，鎮尼在夜間最為活躍，喜歡高溫、沙漠，最愛炎熱的氣候，尤其是溫暖地區的天然泉水、廢墟、荒野。

許多民間傳說主張，鎮尼無法抗拒一則好故事。講故事或唱歌，只是某些現代女巫向這些精靈獻祭或致敬的眾多方法之二。另一個傳統方法是：將油倒在一碗麵粉上。當談到食物供品時，人們普遍認為他們會拒絕含鹽的東西。給鎮尼的食物通常放在外面，而不是放在家裡。人們相信，用鹽或鐵可以驅除有害或淘氣的鎮尼，尤其是鐵製的珠子。[31]

龍

這些巨大的蛇形生物，出現在世界各地文化的傳奇故事和民間傳說中。龍的外觀和其他細節因地而異，但是自中世紀的鼎盛時期以來，西方文化中的龍往往被描繪成會噴火的野獸，有四足、雙翼、犄角。西方流行的龍的形象，似乎是結合來自不同的傳統對早期的龍的描繪，以及不準確或不完整的早期蛇圖。

在西方文化中，龍被描繪成要被馴服或殺死的妖怪，通常是被聖人或文化英雄馴服

註[27]：Drury, *The Watkins Dictionary of Magic*, 113。
註[28]：Drury, *Watkins*。
註[29]：Illes, *The Encyclopedia of Spirits*。
註[30]：Drury, *Watkins*, 113。
註[31]：Illes, *The Encyclopedia of Spirits*。

或殺死，想想「聖喬治與龍」（Saint George and the Dragon）的傳說。龍往往被說成擁有貪得無厭的食慾，住在山洞內，在那裡囤積財寶。這種龍的形象經常出現在西方的奇幻文學中，包括托爾金（J. R. R. Tolkien）的《哈比人》（*The Hobbit*）以及喬治．R．R．馬丁（George R. R. Martin）的《冰與火之歌》（*A Song of Ice and Fire*）系列。

東方文化的龍，往往被描繪成沒有翅膀的蛇形生物，牠們非常聰明。「dragon」這個字也已經被應用到中國的傳統文字「龍」之中，龍與好運有關聯，也被認為有駕馭雨水的力量。龍以及龍與雨的關聯，是中國舞龍和賽龍舟風俗的源頭。許多東亞神祇通常被描繪成龍。在帝制的中國，龍也與皇帝有關聯，在後來的中國帝制歷史上，皇帝是唯一被允許在他的居所、衣服或財產上可以有龍形紋飾的人。

龍通常混合了鳥類、貓科動物、爬蟲類的特徵，例如蛇形的特色、爬蟲類的鱗狀肌膚、四條腿的每隻腳上有三或四根腳趾、脊椎節點從背部向下延伸、一條尾巴、鋸齒狀的下顎有一排排齒狀物。某些現代學者提出，已滅絕或正在遷徙的巨型鱷魚與龍最為相似（尤其是在森林或沼澤區遇見的巨型鱷魚），最有可能是現代龍的肖像的模板。[32] 這也符合龍的古字 *draco* 和 *drakon*（「大（海）蛇」）。

火鳥

在世界各地幾種不同文化的神話中，都有火鳥——由火製成或從火中誕生的鳥。

貝努鳥

貝努（bennu）鳥是埃及的神話鳥，與太陽、創造、重生鏈結，在埃及神話中被認為參與了世界的創造。有人提出，貝努鳥可能是希臘神話中不死鳥的靈感來源。

民間傳說和童話中的火鳥

火鳥也出現在許多民間和童話故事中，最著名的應該是《金鳥》（*Die Goldene Vogel*），這則故事最早是由格林兄弟（Brothers Grimm）於十九世紀初記錄下來的。故事中的金鳥每年來到國王的果園偷水果，於是被一位年輕的王子獵殺。這則故事的

註32：Stromberg，"Where did the Dragons Come From?"

不同版本存在於歐洲境內和更遠地區的許多文化和土地上。我最愛的火鳥是「燈籠」（Lantern），牠出現在凱瑟琳・瓦倫特（Catherynne M. Valente）的《孤兒的故事》（*The Orphan's Tales*）系列書籍中。

呼瑪

呼瑪（Huma，有時候拼作 Homa）出現在幾個不同的伊朗神話和民間故事中；牠也出現在蘇菲派（Sufi，譯註：追求精神層面的伊斯蘭教團）和狄萬（Diwan，譯註：在伊斯蘭文化中，Diwan 是詩歌集，這些經常用於歌唱的詩歌，通常創作和收集於各蘇丹國的皇宮中，且因其激發靈感的能力而廣為人知）詩歌中，以及幾個國家的藝術和建築中。雖然呼瑪確實有許多與其他神話中的火鳥相同的特徵，但是關鍵差別之一是，牠燦爛、熾熱的形象，往往在某種程度上與水一起被描繪。這個名字的諸多詮釋之一，因伊納亞特・雷馬特・汗・帕坦（Inayat Rehmat Khan Pathan）而來到我們面前，伊納亞特是「普世蘇菲主義」（Universal Sufism）的老師和「西方蘇菲派」（Sufi Order in the West）的創始人，他認為，*hu*「代表靈」，而 *ma* 則源自阿拉伯文 *ma'a'*（意思是「水」）。[33]

不死鳥

不死鳥（**phoenix**）出現在許多國家的神話中，牠是一種神話鳥，通常類似老鷹或其他大型鳥類，不死鳥死在火中，然後從自己的灰燼中重生。許多版本的傳說都說，不死鳥的重生每五百年才發生一次。

在阿拉伯的傳說中，不死鳥坐在鳥巢上，被太陽的光線點燃、燒死。在這個版本的神話中，一隻蟲從被燒毀的不死鳥的灰燼中冒出來，變成一隻新的不死鳥。

在中國，不死鳥叫做鳳凰，傳統上也與太陽有關，牠在中國被視為來自天堂的信使，每當眾神仁慈的時候，鳳凰就會出現。在中世紀的歐洲，不死鳥出現在基督教的宇宙論之中，被認為是生命勝過死亡的象徵；而在煉金術中，牠被視為「賢者之石」（**Philosopher's Stone**）和「長生不老藥」（**Elixir of Life**）的象徵。[34]

註[33]：Khan, "Abstract Sound"。

註[34]：Drury, *Watkins*, 232。

某些故事將不死鳥與乳香關聯在一起，人們認為，不死鳥用大爪子攜帶乳香。[35] 雪松和肉桂之類令人陶醉的香料氣味也是常見的進貢品。不死鳥的魔法對應關係，包括美麗、開始、毀滅、終結、幸福、希望、知識、長壽、美滿的婚姻、彼岸世界和冥界、重生與更新、自我修行。[36]

拉姆帕德斯

在希臘神話中，「幽冥仙女」拉姆帕德斯（Lampads 或 Lampades）是冥界的寧芙。她們名字的羅馬化版本是 *nymphae Avernales*（冥界的寧芙），因阿韋爾努斯（Avernus）而得名，而阿韋爾努斯是一處火山口兼冥界的入口（見本章後續〈神話中的火鄉〉）。

拉姆帕德斯是女神赫卡特（Hekate）的同伴兼僕人，宙斯將她們送給赫卡特，獎勵赫卡特在「泰坦之戰」（*Titanomachy*，對抗泰坦神的十年戰爭）期間始終忠誠。她們通常被描繪成舉著火炬，人們認為，如果那些火炬的火焰照著凡人，可以迫使凡人發瘋。拉姆帕德斯可以隨心所欲地將這把火炬之光轉成黑暗，為的是揭露丟失的、隱藏的或必要的信息。[37]

不確定拉姆帕德斯的祖先是誰；某些說法聲稱，她們是黑夜女神妮克絲（Nyx）的女兒，另一些說法則表示，她們是希臘冥界眾河神之一的後代。[38]

在現代的巫術中，拉姆帕德斯被認為是與預言和正義有關的靈。她們服從赫卡特，可能與赫卡特一起受到崇敬，而赫卡特的某些現代信徒在進行祭祖或與死亡和悲慟有關的儀式中召喚她們，往往是在薩溫節（Samhain，這是一個有時候與萬聖節相關聯的現代異教節慶）期間。在像這樣的工作中，她們被認為是非常忠誠的。[39]

拉姆帕德斯也與死後世界、潛意識、週期循環、黑暗、占卜、夢的工作、結界、恩惠和諸多恩惠、希望、覺照、運氣、夢魘、保護（尤其是保護走失的兒童）、重生與更新、釋放、復仇、實力、旅行、願景有關。常見的供品包括黑色或銀色蠟燭，蒲

註35：Illess, *Spells*, 625。

註36：Kynes, *Correspondences*, 307。

註37：Illes, *Spirits*。

註38：Illes, *Spirits*。

註39：Moss, *Hekate*。

公英、薰衣草、解熱菊（feverfew）、附子屬（monkshood）、洋茴香（anise）、顛茄（belladonna）、小荳蔻、高良薑（galangal）或曼德拉草（mandrake）的小枝；或用柏木、棕櫚、花楸（rowan）或柳木生的火。[40]

火蜥蜴

在中世紀的煉金術和魔法中，火蜥蜴（salamander）居住在火的乙太（有時候是異世界的元素）的本質之中。在火中玩耍的火蜥蜴，在煉金術中是一種典型的能量象徵，人們認為可以強制牠們給予恩賜和好運。根據某些著作的說法，只有透過牠們的活動，火才能存在且可以完全被使用。[41]

談論元素精靈的古代著作表示，火蜥蜴以蜥蜴般的小火焰形狀出現在人類面前。已知第一份將火蜥蜴當作元素精靈存在的參考文獻，來自希臘哲學家亞里斯多德，他在西元前第四世紀寫道，火蜥蜴「……不僅穿過火，而且在這麼做的時候撲滅火。」[42]很久以後，李奧納多．達文西提出，火蜥蜴可能會撲滅火，因為牠們吸收火的能量。[43]

不要將火蜥蜴與真正的同名兩棲類物種混為一談，儘管曾經有某些人提出，或許

「真正的」火蜥蜴，由於牠們喜歡林地中腐爛的原木，因此難免無意間被扔進有木柴的火堆裡，當牠們試圖逃離火焰時，人們看見了牠們的身影。[44]

大部分以火蜥蜴為特色的資料聲稱，火蜥蜴在夜間最為活躍，有時候以光球的形式漂浮過或快速竄過水體，或是出現在名為「聖艾爾摩之火」（**St. Elmo's Fire**，譯註：藍色或紫色猶如火焰的發光球體，這是一種在大氣帶電的情況下發生的天氣現象，可能附近有雷暴或火山爆發等等）的天氣現象中。[45]

火蜥蜴往往與行動、控制、轉化有關，[46] 某些神祕派作家將牠鏈結到人體以及人體

註[40]：Kynes, *Correspondences*, 322。
註[41]：Kynes, *Correspondences*, 116。
註[42]：D'Este et al., *Practical Elemental Magick*, 74。
註[43]：D'Este et al., *Practical Elemental Magick*, 75。
註[44]：Chauran, *Faeries & Elementals*。
註[45]：Grimassi, *Encyclopedia*, 117。
註[46]：Kynes, *Correspondences*, 364。

調節溫度和性情的能力：舉例來說，「熱血」和「性急」的人們，行為方式與火蜥蜴和火元素的性質相符。

神話中的火鄉

關於誰是第一位看見澳洲的非原住民，有許多理論，我最喜愛的是古代中國探險家的理論，早在任何歐洲人想到這點之前，中國探險家就開始在世界的底部繪製人跡罕至的海洋地圖。在他們從一次探險中帶回的某些地圖上，有一大片綿延的海岸線至今仍被許多人認為是澳洲的西海岸，當初被那些探險家稱為「火與鸚鵡之地」（**the Land of Fire and Parrots**）。這其實是一個非常貼切的名字：在奧茲（Oz，即澳洲）這裡，夏天熾熱乾燥，也確實有許多令人驚嘆的本土鳥類。

我最喜歡這則故事的部分是，沒有證據顯示那些探險家能夠再次找到這條海岸線，至少不能立即找到。而且雖然從邏輯上講，我們可以看著澳洲長長的海岸線說，是的，這些探險家看到的八成是澳洲的邊緣，但是無法確知，而且是好一陣子無法確知，那裡有一片神話般的火與鸚鵡之地隱藏在世界的南部海洋的某處……一個除了居住在那裡的人們，沒有人可以確定它甚至是真實存在那裡的世界。我喜歡這樣想：對於這段期間的水手和探險家來說，圍繞著這片土地的神祕感，反而會產生更多關於它的故事和假設。

對於我在本節中寫到的某些地方，最吸引我的是閾限（liminality）：這些是真實的地方，我們可以看見、觸摸、呼吸到，但是附帶的故事和歷史意謂著，它們同時部分地存在於未知之中，存在於另一個世界中。而且在許多情況下，這種相異性是由火元素帶來的，或是被連結到火元素：在轉化中，在重生中，乃至在澈底的破壞和毀滅中。

阿韋爾努斯

阿韋爾努斯（Avernus）是一座有毒的湖泊的名字，據說在羅馬神話中，它是冥界的入口。在西元前二十九年至西元前十九年左右，由羅馬詩人維吉爾（Virgil）用拉丁文寫成的敘事詩《艾尼亞斯紀》（*Aeneid*）之中，英雄艾尼亞斯（Aeneas）經由阿韋爾努斯湖旁邊的一座洞穴下降到冥界：

洞穴很深；而且，從寬闊的開口
下行，一趟崎嶇不平的岩石下坡；
一片幽暗的樹林在此捍衛入口，
無法航行的湖泊在彼綿延伸展，
俯瞰這片不開心的水域，沒有光，
沒有鳥兒冒昧闖入，在空中飛行；
如此致命的惡臭從深處升起，
熱氣騰騰的硫磺感染了天空。
由此，希臘吟遊詩人創造他們的傳說，
而且給這座湖泊取名叫做阿韋爾努斯。[47]

——《艾尼亞斯紀》，第6冊

這座湖泊本身位於曾經的羅馬城庫邁（Cumae）附近的一處火山口，但現在它是坐落在義大利海岸那不勒斯以西腹地小許多的庫馬（Cuma）村。「阿韋爾努斯」這個名

字來自古希臘語 ***aornos***，意思是「沒有鳥」。[48] 許多歷史和文學記載都提到，飛過湖面的鳥兒會掉下來死去。這大概是因為湖泊下方仍舊活躍的火山口散發出有毒的火山煙霧。湖泊裡和附近山坡上的火山噴口有時候也會敞開，散發出硫磺煙霧。[49] 羅馬人採用了許多希臘神話和文化，兩個神話中的冥界都是類似的。前往羅馬冥界的靈魂必須首先渡過人稱「仇恨的水域」的冥河，然後被「分類」，進入遙遠岸上冥界的不同區域。

附近一處山頂有一座阿波羅神廟的廢墟。在往下更遠朝阿韋爾努斯湖的位置，有一條梯形隧道被稱作「女先知洞穴」（**cave of the Sibyl**），在山坡下方延伸。在古代世界，有許多女先知住在洞穴裡。庫邁的女先知（**the Sibyl at Cumae**，守護附近阿波羅神廟的女祭司）是最有名的女先知之一。[50] 正是庫邁的女先知警告英雄艾尼亞斯很難找到離開

註47：Virgil, *The Aeneid*。
註48："Averni", *Cyclopædia*。
註49：Paxson, *The Way of the Oracle*。
註50：Drury, *Watkins*, 261。

冥界回到人間的路：

特洛伊，安喀塞斯（Anchises）的兒子啊，阿韋爾努斯的下坡很容易。
一整夜，一整天，冥府的諸門都敞開著。
但是要循原路而回，要上達天堂的甜美空氣，
那確是大費周折啊。[51]

——《艾尼亞斯紀》，第6冊

西元前第八世紀左右，古希臘的移住民首先在阿韋爾努斯湖邊地區定居。[52]在羅馬時期，羅馬人的房舍點綴在部分的湖岸，還有一座大型澡堂。這座湖泊的化身，神明阿韋爾努斯（deus Avernus），被供奉在湖邊的神廟裡。

雖然羅馬冥界並不是基督教神話黑暗、熾熱的地方，但是阿韋爾努斯仍然與火元素有關，因為它的物質入口是由火山形成的，而且因為對尋求進入或嘗試離開的人們來說，必會發生莫大的啟蒙和改變。

迪納斯阿法拉翁

有時候寫作Dinas Ffaraon（「法老的堡壘」）或Dinas Ffaraon Dande（「熾熱的法老的堡壘」）的迪納斯阿法拉翁（Dinas Affaraon），是中世紀威爾斯文學中提到的一個地方的名稱。據說它是威爾斯史諾多尼亞（Snowdonia）境內鐵器時代山丘堡壘的舊名，現在人稱「迪納斯安里斯」（Dynas Emrys），有時候英語化名稱也叫做「神仙美饌城」（Ambrosial City）。[53]

這個地方在十二或十三世紀的故事《盧德與勒費利斯》（*Lludd and Llefelys*，威爾斯語：Cyfranc Lludd a Llefelys）中提到過，這則故事被收錄在稱作《馬比諾吉昂》（*Mabinogion*）的威爾斯故事集之中。故事講述了剛從父親那裡繼承了英國王位的盧德

註51：Virgil, *The Aeneid*。

註52：Paxson, *Oracle*。

註53：Hughes, *From the Cauldron Born*。

（Ludd）。不久之後，他幫助兄弟勒費利斯（Llefelys）娶了法國公主，成為法國的國王。盧德的統治一開始很不錯，但是沒過多久，三場瘟疫中斷了這份和平，其中第二場是每年五朔節（May Day）出現的尖叫聲，尖叫聲十分可怕而刺耳，造成英國境內的所有孕婦流產，所有男人黯然失色，萎靡不振。[54]

盧德的兄弟勒費利斯向他提出建議，幫助他應對這三場瘟疫。盧德國王前去處理可怕的尖叫聲，那是一條紅龍被迫與一條外來的白龍戰鬥引起的。盧德必須在名為牛津的小島的正中央設下陷阱捕捉牠們，讓牠們飲下蜂蜜酒後一起入睡，然後將牠們埋在「迪納斯安里斯」地下的一只石箱中。

正是在《盧德與勒費利斯》之中，我們了解到這個地點被重新命名：

> （盧德）看見兩隻龍在戰鬥；當牠們精疲力竭的時候，就下降來到那層罩子之上，然後將罩子拖到盆地底部。而且牠們在喝完蜂蜜酒的時候，睡著了。在牠們睡著期間，盧德用那層罩子將牠們包裹起來，他在艾若里（Eryri）找到最安全的地方，把牠們藏在一只石櫃裡。此後形成的那個地方就叫做「迪納斯安利斯」（Dinas Emreis），之前叫做「迪納斯法拉翁丹德」（Dinas Ffaraon Dandde）。[55]

「迪納斯安里斯」這個名字是向梅丁・安里斯（Myrddyn Emrys）——也就是亞瑟王神話中的梅林致敬。當梅林還是小男孩的時候，就幫助弗提岡王（King Vortigern），弗提岡王是當時許多神話和故事中提到的第五世紀軍閥兼國王，他試圖在那個地點建立自己的塔樓，結果卻夜夜地震，塔樓每每倒塌。[56]

梅林知道那兩隻被埋葬的龍，而且預言紅龍是不列顛人的象徵，而白龍是撒克遜人的象徵。他說，如果要將牠們挖出來，讓牠們可以打一架，那麼紅龍一定會贏，不列顛人必會戰勝撒克遜人。凱爾特人時常稱他們的領袖是「龍」（draig），因此梅林的預言也可以被詮釋成不列顛人的領袖必會戰勝撒克遜人的領袖：這是後來透過烏瑟王（Uther Pendragon）然後是亞瑟王本人發生的事。[57]

註[54]：Gwyn Jones and Thomas Jones, transl., *The Mabinogion*。

註[55]：Gwyn Jones and Thomas Jones, transl., *The Mabinogion*。

註[56]：Squire, *Mythology of the Celtic People*, 380。

註[57]：Woodbury, "Dinas Ffareon (Dinas Emrys)"。

因此，在牠們首次被埋葬五百年後，兩隻龍被梅林和弗提岡王的手下挖掘出來。當這兩隻生物重新開始戰鬥時，可怕的尖叫聲再次響起，而且紅龍將白龍趕出了不列顛。[58]

現代考古學已經揭示，「迪納斯安里斯」在羅馬時代晚期就有人居住過，不過它的部分城牆是後來建造的。[59]這個遺址位於威爾斯西北方圭內德郡（Gwynedd）境內貝德格勒（Beddgelert）村莊附近一座林木繁茂的山丘上。

地獄

研究與火有關的神話地點，很難不經常提到基督教的地獄，以及過去一千年來乃至更早的歷史、神話、文學，這些已經塑造了許多現代人認定的各種品質。關於地獄的一切，已經有許許多多的相關文章，我覺得沒有必要在這裡重講一遍。

簡言之，包括基督教在內的許多宗教文化都描繪一個火熱、嚴酷的地方，在那裡，人們因為自己的罪孽和作惡受到懲罰。基督教和埃及神話都用火湖描繪冥界，而且火湖被用來摧毀、懲罰或審判一直沒有虔誠地活著的人們。

穆斯貝爾海姆

穆斯貝爾海姆（Muspelheim），又名穆斯貝爾（Muspell）或穆斯貝爾海姆爾（Muspellheimr），它是一個火的界域，也是古代北歐宇宙論中的九大界域之一。根據斯諾里・斯圖魯松（Snorri Sturlusson）的十三世紀《新埃達》（*Younger Edda*）所言，穆斯貝爾海姆以及冰霧和冰河之域「尼福爾海姆」（Niflheim）界域，是最先存在的兩個界域。當來自尼福爾海姆的白霜與來自穆斯貝爾海姆的火花相遇時，它們創造了其他七個界域。[60]

在《新埃達》中，穆斯貝爾海姆的界域被描繪成又亮又熱——太熱了，人類無法涉足。它由名叫史爾特爾（Surtr）的約頓（*jotun*，一種自然靈，有超自然的力量，有時候

註58：Squire, *Mythology*, 381。
註59：Ford, "Dinas Emrys : Vortigern's Hideout?"
註60：Paxson, *Essential Asatru*, 133。

是巨人）守衛著，史爾特爾帶著一把明亮、烈焰熊熊的劍。[61]

除了是諸世界的創造者，穆斯貝爾海姆據說也參與了世界的毀滅。《新埃達》告訴我們，在「諸神黃昏」（諸神的「最後審判日」）的最終決戰時，史爾特爾的火巨人兒子們將會與眾多強大的盟友一起向阿斯嘉特（Asgard）的眾神們開戰，他們越過彩虹橋同時毀掉彩虹橋。雖然這場戰鬥將以平手告終，但是世界本身會被摧毀：[62]

> 在這場衝突和喧囂中，天國撕裂成兩半，
> 穆斯貝爾的兒子們騎著馬穿過那道開口。
> 史爾特爾一馬當先，在他之前和之後均是烈焰熊熊。
> 他有一把很好的劍，比太陽還要耀眼明亮。
> 正如之前說過的，當他們騎過彩虹橋，彩虹橋裂成碎片。
>
> ——《散文埃達》（Prose Edda，譯註：即《新埃達》）

談到「世界之樹」（Yggdrasil）內北歐宇宙論中九大界域的確切布局，資料來源不

盡相同，除了眾神之家「阿斯嘉特」通常在頂部；既是我們自己的界域又不是我們自己的界域的「中土」（Midgard）位於中間；火熱的穆斯貝爾海姆通常據說「在南部」，通常被詮釋成在「中土」以南。[63]

****

怪獸

安布麗艾兒（Ambriel）是加德納派（Gardnerian）兼亞歷山大派（Alexandrian）高級女祭司，與她的搭檔一起經營一個女巫集會。她在至少二十五年前入會得到啟

註61：Paxson, *Essential Asatru*, 133。

註62：Jones, Gwyn, *A History of the Vikings*, 318。

註63：Paxson, *Essential Asatru*, 135。

蒙，且從那時候開始便一直參與各種異教組織。她住在澳大利亞東南部的一座鄉村小鎮，在那裡，她全職工作，撫養著一個既有人類小孩也有毛小孩的家庭。她的興趣包括民間傳說、歷史、園藝、保育、閱讀大量書籍。

松樹在高處咆哮，
風兒在夜裡呻吟。
赤火烈，火勢燎；
樹木像火炬一樣閃耀著光芒。
山谷中的鐘聲嗚響著
人們抬頭望去，臉色發白；
龍的忿怒比火兇猛
將人們的塔樓和房屋夷為平地。

——托爾金，《哈比人》

有人說，在寒冷的冬天，火帶來光明。有人說，沒有火，人類勢必活不下去。話就這樣留傳下去，南半球的威卡教徒、異教徒、女巫們承繼了以歐洲為中心的論調。但是對我們來說，情況並非如此。火並不是溫暖和光明的友善來源，幫助我們度過冬天的嚴寒和黑暗。火是要被人畏懼而不是被歡慶的東西。

所有的傳統威卡教和民俗文獻都聲稱，夏至是一個火系節日——所以搭好你的篝火，慶祝最長的一天。三十多年的女巫生涯，我只記得一次夏至篝火。那是一個非常不尋常的夏天，當時雨水充足，可以安全地在戶外生火，而火在一塊凸起的土地上歡快地燃燒著，同時溫暖的水流過我們赤裸的腳趾。僅此一次，我們可以放輕鬆——不需要準備應急的水桶「以防萬一」。我們甚至用舊的自行車車輪和稻草製作了一圈太陽輪，男人們帶著它，噴出一團團火焰，穿過空地。長袍上燒焦的痕跡至今仍舊存在，就像舊報紙上泛黃的污漬，令人想起垂暮之年。我們慶祝了那個輝煌的一年，就跟在那些遙遠北方國度的祖先們一樣，一定搭好了篝火，而且感覺很不錯——但是很奇怪。對我們來說，它實在是一次異常，是在一次反常季節中的非典型事件，而且是絕不會再次發生的事件。

對於在澳洲南部鄉村地區的大多數人來說，火不是賦予生命、拯救的力道，而是不可預測的、未被馴服的爆炸，經常發生且時常致命。每年夏天，我們害怕地平線上的陣陣煙霧，擔心火災警報器的哀號，呼籲志願者去滅火。與它們作戰，彷彿我們正在發動戰爭，對抗這名最不可預測的敵人。而且對我們許多人來說，這是一場帶有致命後果的戰鬥。夏季儀式受制於雨量不大但火災危險性很高。每一次，我們都小心仔細地諮詢「氣象局」的天氣預報，根據這些決定我們的地點。火災危險等級高嗎？在舉行戶外儀式太危險了，更甭提在戶外生任何一種火。甚至進入國家或州立公園也太危險，因為逢遇高火災等級的日子，火勢蔓延得非常快速，就像瘟疫傳遍中世紀的城鎮。

在某種程度上，我很納悶我們是否正在與我們的北半球弟兄們同一時間慶祝的耶魯節（Yule）儀式連結，感覺到靈魂的暗夜重演的餘韻，那時原始人類們認為，最漫長的夜晚可能不會結束，那時他們以寒冷和飢餓的形式凝視著死亡的面孔。或許夏至是我們自己的靈魂的暗夜，這時候，我們以熱量和光線過多的形式面對著自己的生存危機。最起碼，它是一次有趣的靈性連結，而且我們肯定在許多個夏天體驗過那份恐懼。

二〇〇九年，由於週六當天要見面慶祝豐收節（Lammas），我們全都經歷了那份恐懼。基於某個原因，那年的聚會有點晚，而且在最後一刻，我們決定取消，理由是，那天恐怕會是歷史上最悲慘的火災日。結果證明，這些預測真實到嚇人，在一個令人害怕的日子裡，有一七三人被燒死，後來這天被稱為「黑色星期六」。其中一場火災實際上就發生在我們二十公里的範圍內，當我們坐在屋內，躲避攝氏四十五度的高溫加上時速一百公里的炎熱北風將紅色塵土吹向我們，害怕地聆聽著緊急廣播時，並沒有覺察到這個事實。因為儘管我們告訴自己該如何，但是當火元素從「烏鴉的袋鼠皮袋中」被釋放出來時（譯註：作者的說法與澳洲原住民神話有關），身在已開發國家實在是毫無意義。通信中斷，出錯，感官被灰塵和煙霧蒙蔽。我們確實在隔天見面了，既是為了哀悼毀壞，也是為了慶祝我們「這一次」倖存下來。而這樣的情況，每年夏天繼續發生。

然而，雖然火災一直是澳洲景觀的一部分，但是它們已經變得愈來愈危險，愈來愈具破壞性。造成這種情況的部分原因當然是氣候變化——隨著夏季提前到來，控管燃燒的窗口變得愈來愈小，於是幾乎是冬季一結束，就強制執行用火限制。就這樣，森林不斷增長，原本可以被控制成緩慢燃燒的狀態變成了熊熊野火。氣溫正在上升，乾旱逐漸變得愈來愈司空見慣。澳大利亞以前從來沒有燃燒過的部分正在燃燒。在澳大利亞東南部，不受控制的叢林大火日益盛行是我們這裡的象徵，表示地球已經變得多麼不平衡，而且怒火反噬毀壞她的森林和動物、污染她的水道、逐步侵占她的荒野國度的人類。

一隻怪獸，這是人們如何描述今年夏天的火災。我們可以聽見怪獸來了，我們感覺到怪獸的呼吸，我們聽見怪獸像貨運列車一樣咆哮。這個隱喻顯示，人類多麼害怕這種最危險的元素。不可預測的，致命的，我們人類從來沒有真正確定我們可以嫻熟掌控火。我們使用它，假裝我們已經馴服了它，但是由於最小的挑釁，它便亂竄肆虐我們的家園和生命，就像一群從圍欄裡放出來的野馬，隨後留下漆黑和毀滅。儘管生命確實從灰燼中湧現，但是當白天變成黑夜、然後變成紅光，且那隻怪獸來訪時，那只能算是小小的安慰。

因此，我們的夏至儀式，尤其是近來的夏至儀式，重點不是慶祝火，而是畏懼它、撫慰它，拚命地企圖在一個日益失衡的世界中恢復平衡。近年來，我們創造了火龍，我們用禮物來安撫，為的是鼓勵火元素使我們免於最嚴重的夏季火災。我們創造了各種儀式來平衡所有元素，設法恢復環境的和諧。當然，我們以更實際的方式採取行動，透過更有意識的生活、向環保組織捐款、促進永續性來降低對環境生態的危害。

但是每次夏天再次按時到臨，我們畏懼火元素，而且隨著歲月的流逝，我們更加畏懼它。何況每一次我們振動於著火區的名稱，而它比其他區的印象更強烈地傳過來，我們發抖打顫，納悶是否這次輪到我們面對那隻怪獸了。

——安布麗艾兒

****

結論

雖然不可預測，但火可以是巨大改變的媒介。這些改變可能是由創造的力道帶來的，也可能是一路毀滅一切的力道帶來的。我們在本章中看見的許多神話存有，都具體化現改變的不同面向，雖然在許多情況下，神話中的火鄉只是因為火的創造或毀滅特性而出現。

3 火與神性

對人類來說，從史前時代開始，使用火就是（現在也是）世界各地的生命至關重要的部分。因此，也難怪火神和火靈以某種形象出現在世界各地大部分文化的神話中，這些神明往往代表一或多個與火元素有關的幾個不同面向：

- **重生與轉化：**改變的神和靈，或是從混亂或毀滅轉化成為新事物的神和靈。
- **靈感：**有時候是詩人、藝術家、作家等等的守護神。
- **惡作劇與苛政：**騙子、小偷、反英雄。為了造福人類而從更高力量（神、靈、祖先等等）竊取火，是古典神話和世界各地許多不同原住民（包括美洲、玻里尼西亞、澳洲）神話中的一個共同主題。

- **鍛造與創造：**鍛造原義是指金屬被塑造且賦予新的形象，或是人類擁有讓創意想法賦予自己形狀的能力。
- **爐床：**它們帶來的住家、家庭以及安全和溫暖。
- **太陽：**這顆熾熱的星球使地球上的生命保有生氣。

提供本章的信息，是為了讓你概覽一些傳統上與火元素有關聯的神明。除了寫在這裡的那些神明外，還有許多其他神明：我們需要另一本書或可能是一系列的書籍，才能詳細介紹所有火系神明。

請記住，若要了解某位神明或神話，最佳方式是直接從他們所屬的文化著手，而且以一種付出而不是拿走的方式。拜託，千萬不要將以下的神明清單，視為某種靈性自助餐或異教徒的「綜合」精選。我在本章末尾收錄了一些關於如何以尊重的、具有文化敏感度的方式，接近或探索神明的點子。

- **阿德拉諾斯**（Adranus，西西里島）：阿德拉諾斯受到西庫爾人（Sicels）和西坎尼人

（Sicani）的敬拜，這兩個民族早在西元前第八世紀希臘開拓者在這裡殖民之前許久，就居住在大島西西里。一座敬拜阿德拉諾斯的神廟建在埃特納火山（Mount Etna）山腳，人們相信阿德拉諾斯就住在神廟底下。附近的阿德拉諾（Adrano）鎮以神的名字命名，至今仍舊屹立著。

- **艾德**（Aed，愛爾蘭）：艾德是愛爾蘭神話中的男神，在資料來源中時常被說是達格達（the Dagda）的兒子。他的名字來自古愛爾蘭字 *áed*（「火」），而這個字又來自原始凱爾特語的（Proto-Celtic）*aidus*，而 *aidus* 又源自原始印歐語的（Proto-Indo-European）*heyd*（「燃燒，點燃」）。某些資料來源稱他為「公正的艾德」（Aed Caem，英語：Aed the Fair）。在比較古老的資料來源中，他時常與他的兄弟安格斯（Aengus 或 Oengus）、克美特（Cermait）三人一起出現。他的父親達格達有時候被稱作「艾德赫．阿蘭」（Aedh Alainn），意思是「火熱的、有光澤的」，但是也可以翻譯成「可愛的／美好的」，這與他的兒子「公正」是一致的。[64]

　　艾德和達格達都與火及激情烈火有關。幾個資料來源說到，艾德被一位妒忌的丈夫殺死，因為艾德與他的妻子有染。十五世紀的愛爾蘭手稿《康鎮的梅格圖里德戰役》（*Cath Muige Tuired Cunga*，英語：*Battle of Mag Tuired at Cong*）中也提到艾德，《梅格圖里德戰役》是一部早期的現代愛爾蘭傳奇，談到「達南神族」（**Tuatha De Dannan**）為了愛爾蘭的主權而戰鬥的兩場戰役。[65]

- **阿格涅婭**（**Agneyi** 或 **Agneya**，印度和東南亞）：在印度教中，阿格涅婭是火神阿耆尼與其配偶之一的女兒，她神聖而強大。《哈里瓦姆薩》（*Harivamsha*）與《毗濕奴往世書》（*Vishnu Purana*）等梵文經文，都提到她是許多國王的母親。*agneya* 這個字在梵文中是形容詞，意思是「易燃的、燃燒的、熾熱的、阿耆尼的」等等。*Agneya* 用作專有名詞，常指東南方向，那與火和太陽有關。
- **阿耆尼**（**Agni**，印度和東南亞）：在印度教中，阿耆尼是太陽神、火神、閃電之神，他被視為人類的朋友和保護者，也是住家的保護者。與阿耆尼有關聯的火的類型，包括太陽、閃電、彗星、獻祭之火、居家之火、火葬柴堆之火、以及在所有人類裡面的消化之火。[66]

註[64]：Daimler, *The Dagda*, 29。

註[65]：Trinity College, *Cath Muige Tuired Cunga*。

註[66]：Cartwright, "Agni"。

許多印度教經文將「阿耆尼」解釋成同時存在於三個層面：在地球上是火，在空中是閃電，在天空中是太陽本身。[67] 阿耆尼有時候與舒適；療癒和生命力；知識；光明、溫暖、力量；保護、淨化、負面性的移除；重生與更新；性和性慾；閃電；青春有關。[68]

● **阿拉茲**（Alaz，東歐）：阿拉茲是突厥神話（Turkic mythology）中的火神。他是創世神凱拉（Kayra）的兒子。阿拉茲又被稱作「阿拉茲汗」（Alaz-Khan）或「阿拉斯巴提爾」（Alas-Batyr），通常被描繪成一位拿著火炬、披著火焰斗篷的老人。關於阿拉茲的民間傳說，將他與火的毀滅和淨化力量關聯在一起，對不尊重或濫用火的任何人，進行可怕的懲罰。

● **天照大神**（Ama-Terasu、Amaterasu、或Ama-terasu-ō-mikami，日本）：天照大神是日本的太陽女神，也是神道教的主要kami（「神」，包括神明、聖靈或能量）之一。她是「高天原」的神，其弟素盞嗚尊（Susa-no-o-no-mikoto）統治著滄海之原，妹妹月神月讀命（Tsuki-yomi-no-mikoto）則統治黃泉國。

根據《古事記》（*Kojiki*）中的神話循環，天照大神的弟弟素行不良，導致這位太陽女神生氣，躲在洞穴中，大地和天空因此一片黑暗。為了哄天照大神走出躲藏處，讓光明回歸世界，天空的另一位神明用歌舞表演引誘天照大神出洞。[69] 在現代的多神教中，天照大神有時候與農業、生命、成長、繁殖力；美麗；慈悲、溫和、同理心；能量（尤其是太陽能）；和平、幸福、團結、自由；光明和溫暖；愛與浪漫；智慧；心願有關。[70]

- **阿波羅**（希臘）：阿波羅是最著名且廣受敬拜的希臘羅馬諸神之一。他是公認的太陽神、預言神、射箭神、音樂神、舞蹈神、詩歌神、真理神、療癒神、淨化神、保護神、青春之神等等。阿波羅是狩獵女神阿緹蜜絲的孿生兄弟，是眾神之王宙斯與女神勒托（**Leto**，泰坦神的女兒）的兒子。他時常被描述成希臘萬神殿中最美的男神，而且通常被描繪成英俊、沒有鬍子的年輕人。在希臘神話中，他有許多不同性別的情人。

註[67]：Lochtefeld, *The Illustrated Encyclopedia of Hinduism*, 14。
註[68]：Kynes, *Correspondences*, 337。
註[69]：Ono, *Shinto*, 18-19。
註[70]：Kynes, *Correspondences*, 310。

身為音樂、歌曲、詩歌、舞蹈之神，阿波羅在希臘神話中因創作弦樂而備受讚譽，有時候被描繪成拿著七弦琴或帶領繆思女神們合唱。以這種形式，他常是詩人、歌手、音樂家的守護神。某些提到阿波羅的異教和巫術書籍暗示，他可能與高盧角神（Horned God）科爾努諾斯（Cernunnos）有連結，儘管沒有足夠的證據可以確定是否確實如此。阿波羅的常見象徵包括太陽、月桂枝和花環、弓和箭袋、渡鴉、七弦豎琴、海豚、狼、天鵝、老鼠。[71]

- **奧阿希圖羅阿**（**Auahitūroa**，紐西蘭）：奧阿希圖羅阿在毛利人的神話中是彗星的化身。他有時候也被稱作「烏波科羅阿」（**Upoko-roa**，意思是「長長的腦袋」）。在某些版本的神話中，他隨身攜帶火的種子，而且將火的種子送給他的妻子瑪胡伊卡（**Mahuika**），也就是火的化身。因為這樣的結合，這對夫妻生下了五個孩子：科努伊（**Konui**）、科羅阿（**Koroa**）、瑪佩芮（**Mapere**）、瑪納瓦（**Manawa**）、科伊提（**Koiti**），他們的名字就是手的五根手指頭的名稱。[72]
- **布麗姬**（**Brigid**，愛爾蘭）：**Brigit、Brede、Brighid、Brigid、Bride、Brigantia、Bridget** 只是其中幾個名稱，全都是用來稱呼這位基督教之前的愛爾蘭、蘇格蘭、威爾斯、英格蘭、以及更遠地區的女神。在愛爾蘭神話中，她是名為「達南神族」的某個特定眾神族群的成員，也是善神達格達的女兒。歷史上，布麗姬一直與春季、繁殖力、詩歌、療癒、鍛造有關。某些記載，例如第十世紀《科馬克的詞彙表》（*Cormac's Glossary*），將詩歌女神布麗姬描述成有兩位姊妹：鍛工布麗姬和療癒師布麗姬。有些人認為這意謂著，她可能是三重（*triformis*）女神，但是目前還不清楚是否情況如此。其他人將詩人布麗姬、療癒師布麗姬、鍛工布麗姬視為單一的存在體，但是誠如作者摩根・戴姆勒（Morgan Daimler）指出的，這可能是將事情過於簡化了。[73]

我們確實知道的一件事情是，女神布麗姬在某種程度上與凱爾特人的火系節慶「聖燭節」（Imbolc，聖燭節啟發了現代的異教節日）有連結。也可能是這個節日被連結到「某位」布麗姬女神：在整個不列顛群島，有幾位叫做「布麗姬」的人物受到尊敬和崇拜，目前還不清楚她們是否全都是同一位神明。[74] 身為現代異教徒，許多與布

註[71]：Mierzwicki, *Hellenismos*。
註[72]：Andersen, *Myths and Legends of the Polynesians*, 297。
註[73]：Daimler, *Brigid*。
註[74]：Mankey, *Witch's Wheel of the Year*。

麗姬女神有關聯的象徵和習俗（例如布麗姬的十字架，或是在儀式中為她鋪床的習俗），實際上來自基督教的傳統和「聖布麗姬」（Saint Brigid）的早期慶祝活動。[75]

- **卡卡**（Caca）**與卡庫斯**（Cacus，羅馬）：在羅馬神話中，卡卡與卡庫斯是兩位巨人，他們是姊弟或兄妹，也是男神伏爾甘（Vulcan）的孩子。這一對原本是巴拉丁諾山（Palatine Hill）的火神，這座山後來成為羅馬城的所在位置。[76]

  某些故事將卡庫斯描述成可怕的噴火野獸，對鄉間造成恐懼。他從英雄海克力士那裡偷走了幾隻巨人革律翁（Geryon）的牛，將牛藏在他的祕密藏身處，但是一頭哞哞叫的母牛背叛了卡庫斯，投向海克力士，海克力士突然闖入，殺死了卡庫斯。[77] 同一則故事的其他版本有卡卡背叛了她的兄弟，而且因為她效勞於海克力士而被奉為神明，也就是提升到女神的層級。

- **凱莉德雯**（Cerridwen，威爾斯）：在中世紀的威爾斯傳說中，凱莉德雯是女巫、女魔法師、草藥師，也是詩人塔利埃辛（Taliesin）故事中的關鍵人物。根據大多數的傳說版本，正是凱莉德雯準備了「阿文」（Awen，威爾斯、康瓦耳、不列塔尼字面意思是詩意的／藝術的靈感）的大鍋。她用鍋釀煮魔藥是為了她非常醜陋的兒子莫凡（Morfan）。魔藥需要釀造一年零一天，於是凱莉德雯要一位叫做莫達（Morda）的盲人，負責讓大鍋下方的火持續燃燒，同時一位名叫圭昂・巴赫（Gwion Bach）的小男孩負責攪拌。圭昂・巴赫攪拌時，三滴鍋中的液體濺到了圭昂・巴赫的拇指上，燙傷了他。出於本能，圭昂吸吮了燒傷處，而且因為這麼做，吃下了那個液體，無意間獲得了凱莉德雯為她兒子釀造的知識和智慧。圭昂逃跑了，凱莉德雯追趕他。在接下來的追逐中，圭昂試圖逃跑，而凱莉德雯緊跟著他的步伐，兩人雙雙變形成不同的鳥類和動物。最後，圭昂變成了一顆玉米粒，設法藉此躲藏。凱莉德雯變成了一隻黑母雞，找到了他，而且把他吞進肚子裡。但是因為凱莉德雯的魔藥，圭昂並沒有死。結果，沒多久凱莉德雯發現自己懷孕了，而那個孩子就是著名的吟遊詩人塔利埃辛。

某些現代折衷派的女巫和異教徒使用 **Cerridwen** 這個名字，代表三重女神的老媼形式，也就是代表知識和智慧。對其他人來說，她與火元素有關，因為她是一位女

註75：Mankey, *Witch's Wheel of the Year*。
註76：Boardman et al., *The Oxford History of the Classical World*, 49。
註77：Encyclopaedia Britannica, "Cacus and Caca"。

始祖，掌管著轉化和巨大的改變。[78]其他人仍然將她與預言、繁殖力、占卜關聯在一起。

- **權戈**（Chango，西非）：權戈（有時候拼作Shango、Sango、或Xango）是許多非洲傳統宗教中的奧里莎（Orisha，譯註：西非約魯巴人對「神靈」的稱呼）兼火之王。他通常被視為掌管雷聲、擊鼓、火的神明，而且出現在某些故事中，投擲「雷石」，引發雷鳴、閃電、毀滅。[79]

　　每年八月，在奈及利亞境內慶祝「世界權戈節」（World Sango Festival）。聖特利亞教（Santeria，譯註：十九世紀末在古巴發展起來的宗教，融合了西非傳統的約魯巴宗教、基督教的羅馬天主教形式，以及唯靈論）在十二月四日（天主教會的聖芭芭拉〔Santa Barbara〕節）當天向他致敬，有盛宴款待、祈禱、祭品。[80]

- **蟬蒂科**（Chantico，中美洲阿茲特克）：蟬蒂科是阿茲特克（Aztec）宗教中掌管爐床火和炊火的神明。她與戰士、石匠、霍奇米爾科（Xochimilco）鎮有關。她通常被描寫成有著明亮的黃皮膚以及臉上兩條紅線，而且時常被描繪成帶有勇士之道的象徵或標記。

　　在哥倫布之前的許多資料來源中，都描述過這位女神，某些資料交替使用代名詞他／她。這導致了一些關於蟬蒂科性別的爭論。

- **達格達**（**Dagda**，愛爾蘭）：達格達有許多名字，他是愛爾蘭神話的「善神」。在此，「善」未必涉及過度簡化的善／惡二元。相反的，它意謂著達格達是「偉大」或「傑出」的神，擁有許多的技能和才華。

在資料來源中，達格達的一個名字是「艾德赫．阿蘭」（Aedh Alainn），意思是「火熱的、有光澤的」，但是也可以翻譯成「可愛的／美好的」：這是一種與他兒子「公正的艾德」共同擁有的品質。此外，達格達有時候被稱作「火與土」之神。手稿和其他資料來源，時常將他描述成一位非常巨大的人，而許多比較現代的資料來源則將他描繪成有鮮紅色的頭髮。[81]

註[78]：Hughes, *From the Cauldron Born*。
註[79]：Murrell, *Afro-Caribbean Religions*, 32-33。
註[80]：Dorsey, "12/4: Feast for Chango and Santa Barbara"。
註[81]：Daimler, *The Dagda*, 26。

●**達日博格**（Dazhbog，歐洲斯拉夫民族）：達日博格是掌管太陽火的再生之神，在斯拉夫神話中，他乘著馬車翱遊天空。除了是太陽神外，他也是收穫之神、春天之神，以及體力、技巧、生命力之神。斯拉夫神話說，他每天早上離開在東方的太陽之家，乘著他的金色馬車（由四匹有金色鬃毛的白馬拉著）越過天空來到西方，在那裡，他的妹妹，日落，將會解開那些馬兒的套具，帶牠們回家。[82]

大部分的斯拉夫部落，都有崇拜達日博格的證據和文獻。西元九八〇年，在基輔弗拉基米爾大公（Vladimir the Great）的宮殿外，他的雕像與其他六位神明的雕像並排站立。在現代世界中，達日博格是某些現代斯拉夫異教徒的守護神：近年來，在俄羅斯和烏克蘭境內安裝了幾尊他的雕塑和神像，結果要麼被破壞者摧毀，要麼因為教會的強烈抗議而被拆除。

●**恩**（En，阿爾巴尼亞）：恩或恩吉（Enji）是阿爾巴尼亞異教神話中被重建的火神名稱。人們認為他曾經得到伊利里亞人（Illyrian）的敬拜，伊利里亞人是古代居住在巴爾幹半島西部部分地區的一群印歐部落。在羅馬時代，他是阿爾巴尼亞萬神殿中最重要的神祇之一。在基督教之前的阿爾巴尼亞神話中，元素、物體往往被認為是神或靈所擁有。神明通常是某個特定元素的具體化現，而不是單獨的存在體。恩是神性之火的化身。他的膜拜儀式是神祕的火與火系儀典之一。

幾個世紀前，隨著基督教的到來，恩被貶為「魔鬼」，但是他的名字今天繼續在阿爾巴尼亞語之中代表「週四」（*e enjte*）這個詞。[83]

- **福耳那克斯**（**Fornax**，羅馬）：福耳那克斯是古羅馬烤箱和鍛爐的神性化身。她與烹飪、爐床、住家有關。基於這個原因，某些羅馬作家將她與女神維斯塔關聯在一起。還有證據顯示，她以穀物女神、豐收之神的身分受到敬拜。農民們向她獻祭，希望她會在烹煮的過程中調節穀物的熱度，帶來全熟的麵包。

她的節日「福耳那克斯節」（*Fornacalia*）於二月十七日當天慶祝。這一天是要根據儀式烘烤用於烘焙蛋糕和麵包的斯佩爾特小麥（去殼小麥）。該地區的每一個家庭都會來到他們當地的會議廳慶祝和參加盛宴，而且將一把穀物扔進烤箱，藉此獻給福耳那克斯。這被認為是為了確保烤箱在來年不會燒掉任何麵包。福耳那克斯的象徵可能包括土窯或磚爐、一條條麵包、乾穀物。某些現代女巫和異教徒將她與爐床和住

註82：Kryuchkova and Kryuchkova, *Encyclopedia of Slavic Gods and Spirits*, 48-49。

註83：Lurker, *Dictionary of Gods and Goddesses*, 57。

家、豐盛和食物安全或烹飪和烘焙關聯在一起。

- **加比婭**（Gabija，立陶宛）：在立陶宛神話和民間傳說中，加比婭是火的靈以及住家和家庭的保護者。人們對於她的起源或敬拜知之甚少，但是提到她的資料來源和民間故事，往往將她描繪成穿紅衣的女子，或是描繪成一隻貓、鸛或公雞。身為火的化身，她時常懲罰不尊重火元素的人們，報復那些在火上跺腳、吐痰或小便的人們。
- **格洛伊**（Glöð）與洛吉（Logi，斯堪地那維亞半島）：格洛伊是北歐史詩《維京之子索爾斯坦的傳奇》（*Þorsteins saga Víkingssonar*，英文：*The Saga of the Viking's Son, Thorstein*）之中的傳奇女王。她是北歐約頓（jotun，自然靈）洛吉的妻子和配偶，在某些傳統文獻中，這對夫婦和他們的孩子往往被描述成火系男神和女神。

　　洛吉是野火的化身。他出現在《散文埃達》，與騙子男神洛基（Loki）在一場飲食大賽中競技。兩人的速度不相上下，但是野火洛吉除了吃掉遞給他的肉之外，還會吃掉骨頭，甚至是盛肉的陶器。

- **格爾拉**（Gerra 或 Girra，古代美索不達米亞）：格爾拉是巴比倫和阿卡德（Akkad）的男神，掌管火與光，源自較早蘇美人的神明吉比爾（Gibil）。身為金屬的提煉者，格爾拉也是冶金學家的守護神。由於火在燒磚時扮演的角色，格爾拉基於滌淨和祝聖儀式而被召喚，尤其是在建造新房屋或建築物的時候。[84]

幾乎找不到或鑑定不出格爾拉的擬人化形象。文字證據暗示，他的象徵是一把燃燒的火炬。

●**格蘭努斯**（**Grannus**或**Grannos**，歐洲高盧人）：格蘭努斯是高盧人的太陽、療癒、溫泉男神，在羅馬入侵時受到敬拜。他的名字與許多親凱爾特語的單字有鏈結，這些字內含「太陽」、「燃燒」、「照耀」、「鬍鬚」之類的意思。某些學者認為這是參照太陽的「鬍鬚」，也就是太陽的光線。

在羅馬統治下的許多地區，格蘭努斯被部分同化，進入當地人的萬神殿，成為阿波羅—格蘭努斯（**Apollo-Grannos**），儘管事實上，這兩位男神除了與療癒有關外，實在沒有太多其他的共同點。[85] 在敬拜時，他有時候與高盧女神西羅娜（**Sirona**，也拼作**Dirona**）配成一對，西羅娜是職司有療效的泉水和繁殖力的神明。現代法國境內一座噴泉上的銘文可以追溯到西元第一世紀，文中提到以格蘭努斯的名義舉行一場一

註[84]：Tudeau, "Girra (god)"。

註[85]：MacCulloch, *The Celtic and Scandinavian Religions*, 29。

年一度的十夜節慶。

- **赫利俄斯**（Helios，希臘）：赫利俄斯在希臘神話中是太陽的化身。在藝術中，他時常被描繪成頭戴燦爛的金色王冠，乘著美麗的戰車劃過天空。與赫利俄斯有關的故事，最著名之一是他兒子法厄同（Phaethon）的故事，法厄同試圖駕馭父親的戰車，但是卻失控，害地球著火。假使宙斯沒有介入，用他的一道霹靂殺死法厄同，所有凡人勢必死去。[86]

有時候在神話中，赫利俄斯被描繪成什麼都看得到、什麼都聽得見：舉例來說，只有他和赫卡特聽見波瑟芬妮（Persephone）被帶到冥界時的哭聲。[87] 在現代的巫術和異教信仰中，赫利俄斯有時候與農業、成長、繁殖力；美麗；商業和財富；光和能源（尤其是太陽能）；溫暖；心願有關。[88]

- **赫菲斯托斯**（Hephaestus，希臘）：赫菲斯托斯是掌管鍛造、金屬製品、工匠、火、（有時候包括）火山的希臘男神。他鍛造了眾神們大部分的神話和魔法武器。根據希臘神話的某些版本，泰坦神普羅米修斯偷走了一塊燃燒的煤，為人類帶來火的地點，正是赫菲斯托斯在奧林帕斯山上的鍛爐。[89]

在古希臘，赫菲斯托斯在與建築和鍛造比較有關的產業區受到敬拜，尤其是在雅典境內。好幾則神話以及古代作家荷馬撰寫的某些史詩，都將赫菲斯托斯描述成能夠產生運動或能量。運用這點，他為許多神廟和宮殿創造了自動裝置和守護機關。[90]赫菲斯托斯的象徵是鐵匠的鍛錘、鐵砧、一把鉗子。在現代巫術和異教信仰中，他有時候與束縛、手工藝、創造力、妒忌、報復、技能或智慧有關。[91]

- **伊什木**（**Ishum**，古代美索不達米亞）：伊什木是一位次要的阿卡德男神和使者，他帶領眾神們投入戰鬥。幾個資料來源將他描述成照亮道路的燈塔或火把。他也是太陽神沙瑪什（**Shamash**）的兄弟。雖然他時常被視為毀滅的先兆，但是身為神明的伊什木通常被認為是仁慈的。

註[86]：Boardman et al., *The Oxford History of the Classical World*, 192。
註[87]：Mierzwicki, *Hellenismos*。
註[88]：Kynes, *Correspondences*, 347。
註[89]：Boardman et al., *The Oxford History of the Classical World*, 260。
註[90]：Boardman et al., *The Oxford History of the Classical World*, 260。
註[91]：Kynes, *Correspondences*, 347。

● **竈王神**（**Jowangshin**，韓國）：在韓國的民族宗教神道教中，竈王神是爐火女神，具體化現成爐床上方泥土祭壇上的一碗水。祭拜她的儀式通常是由家庭主婦和僕人執行，他們每天早上都會在碗裡裝滿淡水，然後跪下祈求好運。人們相信這位女神會寫下一個家庭中發生的事情，然後報告給天庭。

在韓國境內，敬拜竈王神已經持續了幾千年。每逢節日，人們便用「打糕」（一種米糕）和新鮮水果敬拜她。

● **迦具土**（**Kagu-Tsuchi**，又名 **Kagutsuchi**、**Hinokagatsuch** 或 **Homusubi**，日本）：迦具土是日本神話的火神。他是鍛工、金屬工人、陶工的守護神。根據神話，迦具土的誕生燒毀了他的母親伊邪那美（Isanami），伊邪那美因而死去。迦具土的父親伊邪那岐（Izanagi）悲慟欲絕，將迦具土斬首，然後切成八塊，每一塊都化成一座火山。

迦具土是愛宕神社（Agato Shrine）供奉的幾位神明之一，愛宕神社是位於京都市西北部山區的神道教神社，被認為可以保護京都市免於火災。在現代流行文化中，他以各種形象出現在電子遊戲、日本動漫、日本漫畫中。

● **荒神**（**Kōjin**，日本）：荒神是日本神道教中掌管火、爐床、廚房的神明。他有時候被描寫成三重（**triformis**）男神，或是描繪成有三個頭顱。迦具土往往代表火的破壞性，而荒神與迦具土不同，他代表當火元素控制得當且用於實際目的時。

傳統上，他的圖像被放置在爐火旁，讓他可以照看這個家。他的靈久居在榎樹（*enoki* tree）裡，照習俗會在榎樹底下放置舊娃娃或破娃娃讓他照顧。[92]

- **克雷斯尼克**（Kresnik，歐洲斯拉夫民族）：克雷斯尼克是古老的斯拉夫男神，與火、太陽、風暴、夏至有關。有人提出，他與斯拉夫太陽神斯瓦洛格（Svarog）的兒子斯瓦洛西奇（Svarožič）八成是同一位神明，因為這兩位神明都被描述成有金色的雙手和頭髮。在斯洛維尼亞境內，他已經逐漸演變成生活在金山上的文化英雄，是一位擁有強大魔力的農夫王。當他與夏至關聯在一起的時候，時常以有金鹿角的鹿出現。
- **洛基**（斯堪地那維亞）：北歐騙子男神洛基有時候被稱為火神，但一部分原因是將他與火巨人洛吉（Logi 或 Loge）搞混了。在古北歐語中，*Logi* 的字面意思是「火焰」，雖然有人認為這可能與洛基的名字有些關係，但是語言學家們至今仍未採信。

註[92]：Davis, *Myths and Legends of Japan*, 269。

一九五〇年在丹麥海灘發現的斯內普頓（Snaptun）石上，發現了罕見的維京時代對洛基的一段描述。這塊石頭經過鑑定是在西元前一千年左右雕刻的，描繪一位留著大捲曲八字鬍的男子，嘴唇上有疤，被認為是詮釋在《散文埃達》中被小矮人把嘴唇整個縫起來之後的洛基。這塊石頭經過鑑定是爐石，用於固定風箱的噴嘴。這暗示洛基與火或鍛造之間可能有連結。[93]

在現代的巫術和異教信仰中，洛基時常與接受和天命；美麗；挑戰和危險；改變、轉化、意想不到的障礙；靈視力和溝通；伶俐、狡猾、欺騙；敵意；自由和獨立；知識和學習；魔法和保護；心情；在需要時提供支持有關。[94]

- **瑪胡伊卡**（Mahuika，紐西蘭）：在毛利人的神話中，瑪胡伊卡是火的化身和守護者，當彗星的化身「奧阿希圖羅阿」將火的種子帶到地球的時候，她與奧阿希圖羅阿生了五個火孩子。文化英雄毛伊就是從瑪胡伊卡那裡得到了生火的祕訣，毛伊哄騙瑪胡伊卡將她的五個手指甲一一給他。[95]在某些版本的神話中，她也被認為參與了朗伊托托（Rangitoto）的創造，這是奧克蘭附近豪拉基灣（Hauraki Gulf）的一座火山島。瑪胡伊卡很氣曾經詛咒她的一對夫妻，於是請求掌管地震和火山爆發的男神魯奧莫科（Ruaumoko）殺死這對夫妻。

在紐西蘭的某些地區和熱帶玻里尼西亞的其他地方，瑪胡伊卡是男神。在其他地區，也有類似的神明被命名為瑪弗伊厄（Mafui'e）、瑪弗伊克（Mafuike）、瑪胡伊厄（Mahui'e）或瑪胡伊克（Mahuike）。[96]

- **壁爐之母**（Nëna e Vatrës，阿爾巴尼亞）：在阿爾巴尼亞的民間傳說和神話中，「壁爐之母」是掌管火爐的女神、母親、保護者。她有時候與祖先崇拜或以女性為中心的家庭有關聯。獻給她的祭品通常是將一些準備好的飯菜扔進火裡或留在壁爐旁。如果每夜不把爐床打掃乾淨，壁爐之母據說會生氣。
- **努斯庫**（**Nusku** 或 **Nuska**，古代美索不達米亞）：努斯庫是亞述和巴比倫尼亞諸神的文書兼信使，時常被國王們召喚。他被描述成就是陽光、火光，有時候也是月光的具體化現。因為火在人類進步中扮演的角色，他通常與藝術和文明有關。目前主要的資

註[93]：Bloodofox, "The Snaptun Stone"。
註[94]：Kynes, *Correspondences*, 350。
註[95]：Anderson, *Myths and Legends of the Polynesians*, 297。
註[96]：Craig, *Dictionary of Polynesian Mythology*, 148。

料來源並不清楚他是否就是蘇美火神吉比爾，還是吉比爾的兄弟。[97]

身為眾神的信使，努斯庫自由地穿行於天空、陸地、大海深處之間。他有時候有太陽或月亮伴隨，日日夜夜一起穿行過天空。

● **奧德・伊耶西**（Od Iyesi，東歐）：奧德・伊耶西是突厥和蒙古神話中的火靈或火神。在突厥語言中，*Od*及其變形字通常意謂著「火」。*Iye*通常意指某自然力或物體的保護者或至高無上的靈。奧德・伊耶西是火災發生地的保護者：作為爐灶的保護靈，他們被稱作索巴・伊耶西（Soba iyesi）。作為爐床靈，他們是奧卡克・伊耶西（Ocak iyesi）。

奧德・伊耶西的女性形式是「火母」（Od Ena）。在蒙古神話中，她出生在世界之初，天地分開之時。奧德・伊耶西的男性形式是「火父」（Od Ede）。在蒙古的神話和薩滿教的傳統中，他被稱作「火王」（*Od Khan*），時常被描繪成紅橙色的人形，騎著棕色的山羊。

● **奧格涅娜・瑪麗亞**（Ognyena Maria，歐洲斯拉夫民族）：奧格涅娜・瑪麗亞，意思是「如火燃燒的瑪麗」，她是斯拉夫神話中的女火神。有些人認為她是「安條克的瑪格麗特」（Margaret of Antioch）與「聖母馬利亞」的綜合體，她是佩龍（Perun）的手足兼助手，而佩龍則是許多斯拉夫萬神殿內的天空之神以及威力最為強大的男神。

不同的文化基於不同的目的，崇敬或召喚奧格涅娜・瑪麗亞：在白俄羅斯，她被視為療癒之神，在保加利亞，她以提供防火保護而聞名。在俄羅斯和烏克蘭境內，她時常與閃電和風暴有關。在斯拉夫的民俗曆法中，她的節日在七月底。

- **奧貢**（**Ogun**，西非）：奧貢是一位與許多非洲傳統宗教中的鐵匠、金屬加工、戰爭、戰士有關的奧里莎。在宇宙創造的故事中，他扮演關鍵的角色，當時奧貢用他的大砍刀砍斷阻擋眾神之路的稠密灌木叢。[98]

奧貢的常見象徵是鐵、狗、棕櫚葉。他擁有支配金屬以及支配森林的力量，有時候也與正義、手工藝、技能、技術有關。他的神龕往往坐落在靠近樹木的戶外，或是在室內以較小的家庭神龕存在。[99]

註97：Mackenzie, *Myths of Babylon and Assyria*, 478。

註98：Dorsey, "Orisha Ogun: Lord of Iron, God of War"。

● **奧雅**（**Oya**，西非）：奧雅是掌管風與風暴的奧里莎，出現在某些非洲的傳統宗教中。她被視為改變的化身，以造成凜冽的天氣和閃電襲擊而聞名。有時候她被稱作揚薩（**Yansa**）或奧雅伊揚桑（**ya-Iyansan**，意思是「九個孩子的母親」），因為她有九個孩子，由她裙子上的九種顏色代表。她時常被描繪成拿著鞭子、大砍刀或霹靂閃電。

人們認為，奧雅的「阿許」（**Ashe**，神聖本質或生命力）在尼日（**Niger**）河之中，在約魯巴語中，「奧雅的阿許」也叫做「奧雅」。某些虔誠的信徒認為她是死者的女王和守護者。[100]

● **佩蕾**（**Pele**，夏威夷）：在夏威夷的原住民宗教中，佩蕾是掌管火和火山的女神。出於尊重，她往往被稱作「圖圖佩蕾」（*Tūtū Pele*）或「佩蕾夫人」。人們認為她創造了夏威夷的火山和島嶼，而且因為她的持續臨在和塑造神聖大地而備受尊敬。

儘管曾在十九世紀初期遭白人傳教士和殖民者「廢除」，但是對佩蕾的信仰和崇敬卻一直持續下去。一則已經成功走入現代的夏威夷傳說認為，這位女神有時候會以紅衣女子的形象出現，走在基拉韋厄（**Kilauea**）火山附近的道路上，以此警告火山即將噴發。也有人認為，這位女神詛咒膽敢從她的島上拿走物品的人們，儘管目前並不清楚這個迷信的產生，是早於二十世紀還是最近發明的，目的在阻止遊客擅自拿取天然材料。無論如何，夏威夷火山國家公園總部每年都收到來自世界各地的數百個包裹（往往是寄給「佩蕾女王」的）報告不幸和災難，並乞求將所附物品歸還給佩蕾女神，以求解除詛咒。[101]

- **普羅米修斯**（希臘）：普羅米修斯是希臘神話中的泰坦神，以其聰明和機智而聞名。在他的故事的大部分版本中，他從眾神那裡偷了火（在許多版本中是從赫菲斯托斯的鍛爐內），用一根巨大的茴香莖從奧林帕斯山把火偷運出來，為人類帶來（或恢復）火。基於這個罪行和其他罪過，宙斯懲罰普羅米修斯，將他鎖在一塊大岩石上，每天命令一隻老鷹吃掉他再生的肝臟。後來希臘神話說，英雄海克力士殺死那隻老鷹，營救了這位泰坦神。

註[99]：Murrell, *Afro-Caribbean Religions*, 33-34。
註[100]：Dorsey, "Oya"。*Orishas*、*Goddesses and Voodoo Queens*。
註[101]：Cart, "Hawaii's Hot Rocks"。

普羅米修斯的淋漓鮮血據說已經變成一種植物，可以麻痺疼痛，產生欣快感，這最有可能是罌粟花。[102]在現代的巫術和異教信仰中，普羅米修斯有時候與溝通／預言、實力、技能、悲慟、智慧有關。[103]

● **拉**（Ra或Re，埃及）：在古埃及宗教中，「拉」是創造者太陽神以及天空和大地的統治者。他往往與出生和重生有關，因為他隨著每個新的一天的破曉重生。在埃及藝術中，「拉」有時候被描繪成一隻拿著太陽圓盤的獵鷹。「拉」的敬拜中心在古埃及的大城市赫利奧波里斯（Heliopolis），而且「拉」被認為是埃及「九柱神」（Ennead，九大埃及神的循環）的主神。在一則故事中，天空女神努特（Nut）背著「拉」回到天國，在那裡，他成為世界的主宰和創造者。[104]

在現代的巫術和異教信仰中，「拉」有時候與農業、繁殖力、生命、週期循環；開始；改變和諸多改變；能量、力量、魔法（尤其是太陽的能量、力量、魔法）；守護者；指引、知識、真理、洞見；正義與復仇；光明和溫暖；彼岸世界與冥界；重生與更新；五感（尤其是視覺）；實力；旅行；安康有關。[105]

● **賽克美特**（Sekhmet，埃及）：賽克美特是與療癒、戰士、太陽、火，以及來自凱美特（Kemet，譯註：黑土之國，古埃及人對自己國家的稱呼）萬神殿的死後世界有關的女神。賽克美特通常被描繪成有母獅的頭，而且被認為是古埃及法老的保護者。身為太陽神，她是「拉」的女兒，而且往往與女神哈索爾（Hathor）和芭絲特（Bastet）有關。賽克美特的女祭司們與大眾，一起參加為了向這位女神致敬而舉行的大型年度節慶。

- **沙帕什**（**Shapash**，古代近東）：沙帕什是迦南人的太陽女神，有時候也被稱作沙普什（Shapsh）、沙普舒（Shapshu）、沙梅什（Shemesh）。她在巴爾（Baal）的神話中扮演重要的角色，在那裡，她擔任眾神之間的裁判。在巴爾被殺之後，她幫忙埋葬和哀悼巴爾，然後完全停止發光。她的父親，至高無上的男神艾爾（El），最終懇求她再次閃耀。沙帕什同意了，但發誓要用她的光繼續尋找巴爾。

註102：Mierzwicki, *Hellenismo*。

註103：Kynes, *Correspondeces*, 356。

註104：Drury, *Watkins*, 243。

註105：Kynes, *Correspondeces*, 357。

● **斯瓦洛格**（Svarog，歐洲斯拉夫民族）：斯瓦洛格是斯拉夫男神，掌管火、鍛造、陽光／太陽。他通常被當作赫菲斯托斯的對應神或詮釋赫菲斯托斯。少數提到他的歷史資料之一來自《希帕提安編年史》（*Hypatian Codex*），這是一份十五世紀的合集，由來自俄羅斯境內伊帕蒂耶夫修道院（Ipatiev Monastery）內幾份十分古老的文件匯集而成。《希帕提安編年史》收錄了一份來自第六世紀、十分古老的希臘文件的斯拉夫文翻譯，其中提到斯瓦洛格是赫菲斯托斯的埃及名字。這位斯瓦洛格被描述成天空中的鍛工，他鍛造並為早期人類提供第一批金屬武器。這份文件也提到太陽神達日博格的名字，說他是斯瓦洛格的兒子兼繼承人。

斯瓦洛格的象徵與赫菲斯托斯很類似，可能包括鍛造工具或風箱。在現代的巫術和異教信仰中，他可能與手工藝、創造力、技能或智慧有關。

● **烏圖／沙瑪什**（Utu/Shamash，古代美索不達米亞）：烏圖是古代美索不達米亞的男神，掌管太陽、道德、正義、真理。他是女神伊南娜（Inanna）的孿生兄弟，通常被描繪成和藹可親的老人。《吉爾伽美什史詩》（*The Epic of Gilgamesh*）中有提到他，當時，他幫助吉爾伽美什（Gilgamesh）擊敗食人魔胡姆巴巴（Humbaba）。在許多版本的神話中，他每天乘著船或戰車越過天空，黎明時分用鋸齒刀切穿群山。由於他每天乘著船或戰車，所以人們相信，他看見了發生在世界上的每一件事。

對蘇美人來說，烏圖叫做「沙瑪什」，而且在古代很早的時候就開始持續受到敬拜，他的主要象徵之一是有翅膀或太陽光線的金圓盤。

- **韋伯特**（**Verbt**，阿爾巴尼亞）：在阿爾巴尼亞的民間傳說和神話中，韋伯特是天氣和風暴男神，他的風和雹暴引發閃電且煽動火焰。祈請他或送走他通常涉及製造許多噪音。他往往被描繪成討厭不整潔和粗言穢語的男神，以及懲罰說他壞話的任何人的神明。不久之前，在阿爾巴尼亞北部還有人敬拜他。[106]
- **維斯塔**（**Vesta**，羅馬）：古羅馬女神維斯塔（相當於古希臘女神赫絲提雅）是掌管爐床和住家的童貞女神，也是羅馬萬神殿中的「羅馬十二神」（*Dii Consentes*）之一。羅馬城內的維斯塔神廟，由今天通常稱作「維斯塔貞女」（**Vestal Virgin**）的童貞女祭司維護，她們的工作是照料維斯塔的聖火，以及執行與居家生活相連的其他儀式，包括在六月十五日當天打掃神廟的儀式，以及為某些節日準備食物。人們還認為，透過

註[106]：Elsie, *A Dictionary of Albanian Religion*, 259。

維斯塔的聖火，這些女祭司照料著這座城市及其人民的生命和靈魂。因此，讓維斯塔的火熄滅被認為是褻瀆聖物以及嚴重背棄責任，如果這種事發生，貞女們會受到嚴厲的懲罰，通常是肉體上的毆打。如果維斯塔的聖火熄滅了，就要用一系列鏡子將太陽光線集中在一棵「吉祥樹」（應該是橡樹）上，重新點燃維斯塔的聖火。[107]

西元三九四年，維斯塔的火焰，終於被基督教皇帝狄奧多西一世下令熄滅了，以此因應他消滅羅馬境內異教習俗的運動。[108] 在現代的巫術和異教信仰中，維斯塔與社群和家庭；忠貞；和諧與淨化；住家；婚姻；安全與穩定；溫暖和熱力；涉及廚房的巫術有關。[109]

- **伏爾甘**（Vulcan，羅馬）：伏爾甘是掌管火和手工藝的男神，他是羅馬版的赫菲斯托斯。在羅馬宗教中，他是掌管鍛造、沙漠、火山的男神。羅馬的伏爾甘節（*Vulcanalia*）在每年的八月二十三日當天舉行，這時候，夏季的炎熱烘烤大地，很容易滋生危險的野火。每年的這天晚上，巨大的篝火被築起，向伏爾甘致敬，活魚祭品被投入火焰之中，希望這位神明用他的火焰帶走活魚，而不是帶走人類的生命。這幾天，人們也會把洗好的所有衣物懸掛在太陽底下曬乾，而且會在黎明之前點燃蠟燭工作。

在西元六十四年羅馬大火之後，對伏爾甘的敬拜和獻祭日益盛行。在現代的巫術和異教信仰中，他有時候與束縛、社群、創造力／技能、毀滅、能量或妒忌有關。[110]

- **鐵匠韋蘭德**（**Wayland the Smith**，或稱 **Weyland**，歐洲盎格魯撒克遜人）：是盎格魯撒克遜人的鍛工男神。他在歐洲各地廣為人知，在十三世紀《詩體埃達》（*Poetic Edda*）文獻中，他首次被提及。該地區的民間故事認為，他的鐵匠鋪在里奇韋（**Ridgeway**）的巨石墓室之中，離英格蘭境內的優芬頓白馬（**Uffington White Horse**）不遠。

在北歐傳說中，韋蘭德是 **Völundr**，一位擁有超自然技能的鐵匠，他被一位國王俘虜，而且讓他變成跛腳，無法逃脫。他被俘虜他的人派去工作，但是他報復這位國王，殺死了他的孩子。

註[107]：Boardman et al., *The Oxford History of the Classical World*, 72。
註[108]：Boardman et al., *The Oxford History of the Classical World*, 72。
註[109]：Kynes, *Correspondences*, 336。
註[110]：Kynes, *Correspondences*, 360。

● **希烏特庫特利**（Xiuhtecuhtli，中美洲阿茲特克）：在阿茲特克神話中，希烏特庫特利是掌管火、溫暖、日光的男神。他通常被描繪成臉上塗著紅色和黑色顏料，身體裝飾著土耳其石（turquoise stone，他的名字的一部分蘊含「土耳其石」和「年分」以及「火」的意思）。

向希烏特庫特利獻祭有時候涉及在儀式上埋葬他的小雕像：通常是一位坐著的男性，雙臂抱胸。資料來源顯示，在他的神廟裡，神聖的火不斷燃燒著，而且食物供品要先獻上，感謝他賜予火，然後才能食用。

活生生的神明，活生生的文化

這裡提到的某些文化和信念系統，已經被包括歷史學家在內的重建主義者拼湊起來。其他則以某種形式在整個歷史中作為一種文化繼續存在。在我們的修行的所有面向裡，當我們接近這些神明時，尊重這些神明來源的文化是很重要的。如果你打算敬拜或與任何神明共事，重要的是要盡可能地理解形塑他們的文化、靈性、自然景觀；在豐富、複雜的文化和傳統中，這些神明只是形成一小部分。

留心文化占用也很重要。如果你是某個統治、特權文化的一分子，你不一定有權利與屬於曾經（或目前正在）受壓迫的文化的神明合作，無論這些神明可能會與你產生多少「共鳴」。

從一九七〇年代到二〇〇〇年代流行的新異教「綜合」神明方法（在這種方法中，大部分的成員與來自一系列萬神殿的神明一起工作，但是只知道那些獨特的神明「出名」的原因，其餘一概不了解），似乎終於正逐漸式微；人們開始（儘管很緩慢地）放慢腳步，開始思考，而不是將眾神視為允諾心願的精靈或可以收藏的小雕像（要好好了解眾神啊）。

簡言之，人們開始好好研究。雖然這整個巫術和異教信仰的事物並沒有硬性規定，但是在可能的情況下好好自行研究，無疑會加深你的理解並豐富你的修行。

與神明連結

如果神話、神明、靈、或神話中的生物令你著迷，或是如果你正在考慮將他們納入你的修行中，請在開始任何事情之前好好做點研究。如果你不確定該從哪裡開始，那麼就連從維基百科頁面開始也有助於加深你的理解；查看文章所引用的資料來源可以了解更多的信息。簡略記下幾個要點或持續發揮你的書呆子精神，開始記錄一份迷你型研究日誌。在這些神話、信仰或故事起源期間，發生了什麼事情呢？生活在這個時期的一般人，日常生活是什麼樣子的呢？在當時與現在之間，這個地方／這些人發生了哪些重大的改變？

結論

火神有許多形象，代表許多事物。創造者、療癒師、音樂家、騙子、太陽神、火山神、爐床靈、火之領主和夫人等等，全都以火的許多方面代表火元素。

4

火之聖域

幾千年來，火在世界各地的不同文化和背景中一直備受崇拜和尊敬。本章將會探索某些著名的新舊聖域，而且將會檢查火之聖域在你的日常世界中可能會是什麼樣子。

世界各地的火之聖域

sacred 這個英文字來自意思是「神聖的」一個拉丁字根。今天，這個英文字仍然被用來描述被宗教儀典視為神聖的東西，但是它的意義也被擴展到適用於值得敬畏和尊重的東西。

- **巴巴古爾古爾**（Baba Gurgur，伊拉克）：巴巴古爾古爾是伊拉克北部基爾庫克（Kirkuk）市附近的一塊油田兼永遠燃燒的氣體火焰。它的名字一部分來自於代表火的土耳其語和庫德語，可以翻譯成「永恆之火的父親」。在一個被認為可以回溯到祆教最早時期的傳統中，婦女們長途跋涉到巴巴古爾古爾請求得到一名男嬰。
- **基爾代爾之火**（Fire of Kildare，愛爾蘭）：許多資料來源都描述，早在基督教來到愛爾蘭之前許久，火就在基爾代爾被點燃，向一位名叫布麗姬的女神致敬。到了十二世紀，這個傳統以某種方式延續下去：學者和編年史家們寫下了關於「聖布麗姬」的修女們照顧這把火的情況。這個傳統在十六世紀隨著修道院被鎮壓而逐漸消失，但是在一九九三年，一把新的火焰在基督教的靈性中心「布麗姬之光」（Solas Bhríde）被點燃。在二〇〇六年的聖布麗姬節（Saint Brigid's Day）當天，一把永不熄滅的火焰在基爾代爾城鎮廣場（Kildare Town Square）內的特殊雕塑內被點燃。[111]
- **海員與海上遇難者紀念碑**（Seafarers and Sea Bereaved Memorial，芬蘭）：這座紀念碑在當地被稱作「赫爾辛基永恆之火」，建於一九六八年，為的是紀念和崇敬在海上遇難的人們。紀念碑由雕塑家奧斯卡里・約海寧（Oskari Jauhiainen）以及建築師埃若・埃里凱寧（Eero Eerikäinen）設計和建造，高度超過十二公尺，由三根鍍了青銅的柱子組成，三根柱子矗立起來，形成燈塔般的結構。一把永恆的火焰在頂端燃燒，偶爾被暴風雨吹熄。每年諸聖節（All Saints' Day）當天，芬蘭的教會都會舉行緬懷死者的儀典。[112]

- **賈瓦拉穆基女神廟**（Jwalamukhi Devi Temple，印度）：「賈瓦拉穆基」是印度北部喜馬偕爾邦（Himachal Pradesh）的一座著名神廟，獻給「臉龐紅如火焰的神明」賈瓦拉穆基（Jwalamukhi）女神。在亞喜馬拉雅山脈（譯註：喜馬拉雅山最南端的山脈）中的道拉達爾（Dhauladhar）山脈的山腳下，人們相信娑提（Sati）女神的舌頭掉落在賈瓦拉穆基女神廟，於是這位女神顯化成為微小的藍色火焰，在那塊古老岩石的裂縫裡燃燒。食物和飲料供品通常獻給位於神廟中心大坑內的神聖火焰。
- **富蘭克林山**（Lalgambook/Mount Franklin，澳大利亞）：富蘭克林山是一座休眠火山，位於維多利亞州中部戴爾斯福德（Daylesford）鎮北方。幾千年來，這裡的火山

註111：Solas Bhride Centre, "Lighting the Perpetual Flame: A Brief History"。

註112：Groundspeak, "Seafarers and Killed in the Sea Monument"。

口和周圍的土地在文化上對賈賈武倫（Dja Dja Wurrung）人民具有重大的意義。「富蘭克林山異教徒聚會」（Mount Franklin Pagan Gathering）自一九八一年開辦，至今仍是世界上舉辦時間最長的現代異教徒聚會之一。

- **奧林匹克聖火**：奧林匹克聖火被認為是古代與現代運動會之間的連貫性的象徵，也是這些運動會本身的象徵。每隔四年，也就是奧林匹克運動會之前幾個月，奧林匹克聖火在希臘的奧林匹亞被點燃，開啟奧運會火炬的傳遞。這場傳遞結束於該年奧運會開幕式期間點燃奧運的聖火盆。奧運會舉辦期間，聖火繼續在聖火盆中燃燒，然後在閉幕式期間有熄滅聖火的儀式。
- **茂納羅亞火山**（Mauna Loa，夏威夷）：位於夏威夷大島上的茂納羅亞火山，是世界上最大的火山。某些版本的夏威夷神話說，這裡是火山女神佩蕾的故鄉。大量足跡踏成的一條條小徑以及文明預先接觸的證據指向，夏威夷人或許爬上茂納羅亞火山，在火山爆發之前或期間向佩蕾女神獻上祭品。
- **馬榮火山**（Mayon，菲律賓）：馬榮火山擁有幾乎完全對稱的圓椎形，它是世界第三大火山，也是菲律賓境內最活躍的火山。馬榮火山的名字，來自傳說中的公主女英雄達拉剛・瑪加詠（Daragang Magayon，意思是：美麗的女子），人們認為，在埋葬她的墓地上長出了馬榮火山。許多節慶和儀式都與馬榮火山及其景觀有關，馬榮火山也出現在菲律賓的百元披索鈔票上。

- **富士山**：富士山是一座活火山，最後一次噴發是在一七〇〇年代。它是世界第二大火山，也是日本最高山。它被認為是日本的三大聖山之一，而且於二〇一三年被聯合國教科文組織列為世界文化遺產。在神道教的神話中，瓊瓊杵（Ninigi）的妻子木開花耶姬是富士山的女神，而這裡的「富士山本宮淺間大社」就是供奉她的神社。
- **維斯塔神廟**（Temple of Vesta，義大利）：維斯塔神廟內有維斯塔的聖火，那是羅馬繁榮與安全的象徵。神廟倖存的結構今天仍舊可以看見，而且暗示在一座直徑十五公尺的墩座上建造了二十根「科林斯柱式」（Corinthian）柱子。屋頂應該是通風的，讓煙可以逸出。在羅馬時代，維斯塔神廟以及它永恆的火焰，是由「維斯塔貞女們」照料。你可以在前一章讀到關於維斯塔的更多信息。
- **美國大屠殺紀念館**（United States Holocaust Memorial Museum，美國）：華盛頓特區的美國大屠殺紀念館毗鄰華盛頓紀念碑（Washington Monument），而一把永恆的火焰在館內的「紀念廳」燃燒。這簇火焰於一九九三年由比爾・柯林頓總統與大屠殺倖存者艾利・魏瑟爾（Elie Wiesel）一起點燃。在這座大廳內，遊客們可以點燃緬懷的蠟燭，讓燭火映照在六角大廳的寂靜中。

你身邊的聖火

本章到目前為止，我們一直聚焦在與火有關的著名聖域，雖然這些聖域很迷人，但重要的是，要記住，神聖的火（就像神聖的水、土、風一樣）每天都在我們身邊。你可以運用多種方式且在許多場合與它共事、向它致敬、體驗它：

- **太陽**：以正式的儀式向太陽致敬，例如黎明／黃昏運作或夏至、冬至和春分、秋分的慶祝活動，或者只是花些時間好好吸收一些陽光。只是記得要穿上／塗抹／戴上（穿上襯衫、塗抹防曬霜、戴上帽子）。
- **燒壞的樹木**：被閃電擊中的燒焦樹樁和樹木帶有自己獨特的火能量。不妨讀一下派特．羅斯弗斯（Pat Rothfuss）的中篇小說《閃電樹》（*The Lightning Tree*），尋找靈感，然後找出一棵這樣的樹樁和樹木。
- **沙漠和乾旱景觀**：偏見嗎？應該是。畢竟，澳洲是地球上最乾燥的有人居大陸。我不確定為什麼沒有水往往等於大火能量，但是情況確實如此。在你的人生中至少一次，嘗試在沙丘上或沙漠的廣闊寂靜中舉行一場滿月儀式。

- **火山和有火山的國家**：如果你住在死火山或休火山附近的公共土地上，不妨嘗試在火山上或火山周圍來一趟緩慢、靜心的散步。慢慢來，務必好好注意多年以前由那座火山塑造的景觀。可以看見什麼類型的岩石呢？你可以看見熔岩冷卻的徵象嗎？那座火山有火山口嗎？有火山通道（譯註：火山口以下一道通往地下的管道）嗎？你還能找到什麼其他特色（洞穴／肥沃的土壤／巨石／其他東西）嗎？了解一下你周圍的土地，以及火在那方面扮演的角色。
- **真正的火**：很詭異，對吧？一簇火焰的存在（即使是假的或「安全」火焰），是一種與火元素連結的簡單方法。用蠟燭冥想，繞著篝火起舞，或是在篝火上或舊式爐床邊烹煮食物。如果你可以使用開放的明火，嘗試坐下來感受一下你臉上的熱度。除了沉思火和它的元素特性之外，想想有多少人像你現在這樣坐了幾千年，以及火在他們的生活中扮演的角色。

聖火的種類

縱觀歷史和各種文化，火基於許多原因且在它的許多面向受到尊重和崇敬。令人賓至如歸的爐火、令人畏懼的鍛爐之火、靈感的火花、激情的火焰、淨化與毀滅的火，全都有其自身的力量，因此往往備受尊敬。

- **爐床之火**：爐床通常是石頭或磚砌成的壁爐，有時候還附帶用於烹飪的烤箱。好幾個世紀以來，爐床在許多國家都是住家的中心，也因此，爐床這個詞也可以用來意指某人的住家或家庭。這是一種觀念，保留在某些類型的現代「阿薩特魯密教」（Asatru：譯註：相信日耳曼神靈的有神論者）之中，在此，「爐床」或「親屬」有時候被用來指稱一群當地的崇拜者。在某些古老的歐洲和亞洲文化中，有爐床神靈。

因為爐床在許多人的生活中很重要（在寒冷的、工業化之前的時代，爐床使人們溫暖和飽足），所以許多迷信和民間信仰圍繞著爐床而存在。長久以來，在世界許多地方，在新居的壁爐裡點燃一簇火一直被認為是好兆頭；同樣在新年開始時點燃一簇火也被認為是好兆頭。

我最愛的這方面描述，來自十九世紀的什羅普郡（Shropshire），在那裡，一名男子照慣例進入他所在地區的農舍，不敲門，不說話，先默默地攪拌和維持火勢，然後才問候住在那裡的任何家人。[113] 在英格蘭的部分地區，來訪者攪拌或照料火堆被認為是非常倒霉的，除非這人認識主人至少七年，或是在某些情況下曾經與主人一起喝醉三次。[114]

在現代化的供暖和烹飪法出現之前，在許多地區，爐床裡的火從早到晚燃燒著。爐火（有時候也包括營火）與舒適、家的溫暖、陪伴、休息有關的想法，應該源自於此。

● **鍛爐之火**：鍛爐是另一種爐床，用於加熱和塑造金屬。鍛工用鍛爐來加熱金屬，使金屬的溫度熱到可以塑造，比較容易用錘子在鐵砧上敲打成形。

在幾千年來的文明成長和發展中，鍛造和打鐵形成至關重要的部分，因此鐵匠在

註[113]：Opie and Tatem, *A Dictionary of Superstitions*, 152。
註[114]：Opie and Tatem, *A Dictionary of Superstitions*, 154。

世界各地的神話和民間傳說中都受到崇敬，有時候甚至被神化了。《聖經》的〈創世記〉（book of Genesis）將鐵匠土八．該隱譽為「銅匠鐵匠的祖師」，而且在古代文化中，赫菲斯托斯、鐵匠韋蘭德、伏爾甘這類的男神，在眾神和凡人的生活中同樣扮演了關鍵的角色。

當我們談論鍛爐之火的時候，我們也在談論意志之火：根據自己的喜好形塑某樣東西，就像鐵匠塑造一把劍。

鍛爐有能力用它可怕的熱度形塑事物，因此火元素往往與轉化、啟蒙乃至重生有關聯。在這方面，最明顯的實例之一是不死鳥的主題，它出現在許多不同文化的神話之中。

文學、神話、流行文化中的另一個常見的比喻，是「火鍛造的」友誼的概念，意指：一群最初相互敵對或彼此冷漠的人們，因為共同體驗到充滿挑戰的經歷（在激烈的戰鬥中並肩作戰、完成任務、一同旅行等等）而成為堅定的朋友乃至戀人。

在現代社會和所有一切中，我們許多人可能只在電影或電子遊戲中見過鍛爐。但鍛爐還是就在附近：以「逝去的」行業為特色的博覽會似乎又重新流行起來，而且似乎人們對以業餘愛好形式（在後院鍛造和在網上打鐵）的鍛造產生了新的興趣，這可能是整個非主流文化的趨勢喔？

- **激情與靈感的火**：愛爾蘭詩人葉慈在其詩作《流浪的天使之歌》（*The Song of Wandering Aengus*）中提到「腦袋裡的火」（fire in the head）的概念，之後便一直被某些現代吟遊詩人和德魯伊教僧侶將之與「阿文」（Awen）的概念結合在一起，Awen是一個威爾斯、康瓦耳、不列塔尼單字，代表詩意／藝術的靈感，它形成某些現代德魯伊實務做法的一個關鍵部分。

在許多的巫術和魔法傳統中，火也與靈感和激情有關。火元素往往被用於將新想法付諸實踐、在有創意的冒險事業中帶來成功，或「點燃」某人強烈的欲望。

這些與火的關聯，不一定是我們有意識地達成的關聯，也不一定是因為我們是玄祕學家。只是看著大多數人用來描述有創意或感到靈思泉湧的一些語言：靈感的火花、眼前一亮的頓悟時刻、正在燃燒的激情。當我們談論激昂熱情或反覆無常的人們時，我們使用的措辭諸如：頭腦發熱、怒火中燒、如火般暴怒、脾氣急躁等等。討論浪漫和性愛時，你時常聽見誘人性感的人們，被描述成熱辣或使某人（感覺）熱辣。有些人也認為，辣椒和其他辛辣食物也是可靠的春藥，不過我個人通常在吃完好吃的辣咖哩之後，只會喝點蘋果酒和小睡一下。

●**火作為淨化**：在許多文學和神話作品中，火作為淨化／去除邪惡的方法，是一個共同的主題。它似乎是《聖經》中基督教的神偏愛的解決方案之一：火被用於澈底摧毀「惡行」，例如夷平城市所多瑪（Sodom），或是用於消除人們的罪孽，例如天主教的滌罪概念，在此，死者的罪孽先被燒掉，然後死者才可以進入天堂。

在世界各地的許多神話中，這是消滅真正的邪惡（有時候是不死之身）的唯一方法；這無疑是一個啟發了部分當代作品的概念，例如《哈利波特：死神的聖物》（*Harry Potter and the Deathly Hallows*），在此，「厲火」（fiend-fire）是摧毀「分靈體」（horcrux）的少數方法之一。

火可以滌淨的觀念由來已久。早在解釋疾病的任何科學細菌理論存在之前，人類就已經知道，火讓腐爛的屍體以及曾經與生病的人們和動物接觸過的東西變得無害。如果用水清洗或淨化東西卻無效，大部分的人都知道火會是完成這項任務的最後手段，這使得火在世界各地的文化中成為滌淨和淨化的最終手段。

許多迷信也圍繞著火和死者存在。有一則來自蘇格蘭部分地區、流傳幾百年的民間信仰，是在存放屍體的地方，所有火都應該被熄滅。[115] 這可能與這個事實有關係：與寒冷的房間相較，比較溫暖的房間更快速、更明顯地分解屍體。

＊＊＊＊

如何將火融入你個人的聖域？

大約二十年來，迪恩・法利斯特（Dean Forest）一直是執業的異教徒。他的個人修行奠基於虔誠修習的多神論、萬物有靈論、少量的重建主義。他擁有日耳曼多神教運動（Heathenry）、德魯伊教、希臘主義（Hellenism）的背景，而且從未停止探索現代異教信仰的廣泛多樣性。迪恩研究考古學、擔任環境保育的志工、住在澳大利亞墨爾本邊緣的森林裡。

今天，你可以將火納入你個人的聖域之中。如果你沒有空間供你當個異教徒和進行巫術修行，你可以在有點安靜的地方設立一個；為你將要使用的那種火選擇一只適當的

註115：Opie and Tatem, *A Dictionary of Superstitions*, 152。

容器，想想你心中有什麼適合那種火的儀式用途。在室內空間裡，這可以很簡單，就像點燃幾根蠟燭、在炭餅上燃燒少量的香或草本植物、在陶土油燈裡燒油（橄欖油是不錯的選擇，因為它無煙，而且相當便宜且容易取得），或是你可以在耐熱容器（例如小鑄鐵碗或大鍋）中燃燒少量的固體或液體。將你的火系容器放在耐熱瓷磚上，以免燒焦容器底下的表面。

如果你有戶外儀式空間，那麼你可以使用便攜式火盆或便攜式壁爐，或是用磚塊或混凝土塊建造一座永久的火盆。如果你是從頭開始建造，就要在底部鋪上磚砌爐床，並在底部保留薄薄一層乾淨、乾燥、過篩過的細沙。要好好保養那只火系容器，最初幾次點燃幾把小火，逐漸地將火的大小不斷積累到你將要用於儀式的大小。這麼做有助於防止你的全新火盆爆裂或變形。陶瓦盆往往保用期在六個月至兩年之間，但是如果保養得當，它們的使用壽命可以延長許多。有塗層保護的鋼，上面有一種特殊的黑漆，會比較堅固耐用，而鑄鐵應該可以用一輩子。如果你的空間一部分被遮蓋起來，你需要確保有足夠的空間讓煙霧可以離開。在關鍵時刻，火炬也可以被納入你的空間。一旦確立了，你甚至可能喜歡舉行一場小小的儀式，賜福給你的神聖空間，而且納入帶著火繞行周邊以及點燃一把神聖的火焰。

從茶燈蠟燭到篝火，你可以將你的火用於在靜心冥想時集中心念；用於凝視占卜，探究煙霧或火焰；用於祈禱或魔法；用於將例如穀物、香、草本植物、月桂葉、桉木、松木、少量的橄欖油或葡萄酒等祭品獻給神明。或是你可以使用油品燃燒器燃燒精油。定期練習（無論是每月、每兩週、每週乃至每天一次）都會幫助你更好地深化你的魔法修習，與你的神明和靈建立起更密切的關係。畢竟，我們的學習和成長全都是透過定期在生活中練習任何其他的藝術、技能或活動。在你的祭壇或神龕納入火的屬性的一個方法是，在你祈禱、工作或獻祭時點燃蠟燭。為你正在合作的每一位神明或靈點燃一根蠟燭，或是為某場簡短的家庭儀式或禮拜的每一部分點燃一根蠟燭。當你點燃每一根蠟燭時，務必集中你的念想。當你完成這個儀式時，吹熄所有蠟燭。這麼做的另一個簡單方法是，將一根蠟燭留在例如燈籠之類安全的容器中繼續燃燒，用於為某個特定目的守夜，例如在耶魯節的十二個夜晚期間增強太陽。在你的廚房裡有一座小小的神龕供奉著爐床和住家之神，例如布麗姬、弗麗嘉、赫絲提雅或維斯塔，然後在你烹飪的時候在那裡點燃一根蠟燭，這是另一種讓聖火成為現代家庭中心的好方法。

——迪恩・法利斯特

****

結論

從沉睡的火山和活躍了幾個世紀的世界遺產，到你自己個人的聖火，我們能夠以無數種方式體驗和崇敬這個元素。雖然它留下的衝擊，可能並不一定像土、風或水元素的影響那麼明顯，但是火在我們周圍的景觀上留下了它自己的印記，就如同它在我們祖先的景觀上所留下的印記。

第2部

火系魔法的涵蓋範圍

多指馬茲達（Fingers-Mazda），
世界上第一位小偷，從眾神那裡偷了火。
但是他無法將火圍起來。火太熱了。

——泰瑞·普萊契（Terry Pratchett）
《碟形世界特警隊2：神探登場》（*Men at Arms*）

5

魔法中的火元素

說到魔法，當阿萊斯特・克勞利（Aleister Crowley）把它定義成「按照意志使改變發生的科學和藝術」的時候，可能說得最好。火與四種元素以各種不同的方式，在許多不同的魔法類型和傳統中扮演某個角色。

火的魔法意圖

作為元素，火的許多課題、意圖、力量可以按照下述方式分類。[116]這些只是幾種與火元素的常見魔法關聯——還有更多有待發現。

毀滅之火

不和，導致：衝突；影響；復仇；閃電和惡劣的天氣

恐懼，驅散：採取行動；權威；勇氣；防禦；能量；在黑暗中的信仰或光明

在法術和儀式中召喚火作為「毀滅者」，為的是驅逐、引發爭鬥、防禦或毀滅等等。

靈感之火

創造力，增加：覺醒；抱負；熱情與靈感

能量，增加：啟動或覺醒；光明；生命與生命力

實力，增加：防禦；能量和魔法；領導力和權力

意志力，增強：全神貫注和聚焦；占卜與通靈能力；聰明與直覺

註116：D'Este and Rankine, *Practical Elemental Magick*, 14-15。

在法術和儀式中召喚火作為靈感，為的是帶來新的構想或事業，在領導或做出決定等等時，有勇氣或頭腦清醒。

激情之火

憤怒，操控：鎮定；自由；保護；釋放；轉化
勇氣，提升：抱負；自信和目的；榮譽；真理
領導力，開發：採取行動；抱負與雄心壯志；權威；溝通
激情，增加：創造力；渴望和貪慾；愛；動機因素；溫暖
性驅力，增加：正在覺醒的激情；渴望和貪慾；性與性慾

在法術和儀式中召喚火作為激情，為的是激發愛或貪慾、激怒某人或為某個情境煽風點火、為實現抱負而採取行動等等。

淨化之火

療癒，給予：祝聖和賜福；保護，療癒；生命；淨化和聖潔

活力，增強：農業、生命、成長、繁殖力

在法術和儀式中召喚火作為淨化，為的是療癒病人、保護弱者或病弱者、淨化空間或人們等等。

鍛爐之火

事業成功：採取行動或按照計畫推動；激情；目的與決斷

資助，獲得：溝通；自信；創造力；榮譽

晉升、取得：抱負、雄心壯志、目的、動機因素

在法術和儀式中召喚鍛爐之火，為的是轉化或改變、保持堅強或堅定、激發動機因素等等。

爐床之火

和諧，開發：自由；靈感和動機因素；生命；愛；保護；天氣
金錢，養成：抱負；影響；正義
和平，確立：戰爭與戰役；保護、防禦、防禦魔法
財富，改善：生命、繁殖力、成長；能量與動機因素；力量

在法術和儀式中召喚爐床之火，為的是保護住家／家庭、鼓勵豐盛和繁榮等等。

煉金術中的火元素

煉金術起源於西元頭幾個世紀希臘羅馬時代的埃及，它是一種思想流派兼原始科學傳統，在歐洲、亞洲、非洲各地實踐了好幾個世紀。它的修習者企圖濃縮、純化、轉化、完善某些資料。某些修習者將煉金術視為基本上是靈性的兼哲學的。許多作品都被認為是古希臘人物赫密士．崔斯圖墨（Hermes Trismegistus）的傑作，那不僅

形成煉金術理論的主要資料來源之一，而且也是赫密士主義（**Hermeticism**）的神聖經文，赫密士主義是一種祕傳的傳統，影響了某些儀式魔法會社、例如玫瑰十字會（**Rosicrucianism**）和共濟會之類的兄弟會組織、傳統的威卡教，以及今天人們實踐的某些折衷派巫術和異教信仰。

煉金術士根據四大元素的「性質」區分它們：熱、冷、潮濕／流動、乾燥。每個元素都用兩種性質的不同組合來加以鑑定。熱／冷和流動／乾燥是相反的，不能配成對。四種可能的性質組合被應用於四大元素：水有冷和流動，土有冷和乾燥，風有熱和流動，火有熱和乾燥。在每一種元素當中，一種性質支配著另一種性質：在土中是乾燥，在水中是冷，在風中是流動，在火中是熱。[117]

許多煉金術士在筆記和寫作中，使用不同的象徵符號來代表不同的元素、成分、過程。這並不像某些人想的那麼神祕和令門外漢困惑：大部分情況下，它只是一種速記法。[118] 用來表示火元素的常見符號是一個等邊三角形，尖尖的頂點在上方。這在今天的許多巫術傳統中仍然被廣泛使用，已經經由傳統的威卡教、儀式魔法等等成功地進入我

註117：Holmyard, *Alchemy*, 27-28。

們的資料。在現代巫術中，某些修習者為了顯化或轉化，而在儀式中使用或創造這個符號的圖像。

火與占星學

占星學的運用（其修習者斷言，天體的運動和相對位置，對人類和地球事物有影響）可以追溯到遠至西元前兩千年左右。不同的文化有許多不同的方法和傳統，涉及使用恆星、行星、天空本身來占卜未來或當下釐清課題。第一批與當今許多女巫、異教徒、新時代族群所操練的占星術類似的占星學書籍，是在中世紀末期在歐洲出版的。

占星術是文藝復興期間學者們常用的實務做法，不過到了啟蒙時代，對這種實務做法的學術興趣開始減弱。一直到十九世紀唯心論（spiritualism）崛起，大眾的好奇心才再次被激起。到了二十世紀初，精神病學家卡爾．榮格的某些理論和概念涉及占星術，這導致了心理占星學的發展。一九六〇和一九七〇年代，美國和其他地方的新時代和早期新異教運動的交匯，有助於鞏固占星學成為當今許多折衷派女巫和玄祕學家的核心資料和實務做法。

西方的占星學和行星學問，也形成許多西方神祕傳統的關鍵研究領域。在黃道十二宮的星座中，有三個星座可以分別歸屬於四大古典元素之一。組合在一起，這三個星座有時候被稱為三宮一組（triplicity），而且在地球的軌道平面裡的位置總是彼此相距一二〇度。最常與火有關的三宮一組星座是白羊、獅子、射手。

白羊座（Aries）

Aries 是拉丁語的 **ram**（公羊），它是黃道十二宮的第一個星座。在西方占星學中，太陽在到達三月的春分點時進入白羊座，春分點發生在三月的二十一日當天或前後。這個名字源自於同名的星座，雖然代表白羊座的公羊，往往被認為是「克律索馬羅斯」（**Chrysomallus**，希臘神話中提供金羊毛的會飛公羊），但是現代西方占星學也常使用比較通用的公羊形象來代表這個星座。

白羊座的人被認為大膽、勇敢、足智多謀，但是欠缺堅持不懈和圓滑老練。

註118：Holmyard, *Alchemy*, 247。

獅子座（Leo）

獅子座是黃道十二宮的第五個星座，以希臘文中的「獅子」一字命名。在西方占星學中，每年太陽在七月底進入獅子座，大約在八月二十二日離開。獅子座以之為名的這個星座與涅墨亞獅子（Nemean lion，被海克力士殺死的神獸）有關。

現代占星學認為，出生在這個星座的人們往往是意志堅強和天生的領導者，但是他們可能不願意妥協。

射手座（Sagittarius）

在西方占星學中，大約在十一月二十三日至十二月二十一日之間，太陽行經第九個星座射手座。它以同名的星座命名，這個星座在古希臘與凱隆有關，而凱隆就是指導英雄阿基里斯（Achilles）的半人馬弓箭手。今天射手座的肖像研究，時常將這個星座擬人化成半人馬或人類弓箭手，或者有時候只是一張弓加箭。

出生在射手座的人們，被認為是合乎邏輯且直截了當的，「他們看見什麼，就說什麼」。

火的工具

劍、匕首、儀式刀

由於它們通常是在火和熱中鍛造而成的，因此各種刀片是女巫最常與火關聯的運作工具之一。某些魔法書和其他儀式魔法文獻，要求某些刀片的製作要在白天且屬於火星（Mars）這個熾熱星球的時刻完成。[119] 某些傳統禁止在儀式中使用金屬，於是改而使用木頭雕刻出來的匕首和儀式刀。[120]

athame（儀式刀）這個字（不，我並不涉足關於它應該如何發音的長期爭論）是一個相當新的英文字，首次被使用大約是在一九四九年。它是一種刀的名字，用於魔法目的，通常（但不完全）是雙刃，有十字型護手、手柄、劍柄的圓球。[121]

註119：D'Este and Rankine, *Practical Elemental Magick*, 88。

註120：Philips and Philips，《綠野仙蹤》（*The Witches of Oz*），8。

註121：Mankey, *The Witch's Athame*。

匕首和儀式刀通常用於在儀式中執行使用者的意志，包括指揮能量和標出魔法圈或其他神聖空間的邊界。它們通常不用於切割物質的東西（或人）。

在儀式中，劍用於類似的目的和其他目的，取決於被執行的巫術或魔法的性質。許多現代的折衷派女巫往往並不費心找來一把劍，而是用真正手工製作的法杖代替。某些巫術傳統認為，劍是「大祭司」的象徵，大祭司不在時，「高級女祭司」（High Priestess）可以佩戴。[122]

在你嘗試取得劍之前，務必查一查當地關於擁有和持有鋒利武器的法律，避免公然攜帶儀式刀或其他刀片，或是在公共場所舉行的儀式中使用它們。即使現在已經進入二十一世紀，非異教徒族群也不一定接受或適應對他們來說非比尋常或意想不到的事，更甭提看見有人公然揮舞刀片，對於沒有預期到這幅景象的人們，那可能會引起恐慌。許多地方的當地法律規定，如果你因攜帶儀式用或其他用途的武器遭逮捕，你將會面臨巨額罰款。如果你要購買儀式刀，請始終抱持對價格感到滿意：針對作業工具的價格討價還價被認為是不吉利的。[123]

為了聖化匕首或儀式刀，某些傳統喜歡用天然磁石或磁鐵來磁化刀片，[124] 其他傳統則用某些象徵符號裝飾刀片或手柄，或是用某些草本精華混合液為刀片上油。

某些巫術傳統也將儀式刀與風元素相關，因為揮動儀式刀時，儀式刀會移動劃過空氣。珍妮特・法拉爾（Janet Farrar）與史都華・法拉爾（Stewart Farrar）以及其他人曾經指出，這番另類的關聯似乎源自於某些「黃金黎明協會」的資料，可能是刻意的「盲目」或誤導，[125]但是正如我所寫的大部分內容一樣，元素的關聯沒有硬性規定；只要對你有意義，不管什麼都非常好。

魔杖

自古以來，魔杖就與魔法和儀典有關。某些修習者偏愛將魔杖與風元素以及人類心智的創造能力相關。其他人則將它們與火元素關聯在一起，因為火與木材之間的關係，

註[122]：Tuan, "The Working Tools of the Witch: The Sword," 42-44。

註[123]：Mankey, *The Witch's Athame*。

註[124]：Grimassi, *Encyclopedia*, 28。

註[125]：Farrar and Farrar, *A Witches' Bible*, 251。

或是由於我們所知道在古代歐洲關於樹木崇拜的片斷。[126]

匕首通常用於指揮和導引，而魔杖往往與創造有關。這是為什麼往往使用魔杖而不是刀片來聖化新的作業工具的原因，也是為什麼使用刀片而不是魔杖來驅逐的原因。魔杖有時候也用來喚起男神和女神、賜予祝福、為物體增添能量等等。它們也是某些女巫的安息日儀式中的關鍵工具。

有許多不同類型的魔杖，而且基於以下原因，有些女巫擁有不只一根魔杖：樸實的木製魔杖、陽具型魔杖、法杖、行走用手杖、太陽魔杖、月亮魔杖、季節魔杖等等。

若要創造你自己的作業工具，魔杖是最容易的作業工具之一。許多傳統的魔杖製作說明，都給出老舊的一腕尺測量法，也就是：從指尖到肘部的長度。往往建議使用來自榛樹或其他堅果類樹木的木材作為合適的材料。[127]

同樣地，關於你選擇哪一種木材，並沒有牢不可破的規則：如果有一棵樹對你來說很特殊，而且它同意讓你從它身上切下一根當魔杖，那就大膽嘗試吧。一旦你從樹上砍下木頭，剝去樹皮，用亞麻籽油或橄欖油替它上油，擱置幾天，然後再嘗試進一步塑形或在木頭上雕刻任何象徵符號或細節。在過去的幾十年中，將水晶和其他零星小玩意黏在魔杖上變得愈來愈流行。這些完全任君選擇：你的魔杖可以簡單，也可以複雜，只要你喜歡。

其他火系工具

燭台

此外，沒有理由指出，托著你的火的東西不可以與火有關係。燭台當然全都與火有關，但是如果你真的想要明白其中的要點，那就選擇黃銅色、赤土色、木頭色，或明亮、火紅的顏色。是，我知道，有一則說法，說亞歷山大人和我們迷戀黃銅燭台。其實我只是覺得黃銅燭台很漂亮。

註126：Grimassi, *Encyclopedia*, 383。

註127：D'Este and Rankine, *Practical Elemental Magick*, 89。

炭餅

炭餅用在一般香爐或稱天主教香爐的香爐中（香爐在巫術圈中通常與風元素有關），而且不同於火燒剩下來的木炭或用於燒烤的木炭。你可以從新時代／巫師商店或煙具用品店購買一卷卷的炭餅。你也可以從一些中東雜貨店買到它們，因為炭餅用於水煙管。在墨爾本，我們有時候從供貨給天主教和希臘東正教教會的商店買到炭餅。最容易點燃炭餅的方法是用連續型／噴射打火機，因為有時候你需要拿著火焰貼著炭餅幾秒鐘，才能點燃炭餅。在開始之前，先設法確保炭餅是乾淨的、乾燥的、放在防火的容器中。如果你用的是天主教香爐，有時候在香爐裡鋪上壓扁的錫紙會有所幫助，這樣香爐外殼的溫度就不會升得太高。當炭餅燃燒時，它會微微發出火光。那就是炭餅準備好了，你可以在上面撒一些散裝薰香：大部分的炭餅頂部都有一個凹陷區，為的是防止香滾落。切勿徒手搬動燃燒的炭餅，要用勺子或小型金屬鉗。

鈰鐵棒

鈰鐵棒是鈰鐵製成的棒子，鈰鐵是一種合成的發火性合金，被撞擊時，就產生熾熱的火花。這些通常作為「打火棒」販賣給露營者、叢林工匠、生存主義者，作為一種沒有什麼好大驚小怪的點火器，但是我最近也在異教節慶偶爾看見一根鈰鐵棒。古色古香嗎？絕對不是。不傳統嗎？你說的沒錯。但是我懷疑，如果在某個寒冷的夜晚，火很難生起，同時參加儀式的同伴們站在旁邊瑟瑟發抖，雙手塞在腋窩下，你還會對鈰鐵棒那麼抗拒嗎？試圖告訴你這麼做不行的人們往往同樣會設法告訴你，傑拉德．加德納一定沒有用過網際網路，即使加德納有生之年真的接觸過，他們也會說他沒有用過。

防火大鍋和盤子

有些人喜歡用大鍋和深盤來裝盛正在燃燒或已經燒過的東西。如果你這麼做，請設法確保它們都是金屬製成的。如果你沒有完整的小腳鑄鐵鍋設置，請使用大咖啡錫罐或美祿錫罐——餐飲業者用的罐子尺寸非常適合這類用途。手邊要有可以撲滅失控的火勢的水或土，而且為了你的肺、你的腦袋、你的房東好，或者只是為了你漆得美美的油漆好，不要在室內燒東西喔。

火柴和打火機

火是四大元素中唯一可以被創造出來的元素，而火柴／打火機八成是最便宜且最容易創造火的方法。它們也往往是最容易被遺忘的，所以在你出門參加不是在家舉行的儀式之前，務必檢查三次或四次你是否帶了它們。我又老又土又不抽菸，所以當我需要點燃蠟燭或篝火時，通常就去找火柴。不過，我肯定會用噴射打火機點燃炭餅。

火與塔羅牌

塔羅牌八成是最流行的占卜工具，女巫們和其他人用塔羅牌來窺探未來或當下。

如果塔羅牌對你來說很陌生或有點陌生，而你想要學習，不妨尋找瑞秋·波拉克（Rachel Pollack）、伊登·格雷（Eden Gray）等作家的塔羅牌書籍，然後繼續探索你感興趣的其他作者。這將為開始使用塔羅牌提供一個絕妙的框架，無須鈴聲、笛聲或仙塵。社群媒體上也有一些破解塔羅牌的網站和內容，但是請設法取用一系列資源來幫助你建立你對塔羅牌的理解。

我在以下的敘述和解釋中，使用了「騎士韋特」（Rider-Waite）塔羅牌以及它的火系意象。

皇帝牌（The Emperor）

皇帝身著紅色系服裝，得意洋洋地坐在裝飾有公羊頭（白羊座和火星的象徵[128]）的莊嚴寶座上。他的右手握著一根權杖，頂端有埃及的生命之符（ankh），這是生命的象徵。他的左手拿著一顆球，那是權威和統治的象徵。在正向面，皇帝代表秩序和穩定，

註[128]：Gray, *The Tarot Revealed*, 158。

而不是混亂或不確定。在負向面，他象徵不公正的法律和規則或腐敗的統治者。[129] 在這些面向，這張牌可以與鍛爐之火有關：使某樣東西屈服於你的意志的火。

- **占卜意義**：權威、王權、政府、領導統禦力。對群眾的控制。超常的心智力；邏輯和聰明才智支配創造力和激情，腦袋支配心。
- **逆位**：情感不成熟或父母／家庭住宅的束縛。有時候是身體受傷或家庭或住家受傷。在這個位置，這張牌卡有時候也可以代表繼承的課題。
- **魔法運作中的皇帝牌**：抱負和自信；權威、實力、操控；戰役與戰爭；能量和力量。[130]

力量牌（Strength）

力量牌卡描繪一名身穿白袍的女子闔上——或撬開——獅子的下巴。在她的腦袋上方是雙紐線，這是永生的象徵，也是我們在第一張牌卡「魔法師」（the Magician）當中看見的雙紐線。她頭上戴著一圈紅花花環，腰間繫著一串紅色花朵。這張牌卡通常並不暗示身體上的力量；[131] 而是它往往象徵靈魂的更高面向的「勝利」，或是象徵靈的準備和鍛鍊有時候需要達成的內在旅程。[132]我們在這裡看見靈之火、勇氣之火、抱負之火。那並不是說，這張牌卡只代表艱辛或悲慘的靈的旅程。相反的，它帶著一股平靜感，鼓勵問卜者「馴服」那隻獅子，展現自己的人格。[133]旅程不只是由挑戰構成的，自我發現不應該總是一頭霧水。

- **占卜意義**：靈性力量戰勝物質、愛戰勝仇恨，或理性戰勝肉慾。
- **逆位**：濫用權力，不和諧以及對物質的支配，這張牌卡有時候可能也指出需要向內看。
- **魔法運作中的力量牌**：行動；操控和權力；勇氣和克服障礙；能量。[134]

註[129]：Gray, *The Tarot Revealed*, 158。
註[130]：Kynes, *Correspondences*, 446。
註[131]：Waite, *The Pictorial Key to the Tarot*, 103。
註[132]：Drury, *Watkins*, 274。
註[133]：Pollack, *Seventy-Eight Degrees of Wisdom*, 68。
註[134]：Kynes, *Correspondences*, 449。

惡魔牌（The Devil）

「惡魔」是前一張牌卡「節制」（Temperance）中的大天使的對立面。圖中那人坐在半塊磚瓦上，有跟蝙蝠一樣的翅膀和酷似山羊的犄角。牠的右手舉起，張開來形成一個手勢，那正是由第五張牌卡「教皇」（Hierophant）製造的逆位。牠的左手拿著一根燃燒的火炬，指向地面，額頭上有一顆倒五角星。被鎖鏈鎖在半塊磚瓦上的兩個人，尾巴除外，看起來像人類，這表示韋特（Waite）所說的「動物本性」存在所有的人類中。[135]圈在兩個人脖子上的鎖鏈，代表物質的危險和陷阱，還有這裡明顯提到亞當和夏娃，以及他們吃了禁果之後的遭遇。許多人看著這些面向，宣稱這是一張暴力性能量的牌卡，但這裡的火代表的東西遠不止這些：這是我們保有的活力、創造力、生命能量，一直被鎖在我們較黑暗的「心魔」自我中，在我們的潛意識的所有黑色簾幕和沉重捲簾門的後方。[136]有時候，我們需要先檢查一下我們對自己潛抑和隱藏的東西，然後才能夠再次向前邁進。

- **占卜意義**：不滿、疾病、被物質束縛。沒有好好理解或深思的感官覺受。

- **逆位：**一份靈性的理解，儘管是一次困難的理解。擺脫物質的陷阱，優柔寡斷或恐懼害怕。
- **魔法運作中的惡魔牌：**憤怒；潛意識；持久力；影響；限制和邊界。[137]

高塔牌（The Tower）

「高塔」牌卡描繪凡人妄圖攀登天堂或神明的高度。它時常被比作《聖經》中的巴別塔（**Tower of Babel**）。[138]這是我們看見火的毀滅面向的地方。這張牌卡描繪一座被閃電擊中的高塔，一頂王冠從塔的最高點墜落。它暗示瓦解（或澈底摧毀）現存的形式、結構、思想流派，或韋特本人所謂的「教條」或「虛假」的機構，[139]可以為新的機

註135：Waite, *The Pictorial Key to the Tarot*, 128。
註136：Pollack, *Seventy-Eight Degrees of Wisdom*, 104。
註137：Kynes, *Correspondences*, 445。
註138：Drury, *Watkins*, 289。
註139：Waite, *The Pictorial Key to the Tarot*, 132。

構騰出空間。[140]我們在這裡看見的下落光點也出現在權杖、聖杯、寶劍牌組中的「一」（Ace）牌卡上，以及第十八張牌卡「月亮」（the Moon）上。這些是希伯來字母 *yodh* 的（譯註：希伯來文的第十個字母）襯線體字（seriffed version），這裡表示生命力從上方的靈性界域下降到存在的物質層面。[141]

- **占卜意義**：推翻現有的生活型態或思考方式。無法預見的大災難、衝突或毀滅，新的概念攪亂或顛覆老舊，唯物主義或自私的野心隕落，毀壞、大屠殺或金融崩潰。
- **逆位**：鬥爭、壓迫或監禁，有時候是與上述相同的毀滅和破壞，但是程度較輕。
- **魔法運作中的高塔牌**：抱負；敵意、戰役、戰爭；改變和諸多改變（尤其是意想不到的改變）；勇氣；危險和毀滅。[142]

太陽牌（The Sun）

太陽牌卡描繪一位赤身裸體的孩子坐在一匹白馬的背上，帶著紅色的旗幟或軍旗，離開一座有圍牆的花園。燦爛的太陽在頭頂閃耀。這幅圖示中的太陽有時候代表精神上的意識：許多事業都需要好好了解自己。[143] 由於太陽每天走訪整個世界，它往往與知識和全知有關。[144] 在這些圖像的韋特版本中，孩子騎著馬離開花園的灰色牆壁，往往代表掙脫束縛或一股爆發出來的能量：一次有創造力的解放，進入藝術和大自然的世界，遠離理性世界的單調沉悶。[145] 就是在「太陽」牌卡中，我們找到創造力之火，鍛爐之火。

- **占卜意義**：生命的美，喜悅和幸福。樂觀、能量、驚奇，以新的方式看見世界，團結、知識、擴大一個人的視界。[146]
- **逆位**：思緒較不清晰。簡單的幸福。跟以前相同的品質還在那裡，但是可能有點比較

註140：Gray, *The Tarot Revealed*, 182。
註141：Gray, *The Tarot Revealed*, 182。
註142：Kynes, *Correspondences*, 450。
註143：Waite, *The Pictorial Key to the Tarot*, 144。
註144：Pollack, *Seventy-Eight Degrees of Wisdom*, 118。
註145：Pollack, *Seventy-Eight Degrees of Wisdom*, 119。
註146：Pollack, *Seventy-Eight Degrees of Wisdom*, 120。

難找到。[147]

- **魔法運作中的太陽牌**：成就、開悟、成功；幸福、歡愉、樂觀；療癒；真理。[148]

結論

火元素是魔法中的萬能元素。許多傳統和系統的修習者，運用火的不同面向，召喚火來轉化、改變、毀滅、創造、療癒、激發，以及許多其他原因。許多人召喚這個元素，只是為了在道路似乎不清楚的時候照亮道路，或是為了在我們的內在或外在世界變冷的時候帶來溫暖的火花。

註[147]：Pollack, *Seventy-Eight Degrees of Wisdom*, 120。

註[148]：Kynes, *Correspondences*, 449。

6

火系屬性的藥草與植物

不少植物因為顏色、味道乃至外觀，而在魔法上與火有關。在研究本章植物的歷史和魔法關聯時，我也發現了一些比較獨特的關聯：許多當年用在生火的過程中。有些與這個元素有著古老的民俗關聯，而那是我最喜愛的一種。

在民間傳說中，草藥學幾個世紀以來一直與巫術齊頭並進。但是你不需要不計其數的小罐子，以及一座由奇特且有時候有毒的植物構成的蔓生花園就可以開始。

與草本植物合作

與草本植物和其他植物體合作時，要記住下列幾件事：

- **務必先仔細研究同時謹慎運用某種草本或植物**，然後再第一次燃燒它、製作成食物／飲料食用或飲用、把它塗抹在皮膚上等等。許多草本植物被燃燒後會變成有毒的，有些會刺激皮膚或眼睛，或是如果食用，會引起諸如疾病乃至腦損或死亡等副作用。如果你打算食用野外採集（覓食而得）的草本或植物，或是以任何方式將它們用在你的身體上，請務必在你覓食時，帶著一位合格、有經驗的草藥師或園藝家同行。某些有毒和可食用的植物看起來幾乎一模一樣，人們因為將某種植物誤認成另一種植物而罹患重病或真正死亡。
- **確保你選擇的是你認為你要選擇的東西**。準備一份關於草本植物的影印文件或一本好書，方便隨身攜帶。在使用草本植物之前，務必先將覓得的葉子和果實清洗乾淨。要尊重有關覓食的當地法律，尊重那些植物，以及以後可能會仰賴這些植物和樹木的其他生物（人類和人類以外的生物）。只拿你需要的東西，好好使用你拿到的每一樣東西。

- **先徵得同意**，再讓另一個人接觸用於魔法目的的任何草本或植物。
- **讓危險的草本遠離兒童和寵物**。將危險的草本安全地存放在兒童搆不到的地方。如果你正在種植草本植物，請將有毒或危險的草本安排在花園的單獨一區，與可食用的植物隔開，而且不准兒童或寵物在那一區玩耍。燃燒許多草本所產生的煙霧對寵物來說很危險的。要放下打火機，先檢查一下。

關於「煙燻」的幾句話

過去幾十年來，某些人們很流行燃燒白鼠尾草或其他草本，而且稱之為「煙燻」（smudging），藉此滌淨自己的住家以及有「不好能量」的其他空間。「煙燻」是一個起源於北美的名稱。對來自那個地區的某些（不是全部）原住民部落來說，煙燻是神聖的做法。傳統上，四種神聖植物的葉子在一只特殊的容器內燃燒，用一手或一根老鷹羽毛飄送煙霧，為的是滌淨、保護或治癒一個人或地方。

一九七〇年代末期（在某些地區甚至更晚）之前，在美國的某些地區，美洲原住民實踐自己的宗教信仰是非法的。許多人只是因為執行傳統儀典，藉此運作讓傳統保持下法，就遭到監禁，乃至被殺害，而煙燻往往是其中的一種做法。

因此，煙燻其實是不可以輕視的東西，也不是你做一做就可以清除家中不好能量的時尚和「巫術」。當非原住民燃燒鼠尾草或秘魯聖木（palo santo）來「煙燻」自己的住家時，他們可能大大地減少了這個儀式的文化和儀典的重要性，而且還對這些草本被種植、收成、供應的方式產生災難性的影響。

如果你喜愛用煙霧來滌淨空間等等，那很好。請練習合乎道德的巫術，而且考慮以下這些白鼠尾草或秘魯聖木的替代品：

- 艾蒿（mugwort，省著用）
- 中亞苦蒿（wormwood*）
- 杜松（juniper）
- 松木（pine）
- 薄荷（mint）
- 迷迭香（rosemary）

也可以不說「煙燻」，而是嘗試使用古老的盎格魯撒克遜字 *recaning*、古老的蘇格蘭字 *saining*，或者只是使用 *censing*（焚香敬神）這個字。

與火有關的草本、花卉、植物

對以下每一項目來說，我都曾經設法好好研究，為什麼這些植物當初可能會與火元素有關。某些是顯而易見的：顏色、外觀、氣味或味道洩露出這些關聯。其他則比較令人驚訝。我也曾經嘗試收錄關於這些草本植物是什麼樣子的紀錄；畢竟，這些遠遠勝過你可以買到的塑料袋乾燥植物體。

當歸

（學名：*Angelica spp.* 通常是 *Angelica archangelica*）

療癒；穩定；保護；淨化

警告：當歸與幾種劇毒植物多少有些相同，絕不要嘗試採集野生當歸，改而選擇自己種植當歸，或是向信譽良好的賣家購買。

又名：聖靈根（Holy Ghost root）、肺草（lungwort）、花園當歸（garden angelican，學名：*A. archangelica*）；主人草（masterwort）、大天使（arch-angel）、天使草（angelic herb）、紫莖當歸（purple stem angelica）、高當歸（high angelica，學名：*A. atropurpurea*）

當歸是相當常見的花園植物，它是一種高大的兩年生植物，有光滑的綠葉。當它黃白色的花開完時，這種植物會產生種子穗，有點像向日葵的種子穗。當歸芳香的根已經廣泛用於草藥，治療痙攣、泌尿道感染、胃病，而種子則用於為利口酒（liqueur）調味。你可以從巫師供應商和某些健康食品店買到乾燥的當歸根（通常是花園當歸）。因為有許多有毒又跟當歸長得很像的植物，很容易被誤認成當歸，所以務必只向值得信賴的賣家購買，這樣的賣家知道自己在做什麼。在花園裡，如果氣候溫和，有點陰涼，當歸通常可以好好生長，甚至可以自然播種。身為兩年生植物，它會在第二年開花和播種後死亡。摘除掉正在開花的花冠可以阻止當歸播種，這可以讓它再多活兩、三年。

魔法用途：當歸與火元素有關，因為它的神話涉及大天使麥可，這位火元素的大天使，出現在某些儀式魔法師的資料中，以及當代異教信仰和巫術之中。關於當歸名字由來的傳說，涉及一位天使（通常是大天使麥可）在夢中向一位修道士示現，向他展示一種草藥療法，可以治療瘟疫的症狀且治癒病人。[149]因此，在中世紀，當歸有時候被佩戴著，作為避免感染瘟疫的方法。[150]此外，在歐洲部分地區，這種植物在聖麥可節（Saint Michael's Day）前後開花。

羅勒（basil）

（學名：*Ocimum basilicum*）

吸引力：愛；關係；性和性慾

又名：甜羅勒（sweet basil）、普通羅勒（common basil）、聖約瑟夫草（St. Joseph's wort）、女巫草（witches' herb，學名：*O. basilicum*）；灌木羅勒（bush basil，學名：*O. minimum*）；圖爾西羅勒（Tulsi basil）、聖羅勒（holy basil）、神聖羅勒（sacred basil，學名：*O. sanctum*）；亞馬遜羅勒（Amazonian basil，學名：*O. campechianum*）

註[149]：Illes, *The Element Encyclopedia*, 535。

註[150]：Dunwich, *The Wicca Garden*, 23。

羅勒原產於印度、中東、某些太平洋島嶼，葉子具有令人愉悅的辛辣味和濃郁的香味。羅勒葉通常被用於地中海烹飪，而且羅勒葉的氣味有助於防止害蟲。將一盆羅勒放在窗台上可以嚇走蒼蠅，在你的花園裡種植羅勒，可以幫忙防止蚜蟲和果蠅，卻不會趕走蜜蜂。羅勒植物長到大約四十至五十公分高，在結子之前會長出紫白色的花穗。乾燥的或成串新鮮的普通羅勒（*O. basilicum*），可以從超市或水果和蔬菜店買到。在炎熱的氣候下，羅勒會長成多年生植物。如果你居住的地方氣候比較涼爽，最好把它當作一年生植物，因為它無法忍受寒冬的天氣或溫度；此外，最好從在室內的花盆裡種植羅勒種子開始，然後在天氣變暖時，將幼苗移植到花園裡。古羅馬作家聲稱，如果種植羅勒和芸香的人在播下種子時詛咒並發誓，羅勒和芸香才會長得很好。[151] 如果你想要嘗試一下，可能要確保你與鄰居的關係夠好。

魔法用途：羅勒在各種不同文化中與火和聖火有幾種不同的關聯：在印度教文化中，聖羅勒（*O. sanctum*）有時候與女性、女性的奧祕、婚姻有關。羅勒有時候會在婚禮期間被當作聖火的一部分燒掉。[152] 在現代的巫術書籍中，羅勒有時候與涉及愛和浪漫的愛情咒術和占卜有關。在西西里島的某些地方，有一則幾世紀的古老傳統：年輕夫婦有時候仍然會在聖約翰節（大約仲夏時）當天互相贈送盆栽羅勒和黃瓜，作為求愛的禮物。[153]

黑胡椒（black pepper）

（學名：*Piper nigrum*）

驅逐；束縛；正義；安全

胡椒原產於印度，流通甚廣。好幾個世紀以來，它一直沿著香料路線交易。黑胡椒是一種多年生攀緣藤蔓植物。它的綠色花朵發育成深紅色的果實，果實則在不同的階段、以不同的顏色作為商業胡椒出售。青胡椒粒在果實尚未成熟時採摘。浸泡一週，果肉便離開這些胡椒粒，只留下種子。完全乾燥後，這些種子就是我們知道的黑胡椒，果肉是白胡椒。黑胡椒是世界各地食品儲藏室裡的主要原料。你可以在雜貨店購買整粒

註151：Frazer, *The Golden Bough*, Part I, vol. II, 42。

註152：Frazer, *The Golden Bough*, Part I, vol. II, 25–27。

註153：Frazer, *The Golden Bough*, Part IV, vol. I, 245。

胡椒粒（如果需要，可以將它們放入研缽和研杵或別致的研磨機之中）或粉末狀的胡椒粒。胡椒藤偏愛溫暖和熱帶的氣候。在戶外，它需要無霜的地點。它將會在帶點親切照料的室內花盆中生長，但是要覺察到，這種藤蔓相當多產，如果你放任不管，它可以長到八公尺長喔。

魔法用途：黑胡椒往往與火有關，因為它的味道，也因為它與驅逐和淨化的關聯。過去，黑胡椒曾被用於驅逐、束縛乃至驅邪。[154] 在某些美國的巫術傳統中，將黑胡椒和卡宴辣椒粉（**cayenne pepper**）撒在你的鞋子裡或將它揉進你的腳底，被認為可以保護你免於不祥之物和詛咒。[155]

洋甘菊（chamomile）

（德國洋甘菊，學名：*Matricaria chamomilla*、羅馬洋甘菊，學名：*Anthemis nobilis*）

鎮定；睡眠；夢；保護

警告：懷孕或哺乳的人不宜食用羅馬洋甘菊。

又名：洋甘菊、德國洋甘菊、真洋甘菊、野生洋甘菊（學名：*Matricaria chamomilla*）；羅馬洋甘菊（學名：*Anthemis nobilis*）

洋甘菊植物有羽毛狀的裂葉以及有黃色的中心、類似雛菊的白色小花。這些花有刺鼻的氣味。它是一種很常見的花園植物，你附近的園丁或苗圃很可能會有一些。德國洋甘菊是一種高大的一年生植物，生長力和播種力非常旺盛。如果將它種植在你的花園中，要有在每一個隱蔽處和裂縫中都找得到它的心理準備。羅馬洋甘菊生長緩慢，展開形成一大片。你也可以從巫師零售商和某些健康食品店買到乾燥的洋甘菊花。要尋找食品／泡茶等級、無輻射的洋甘菊。

魔法用途：長久以來，洋甘菊被認為與鎮定和睡眠有連結。洋甘菊茶長久以來一直與鎮定和舒緩效用有關。在現代巫術中，它時常與火元素有關，想必是爐床之火，因為它的常見魔法屬性包括和平、保護、打破不祥之物／詛咒、使家庭回歸和諧等特性。

註154：Frazer, *The Golden Bough*, Part II, vol. I, 106。

註155：Illes, *The Element Encyclopedia*, 580。

肉桂（cinnamon）

（錫蘭肉桂，學名：*Cinnamomum verum*、中國肉桂，學名：*Cinnamomum Cassia/Cinnamomum zeylanicum*）

吸引力；渴望；性魔法、刺激

警告：有時候用於塗抹蠟燭的肉桂油會刺激皮膚。如果攝入，也可能導致腎臟問題。

又名：真肉桂、麵包師的肉桂、錫蘭肉桂、軟棒肉桂；中國肉桂

肉桂是古代商隊和商人攜帶和交易的香料之一，當時香料貿易是所有帝國的基石。在美國、英國、印度銷售的大多數烹飪用肉桂棒，其實是又名中國肉桂的 cassia（*C. Cassia*，有時候也稱作 *C. zelanicum*）。這來自一種原產於中國南方的常綠喬木。它的使用方式與肉桂相似，而且在許多國家作為肉桂出售。幾乎在任何地方出售的所有肉桂粉也是中國肉桂。真肉桂（true cinnamon）來自肉桂樹（*C. verum*）樹皮的內層，這是一種原產於斯里蘭卡的高大常綠喬木。樹皮被手工剝下，然後乾燥成稱為 quill（原意是「鵝毛筆」）的小棍棒，這樣的肉桂棒被磨碎或整根購買。在大多數國家的雜貨店乃至

健康食品店通常找不到這種肉桂；在北美和世界上許多其他地方，食品包裝法並未規定「肉桂」必須標記成 cassia（中國肉桂）。肉桂與中國肉桂的味道稍有不同。中國肉桂棒相當厚，而真肉桂棒則是比較深的棕色，而且比較薄、比較脆、成片狀。你可以在線上和某些健康食品店買到乾燥的真肉桂棒。如果你在線上購買，務必始終購買食品級肉桂，因為用於薰香和芳香療法等等的肉桂棒，往往用許多的化學藥品和殺蟲劑處理過。

魔法用途：肉桂很可能與火元素有關，因為它常用作春藥和愛情運作的一個成分。它有時候被包含在肥皂、蠟燭或護身符之中，為的是吸引或增強性吸引力。肉桂油往往被用於為愛情和性愛咒術塗抹蠟燭。

丁香（clove）

（學名：*Eugenia caryophyllata*、*Syzygium aromaticum*、*Eugenia aromatica*）

勇氣；療癒；保護；淨化

警告：丁香可能會刺激皮膚，尤其是在切割或壓碎時。商業上購買的丁香油也會刺激皮膚。

丁香這個名字來自拉丁字 *clavus*（「釘子」）。[156] 丁香樹（*Syzygium aromaticum*）原

產於印尼東部的一群島嶼，而且直到現代，幾乎被專門種植在那裡。丁香是番櫻桃樹（lilly pilly tree，蒲桃屬，學名：*Syzygium sp.*）的近親。我們購買用於烹飪和其他用途的丁香是乾燥、尚未開花的花冠，來自丁香樹的鮮紅色花朵。丁香在香料貿易很早期就來到了歐洲，但是在那之前，它在亞洲已經被廣泛使用了好長一段時間。乾燥的整顆丁香可以在超市和雜貨店的香料區買到。如果你住在可以接觸到丁香樹的地方，那麼你很幸運。當丁香樹變成鮮紅色的時候，請收成並晾乾尚未開花的丁香花苞。

魔法用途：丁香與火元素有關，因為它們具有保護和驅逐的魔法屬性，也因為在魔法上，它們常被用來燃燒。某些現代女巫在預期的衝突之前，使用來自燃燒的丁香的煙霧淬煉自己。人們還認為，在蠟燭上方一顆一顆地燃燒乾燥的丁香，有助於確定某疾病的原因到底是平凡無奇的，還是「邪惡之眼」（Evil Eye）之類的魔法干擾。將丁香粉撒在點燃的木炭上，用它來煙燻你的身體、衣服、住家，被認為可以阻止惡意中傷你的八卦。[157] 某些「召喚術」修習者還分享說，丁香油和浸劑有時候被用來驅趕負面的情境和人們。

蒔蘿（dill）

（學名：*Anethum graveolens*）

（設置，破除）不祥之物；保護；淨化；（避開，保護免於）女巫和巫術

又名：蒔蘿籽（dillyseed）、蒔蘿草（dillyweed）、好東西（dilly）[158]

蒔蘿是一年生植物，有藍綠色羽毛狀簇葉、扁平黃色花朵形成的繖形花序，以及光滑、有斑點的莖，它的葉子和種子被用於烹飪。種植蒔蘿是吸引蜜蜂來到你的花園，以及驅除甘藍夜蛾（**cabbage moth**）等害蟲的好方法。它可以在大約八週內從種子輕而易舉地長大，而且可以很好地自然播種。蒔蘿葉可以在一年中的任何時候採摘。採摘蒔蘿葉要從蒔蘿植物的中心，可以延遲開花（因為一年生植物開花後便死亡），而且在花朵

註156：Kirton, *Harvest*, 417。

註157：Illes, *The Element Encyclopedia*, 502。

註158：Kynes, *Correspondences*, 173。

形成時把它們修剪掉。在某些超市和健康食品店可以買到新鮮或乾燥的蒔蘿葉。蒔蘿有時候會與甜茴香搞混，因為葉子很像。如果有疑問，請檢查莖：蒔蘿的莖很細，而甜茴香則有一顆球狀莖。

魔法用途：蒔蘿與火有關，因為它的保護和驅逐特性。蒔蘿時常用來維持爐床和住家周圍的心靈和身體的保護和安全。某些現代女巫將蒔蘿放在門的上方，為的是防止心懷敵意或嫉妒情緒的任何人進入。人們還認為，在你的住家／辦公室／房地產周圍撒鹽和蒔蘿粉，將會抵消任何不利於你的魔法。[159]

甜茴香（fennel）

（茴香屬：*Foeniculum spp.*）

淨化和保護；繁殖力；療癒（或防止邪惡進入）住家；實力和生命力

又名：茴香、野茴香

甜茴香出現在來自世界各地的民間傳說中，包括亞洲、埃及、歐洲。它長長的羽毛狀簇葉，看起來跟蒔蘿的葉子非常相似，但是甜茴香有強烈的洋茴香（aniseed 或 anise）

味。在古希臘，巨型甜茴香（**giant fennel**，學名：*Ferula communis*）的木質莖在神祕儀式中被用作魔杖或法杖。這類魔杖或法杖叫做「酒神杖」，常用絲帶、藤蔓和樹葉裝飾，並在頂端加上松果、葡萄或漿果。甜茴香時常與戴歐尼修斯（Dionysus）或羅馬酒神巴克斯（Bacchus）以及他們的追隨者有關，[160]而且在《伊里亞德》（*Iliad*）之類的古代文獻中被提及。這種巨型甜茴香的莖可以生長到大約長一公尺半，厚八公分，被堅韌的樹皮包裹著。乾燥後，莖的白色、有髓的核心，就像燭芯一樣燃燒，不損壞樹皮。這點使得甜茴香莖成為來自各行各業的人們常用的火炬選項，而且大概因為這點，在希臘神話中，普羅米修斯就是使用甜茴香將來自眾神的火帶給人類。[161]你可以在某些雜貨店買到新鮮的甜茴香球莖和葉子。如果你在花園裡種植甜茴香，要留意照看。它可能很容易失控，然後接管整座花園，而且在世界某些地方，甜茴香被視為雜草。

註159：Illes, *The Element Encyclopedia*, 890。
註160：Frazer, *The Golden Bough*, Part I, vol. II, 42。
註161：Frazer, *The Golden Bough*, Part I, vol.II, 42。

魔法用途：甜茴香也被認為是許多南歐巫術傳統中的神聖草本之一。除了用於火炬製作外，它也時常與火元素有關，因為它的保護或療癒／增強的關聯。在中世紀的英格蘭，廚房裡掛著一串串甜茴香，為的是驅除邪靈和女巫。古希臘的運動員在早期奧運會競賽時吃甜茴香，相信甜茴香可以增強肌肉，而在古羅馬，學者普林尼（Pliny）認為，甜茴香增強眼睛看見大自然美景的能力，使清晰度提升，而且因為這點，好幾個世紀以來，甜茴香因為能夠改善視力享有盛名。[162]

亞麻（flax）

（學名：*Linum usitatissimum*）

太陽和太陽魔法；繁榮；保護；通靈能力

又名：亞麻籽（linseed）

亞麻是一年生植物，有灰綠色的小葉子和深藍色的花朵。如果土壤夠肥沃，它就會在任何地方快樂地生長和自然播種，但是應該把它局限在花盆中並仔細觀察，防止它成為花園中的問題雜草。我們從亞麻籽中獲得亞麻籽油，亞麻籽油有時候用於使木材變暗或為木材潤色。亞麻莖中的纖維被用於製作亞麻布。基督教之前的日耳曼女神赫爾妲（Hulda，又名 Holda、Holla，也就是後來在同名格林童話中的「霍勒太太」（Frau Holle），被認為教導人類如何用亞麻紡出亞麻布。[163] 亞麻也曾經與女性的原始力量有關。在德國北部的許多地方，亞麻和玉米時常被擬人化成為看顧著莊稼的母親形象。如果看到了「亞麻媽媽」，就可以預見一次豐收。德國巴伐利亞邦的「亞麻母親」和「玉米母親」時常被比作古希臘的「玉米和大麥母親」。[164] 商業上，乾燥亞麻籽、亞麻粉、亞麻籽油都可以買到。若需要亞麻籽油，不妨找找超市或健康食品店的有機食品區，或是五金店。

魔法用途：亞麻最有可能與火有關，因為它用在篝火習俗中。在某些歐洲國家，人們有時候會在聖燭節（Candlemas）或貝爾丹火焰節（Beltane）前後，圍著篝火跳舞（見第十二章），為的是促進健康、豐盛的亞麻作物，[165] 火焰的方向有時候指定種子播種

註[162]：Drury, *Watkins*, 101。
註[163]：Illes, *The Element Encyclopedia*, 949。
註[164]：Frazer, *The Golden Bough*, Part V, vol. I, 132-33。
註[165]：Frazer, *The Golden Bough*, Part I, vol. I, 138-39。

的方向。[166]在許多國家中，年輕夫婦跳過篝火也是一種習俗，為的是鼓勵亞麻長高，而且人們從用過的篝火中拿走燒過的木頭，埋在自家的亞麻田裡。[167]在某些當代的巫術傳統中，將亞麻籽撒在住家的門檻上，被認為可以終結分裂且促進和諧。[168]傳統的巴伐利亞習俗也用亞麻籽作為占卜的工具。在「狂歡節」（在四旬齋開始前的基督教嘉年華季）的最後三天播種在花盆內，從種下的三顆種子中選出最健康的幼苗充當預兆，顯示要在該年的早期、中期或較晚種下作物。[169]亞麻籽與預兆和算命的關聯，也成功進入現代巫術的某些傳統，在此，飲用亞麻籽茶被認為可以提升占卜技巧。

乳香（frankincense）

（乳香屬：*Boswellia spp.*）

祝福；祝聖；淨化；占卜；通靈能力

又名：乳香（olibanum，即 frankincense）；科普特乳香（Coptic frankincense）、魯班（luban，譯註：阿拉伯語的乳香）、波葉乳香樹（yigaar，學名：*B. frereana*）；印度乳香、齒葉乳香樹（Sallaki，學名：*B. serrata*）；蘇丹乳香（又名「紙皮乳香樹」，學名：*B. papyrifera*）

乳香這個名字來自古法語*franc ensens*（「純粹／高品質的香」）。這種芳香的樹脂數千年來一直被用於神聖儀式，而且已經持續交易了六千多年。我們和許多其他信仰在儀式中使用的乳香是乾燥的、樹脂狀的汁液，屬於橄欖科（*Burseraceae*）的不同物種。其中有原產於阿拉伯半島和非洲東北部索馬利亞的阿拉伯乳香（*B. sacra*，又名*Boswellia carteri*）；同樣起源於索馬利亞的波葉乳香樹（*B. frereana*）；來自印度的齒葉乳香樹（*B. serrata*）；原產於衣索比亞和蘇丹的紙皮乳香樹（B. papyrifera）。乳香的製作是砍傷樹皮，讓汁液流出來，自然風乾。乳香樹脂經由手工篩選分類，按照品質出售。一般而言，乳香樹脂愈不透明，品質愈高。

道德考量：在世界上許多地方，由於需求量大以及人類造成的氣候變遷導致棲息地喪失，乳香樹日益減少。價格上揚（由於需求增加），加上這些種植區人口增加，引發

註166：Frazer, *The Golden Bough*, Part VII, vol. I, 140。

註167：Frazer, *The Golden Bough*, Part VII, vol. I, 119。

註168：Iles, *The Element Encyclopedia*, 483。

註169：Frazer, *The Golden Bough*, Part IV, vol. I, 244。

了一場多少完全不受管制的樹脂爭奪戰。[170] 過度採伐樹汁導致乳香樹死亡，因為乳香樹不像以前那樣有足夠的時間復原。[171] 這導致樹木不成熟就提早採伐，提早衰退，以及完全不合標準且非永續的採伐技術，例如完全剝掉樹皮，一刀便砍死乳香樹。儘管有人覺得，加貼標籤會讓你多想一下，但是目前還沒有方法確定，乳香到底是以永續的方法還是使用上述提到的某些方法開採。[172] 購買乳香且確保你不會加劇生態上的災難是不可能的。因為有整個社區都仰賴乳香貿易，這至少可以說是造成一則道德上的兩難。在你再次購買乳香之前，請閱讀在乳香貿易中生活和工作的人們所面臨的挑戰，而且在你購買和使用這種樹脂的時候，請牢記這些挑戰。

魔法用途：對從事魔法或儀式運作的任何人來說，燃燒乳香被認為是很好的保護，而且這常用於世界各地的禮拜場所中。天主教會以噸為單位向索馬利亞購買教會的大部分優質乳香，在索馬利亞的某些地方，仍然使用可以追溯到聖經時代的方法從樹上提取汁液。[173] 在某些巫術中，乳香被認為能夠戒除成癮、壞習慣、不健康的關係。在洗浴水中加入幾滴乳香精油，被認為可以增強通靈力量。

蒜

（學名：*Allium sativum*）

滌淨；淨化；療癒和生命力；性魔法

蒜被認為原產於西伯利亞，幾千年來已廣為人知且在整個亞洲和中東用於食品和藥品之中。古希臘歷史學家希羅多德（Herodotus）寫道，埃及大金字塔的建造者，每天都會得到一瓣促進健康的蒜，而在荷馬、維吉爾、賀拉斯（Horace，譯註：西元前六五年至西元前八年，奧古斯都時期的著名詩人、批評家、翻譯家）等其他古代學者的著作中，也提到這是當時人們的一種治療法。[174] 大蒜植物的可用部分是它的球莖，球莖其實是一個球

註[170]：Save Frankincense, “Frankincense Decline”。

註[171]：Patinkin, “World’s Last Wild Frankincense Forests Are Under Threat”。

註[172]：Save Frankincense, “Certifiable Resin Supply Chain”。

註[173]：Patinkin, “World’s Last Wild Frankincense Forests Are Under Threat”。

註[174]：Drury, *Watkins*, 112。

狀物，由一顆顆包裹在紙狀白色外皮內的較小蒜瓣構成。蒜是一年生植物，如果有足夠的陽光、水分、沒有雜草的優質土壤，它便輕而易舉地在花園和花盆中生長；從超市買來一些有機（或無農藥）的蒜，在春天將一瓣瓣直接種入土壤中。你也可以在大部分的雜貨店買到新鮮的蒜。如果你要將蒜用在你打算攝取或用在身體上的東西，請設法找到當地種植的有機大蒜，因為從遙遠地方進口的蒜經過一些相當全面的化學處理，讓它可以長途旅行。它也從來不是特別新鮮。如果你要購買預先壓碎或乾燥過的蒜，請務必好好檢查成分清單，確保你不會買到大量額外的添加物。

魔法用途：蒜與火元素有關，因為它與淨化和激情有關。某些美國巫術傳統用硫磺、丁香或焚香樹脂（incense resin）燃燒蒜皮，作為在靈性上滌淨空間的一種方法。在某些傳統中，這被當作定期維護儀式執行，只要保存了足夠的蒜皮，可以產生足夠的煙霧，儀式就會執行。[175] 在現代巫術中，蒜也時常與滌淨或驅逐負面能量有關。人們認為，十二顆蒜頭紮成一串，懸掛在門的上方，可以驅逐妒忌的人們，[176] 乃至可以保護住家免於盜竊。[177] 在現代和傳統的符咒中，蒜瓣時常被配成一對，運作涉及性或淫慾的法術。舉例來說，兩枚蒜瓣用一根鋼釘釘在一起，再用紅線纏繞，被某些人認為是用激情點燃另一個人的心。[178] 此外，古希臘魔法師有時候會在午夜時分造訪十字路口，放下一顆顆蒜球作為祭品，藉此尋求女神赫卡特的支持。[179]

生薑（ginger）

（學名：*Zingiber officinale*）

繁榮；愛；運氣；淫慾；金錢；懷孕和分娩

生薑是一種原產於東南亞的多年生植物，廣泛分布於世界各地的熱帶氣候。這種植物從大而匍匐的根長出，長成蘆葦狀、顏色非常鮮綠的葉子。生薑花是黃色或白色，有紫色的唇瓣。人們重視和使用的是生薑厚實而芳香的地下莖（根）。可以從雜貨店和農

註[175]：Illes, *The Element Encyclopedia*, 196。
註[176]：Illes, *The Element Encyclopedia*, 133。
註[177]：Illes, *The Element Encyclopedia*, 995。
註[178]：Illes, *The Element Encyclopedia*, 679。
註[179]：Drury, *Watkins*, 112。

產品商店買到新鮮的生薑。生薑通常也可以乾燥、研磨、糖煮或保存在糖漿中。如果你想要嘗試種植生薑，只要記住它需要溫暖、潮濕的環境才能茁壯成長。溫暖的幾個月中，我的食品貯藏室內已經有幾塊生薑發芽了，除此之外，由於這裡的冬天太冷，所以從來不曾好運到可以讓發芽的生薑存活下去。要從根塊開始種植生薑，將它埋在大盆中肥沃而排水良好的土壤表面下方，定期澆水，不要讓它「泡在水裡」。當葉子開始出現時，確保它保持水分充足且處在無霜的地點。隨著生薑的葉子變大，讓它們輕微噴灑到水，助長潮濕的環境。這種植物會在冬季休眠，但是在溫室裡可以保持活著的狀態。如果你住在澳大利亞，本地生薑（學名：*Alpinea coerulea*）是東部各州一些熱帶雨林區的在地生薑，在類似條件的後院花園中也可以愉快地生長。這種植物的新芽的中心有溫和的生薑味，往往用作生薑的替代品。

魔法用途：生薑最有可能與火有關，因為它與能量、性、出生、重生的對應關係。不少當代的巫術書籍，將生薑與性、分娩以及母性或「女性」能量關聯在一起，可能是因為在許多文化中，大部分種植和收成生薑的工作通常由女性完成。[180] 幾本現代文獻也表明，在魔法運作中使用生薑為一個人的生命帶來喜悅和樂趣。[181] 有時候生薑與金錢有關：將生薑粉撒入口袋或錢包被認為可以增加財源，同時有些人相信，在土地裡種植生薑根可以將金錢吸引到你面前。廚師們認為牙買加生薑是最刺鼻的。談到生薑的深奧品質，我不知道它是否也是最強的，但是如果你可以找到牙買加生薑，它可是值得一試。

人蔘

（人蔘屬：*Panax spp.*）

美麗；（破除）不祥之物；長壽；保護；心願

又名：世界奇蹟之根[182]

人蔘用於藥用目的，且在不同的文化中用作春藥，它也被添加到某些能量飲料中。

亞洲蔘（*P. schinseng*）是生長在中國的人蔘品種，而西洋蔘（*P. quinquefolium*）則生長

註[180]：Frazer, *The Golden Bough*, Part V, vol. I, 123。

註[181]：Illes, *The Element Encyclopedia*, 751。

註[182]：Illes, *The Element Encyclopedia*, 527。

在北美。人蔘植物長出綠白色花的繖狀花序、紅色漿果、厚實的主根（一般人用的就是主根）。人蔘有時候被稱作「曼德拉草」（mandrake），[183] 因為它完整的根有時候很像人，就跟曼德拉草的根一樣。然而，與真正的曼德拉草不同，人蔘無毒，在中藥中被廣泛使用。有些亞洲雜貨店出售切好的新鮮人蔘根。巫師零售商、茶葉店、健康食品店有時候有乾燥的人蔘，通常是從中國進口的。購買乾燥草本時，永遠要尋找食品／茶葉等級，無輻射的。定期澆水和施肥，人蔘將會在有蔭、無霜的花園或花盆內，生長到大約三十公分乘以三十公分。

魔法用途：人蔘與火的魔法關聯，最有可能起源於中醫，中醫認為，幾種不同的人蔘都與身體的火、熱、乾燥有關。某些當代女巫為了破除不祥之物而燃燒人蔘，而用紅線捆住人蔘根並讓某人隨身攜帶，被認為是助長美麗和優雅。用紅線和綠線將人蔘根與在新事業中賺到的第一塊錢纏繞在一起，可以衍生出更多的收入。在胡毒教（Hoodoo，譯註：胡毒與巫毒教類似，但是沒有巫毒教完整的信仰、神明、體系，僅以咒語、魔法儀式為主，盛行於美國紐奧良一帶）中，人蔘有時候被暱稱為「世界奇蹟之根」。將心願刻進人蔘根裡，然後將此人蔘根拋入水道中，被認為就連難以實現的心願也會成功。[184]

木槿（hibiscus）

（木槿屬：*Hibiscus spp.*）

占卜和通靈能力：愛、淫慾、性、性慾；溫暖

又名：昆士蘭果醬植物、洛神花（學名：*H. sabdariffa*）；夏威夷木槿（學名：*H. rosa-sinensis*）。[185]

木槿原產於中國，在澳大利亞大受歡迎。這裡的花卉育種者生產的雜交品種，多過世界上其他地方。[186]木槿的各個物種都屬於錦葵（Malvaceae）科，包括其他開花植物，例如中國的燈籠花（ablution）、錦葵屬（mallow）、蜀葵屬（hollyhock）、花葵屬（lavatera）、藍葵屬（alyogyne）。許多品種都有可食用的花，用於泡茶和烹飪。你可以

註[183]：Valiente, *An ABC of Witchcraft*, 228。

註[184]：Illes, *The Element Encyclopedia*, 763。

註[185]：Kirton, *Harvest*, 414。

註[186]：Kirton, *Dig Deeper*, 208。

從某些巫師零售商、茶葉製造商、健康食品店買到乾燥的木槿花。購買前要設法確保它們是食品／茶葉等級且無輻射。一年生類型的木槿，例如洛神花最適合熱帶氣候。它們應該種植在陽光充足的地方，在排水良好的土壤裡，添加護根層和有機物質。花萼宜在變成深紅色的時候採摘，新鮮、乾燥或冷凍貯存。如果你為了木槿花而種植多年生木槿，那麼每年晚春時需要好好修剪這樣的多年生木槿。

魔法用途：木槿與火元素的關聯很可能來自傳統中醫，在中醫中，這種植物和花卉的各個部位，有時候被用來去除身體某些部位的熱。有趣的是，某些木槿植物的部分是耐火的。在現代巫術中，某些人認為，撒些碎木槿花在情人的口袋裡可以鼓勵忠貞。將一朵特別完美的木槿花戴在你身上，然後將它獻給你心儀的對象，被認為是鼓勵對方有所回應。木槿有時候也與占卜有關。一種常見的方法是，指定每一朵花是某個人或某個可能的情境，然後讓它們漂浮在一碗水中，觀察事物如何發展。

萬壽菊

（金盞菊，學名：*Calendula officinalis*、萬壽菊屬，學名：*Tagetes spp.*）

能量（一般能量，太陽能）；保護；淨化；太陽；愛；生命與重生

又名：marigold（萬壽菊）這個字在世界各地用於識別許多不同的植物，包括：

- **金盞菊**（***Calendula officinalis***）：太陽的新娘（bride of the sun）、醉鬼（drunkard）、盆栽萬壽菊（pot marigold）、紅土（ruddle）或蘇格蘭萬壽菊（Scotch marigold）。這些被認為原產於南歐，全都是一年生植物，有黃色和橙色的鮮豔圓形花朵。花有可食用的花瓣，有時候用於沙拉。
- **萬壽菊**（***Tagetes erecta***）：阿茲特克萬壽菊、非洲萬壽菊或墨西哥萬壽菊。這些原產於墨西哥，高大（高約九十公分）、鮮豔的花朵，好幾世紀以來一直被用於醫藥和儀式，它們也是「亡靈節」（Day of the Dead）裝飾品中的特色。
- **孔雀草**（***Tagetes patula***）：法國萬壽菊。這是一年生開花植物，花朵明亮、柔軟光滑，用於儀式、醫藥、染料，原生地也是墨西哥。

- **甜萬壽菊**（***Tagetes lucida***）：墨西哥萬壽菊、墨西哥薄荷萬壽菊、甜荳蔻（sweet mace）或德州龍蒿（Texas tarragon）。這是一種原產於墨西哥和中美洲的多年生開花植物，它被阿茲特克人視為名叫「優特里」（Yauhtli）的一種儀式香中的關鍵成分。
- **細葉萬壽菊**（***Tagetes tenuifolia***）：圖章萬壽菊或金色萬壽菊。這種野花原產於墨西哥、哥倫比亞、秘魯。亮黃色的小花時常被用作裝飾品或配菜。
- **白萊氏菊**（***Baileya multiradiata***）：沙漠萬壽菊。儘管共享萬壽菊的名稱，但是這種北美野花只是我們所知道的其他萬壽菊植物的遠親。
- **驢蹄草**（***Caltha palustris***）：沼澤萬壽菊或國王的杯（有毒）。這種毛茛屬植物的親戚原產於北半球的沼澤和林地。它有劇毒，在某些地區被認為是入侵種雜草。
- **南茼蒿**（***Glebionis segetum***）：玉米萬壽菊（corn marigold）或玉米雛菊（*corn daisy*）。這種多年生植物原產於地中海東部，現在遍布歐洲，甚至更遠的地方。在希臘，它的葉子有時候被用於沙拉之中。

從某些茶葉製造商和健康食品店可以買到乾燥的萬壽菊花瓣。你也可以向苗圃購買幼苗，價格相當便宜。一年生萬壽菊可以在溫帶地區幾乎任何類型的土壤中，快速生長、長成、自然播種。

魔法用途：縱觀歷史和世界各地，萬壽菊鮮亮的顏色和類似太陽的形狀，使人們有許多理由將萬壽菊與太陽和火元素關聯在一起。因為它們被認為是不褪色的，在土地裡種植盆栽萬壽菊，將會助長不朽的愛和激情。根據某則古老的斯拉夫傳統，將心儀對象的某個腳印下的泥土挖出來，放入有萬壽菊的花盆中，有可能吸引到並留住對方。[187]在巴伐利亞和歐洲其他地區，盆栽萬壽菊製成的花環在諸靈節（All Souls' Day）當天被用來裝飾墓碑，因為它們持續盛開到夏末。[188]許多傳統方法中提到沼澤萬壽菊（又名國王的杯，學名：*Caltha palustris*）可以防止女巫的侵害，而且在某些美國傳統巫術中，用紅線將萬壽菊串在一起，製作成花環懸掛在門的上方，被認為可以防止邪惡進入你的住家。

註[187]：Frazer, *The Golden Bough*, Part I, vol. I, 211。

註[188]：Frazer, *The Golden Bough*, Part IV, vol. II, 71。

蕁麻（nettle）

（異株蕁麻，學名：*Urtica dioica*、歐蕁麻，學名：*Urtica urens*、羅馬蕁麻，學名：*Urtica pilulifera*）

驅逐；鎮靜；（破除）不祥之物；保護；（保護免於）雷暴

警告：所有種類的蕁麻都有刺，被它們刺到是最糟的事。採摘或處理蕁麻時要戴上手套。不過，烹煮過（請谷歌搜尋蕁麻派食譜）或曬乾／釀造成茶，就不會再有針刺感。

又名：異株蕁麻（**stinging nettle**，學名：*U. dioica*）；羅馬蕁麻（*U. pilulifera*）

幾千年來，蕁麻一直被人類用作食物和藥品。大部分的蕁麻品種都有方形莖，以及上面有細毛覆蓋的深綠色鋸齒狀葉子。蕁麻的種子很小，可以隨風散播，而堅硬的根則可以在地下爬行很長一段距離。你可以向茶葉製造商、健康食品店、某些巫師零售商，買到乾燥的蕁麻葉和蕁麻根。請尋找茶葉／食品等級、無輻射的蕁麻。蕁麻在世界大部分地區被認為是雜草，但是它們只生長在健康的土壤中。如果它們突然出現在你的花園裡，你應該做對了什麼事。

魔法用途：蕁麻最初可能因為它們的刺而與火有關，也因為它們的刺而導致中世紀的歐洲人將蕁麻與惡魔關聯在一起。這些關聯的出現也可能是因為在魔法或儀式上使用蕁麻時，蕁麻往往被燒毀。在基督教之前的斯堪地那維亞部分地區，蕁麻與雷神索爾有關，而在歐洲的許多地方，將蕁麻扔進火中是避開雷暴的民間傳統。[189] 即使是今天，許多美國的巫術書籍仍舊聲稱，將蕁麻扔進火中，被認為可以最大程度地減少或防止野火造成的損害，或是可以擋開邪惡。其他人則主張，燃燒蕁麻同時集中你的意圖，可以增加驅逐的力量，或是可以用蕁麻填塞玩偶，運用同樣的意圖運作。現代的法術書籍也時常引述蕁麻是很好的保護者。它們在法術中起到祈求安全免於傷害的作用，包括身體和其他方面的安全。蕁麻的另一項傳統關聯是，它們驅散黑暗。在現代巫術中，他們往往成功進駐某些涉及心智健康的魔法運作（就跟任何其他療癒運作一樣，心智健康的魔法運作，應該始終與專業醫療或建議同時進行）。

註[189]：Watts, *Elsevier's Dictionary of Plant Lore*, 264。

芍藥（peony）

（芍藥屬：*Paeonia spp.*）

保護：心智健康；療癒和療癒師；夢

又名：牡丹玫瑰（peony rose）

芍藥是最早記載的藥用植物之一，它們在中國本土已經種植了兩千五百多年。[190]許多芍藥品種的壽命都很長。在某些亞洲國家的寺廟花園中，有些芍藥已經活了一個世紀以上。在中世紀，人們相信，芍藥就跟曼德拉草一樣，會發出可怕的尖叫聲，可怕到可以殺死聽見尖叫聲的任何人。[191]芍藥偏愛比較涼爽的氣候。如果你打算在花園裡種植芍藥，請選擇光線充足且避開強風的空地。你可以向巫師零售商以及出售製茶用的乾燥草本的地方，買到乾燥的芍藥根。在購買之前，務必檢查是否是食品／茶葉等級，因為比較便宜的芍藥根有時候會用合成的香料處理，如果燃燒或攝入，可能是有毒的。

魔法用途：芍藥最初與火有關聯，可能是因為它與療癒藝術有著根深柢固的關聯。在古希臘，芍藥與阿波羅的療癒師兒子「阿斯克勒庇俄斯」（Asklepios）有關聯，而且它被認為是一種具療效的植物。英文的芍藥以阿斯克勒庇俄斯的學生佩恩（Paeon）的名字命名，當時阿斯克勒庇俄斯妒忌他的學生在療癒和醫藥方面的技能，而宙斯救了佩恩。許多版本的希臘神話都說，宙斯把佩恩變成一朵花，讓他可以逃避阿斯克勒庇俄斯的憤怒。芍藥與療癒的關聯持續了好幾個世紀。一幅十四世紀的草藥師圖像，描繪這位草藥師手持一株宛如魔杖的芍藥。將芍藥根浸劑加入洗浴水中，被認為可以為遭受虐待、暴力或深切屈辱的某人，提供靈性療癒／滌淨。芍藥根浸劑有時候也被用來滌淨現代巫術的儀式空間。也可以基於保護，隨身攜帶雕刻成吉祥形狀的乾燥芍藥根。歷史上，芍藥也與心智健康有關，而且作為治療「精神失常」的藥物。將芍藥根繫在項鍊上，據稱可以防止惡夢或減輕惡夢的影響。人們曾經相信，芍藥有力量趕走邪靈和災難性的風暴。[192]

註[190]：Kirton, *Dig Deeper*, 40。

註[191]：Readers' Digest Association, *Folklore*, 85。

註[192]：Readers' Digest Association, *Folklore*, 85。

辣薄荷（peppermint）

（學名：*Mentha piperita*）

滌淨、清除、淨化；運氣；療癒；愛和淫慾

警告：雖然在巫術文獻中時常提及辣薄荷油，而且在新時代療法中「指定」用辣薄荷油，但是對於品質、安全或建議用量，並沒有統一的標準。在你攝入辣薄荷或讓它與你的肌膚接觸之前，請三思。

又名：白蘭地薄荷[193]

辣薄荷是一種可食用的薄荷，屬於四十多種薄荷屬（*Mentha sp.*）物種之一。黑色辣薄荷有帶紫色的莖和葉，而白色辣薄荷則有綠色的莖和葉。兩者都因為它們的油內含薄荷醇（**menthol**）而備受重視。在花園裡，只要有機會，薄荷科的大部分成員都會長得很茂盛。如果你並不希望在接下來十年左右抽取薄荷，請將它們局限在花盆中。巫師和茶葉零售商有時候備有乾燥的辣薄荷葉。辣薄荷植物在苗圃中也相當常見。

魔法用途：辣薄荷最初與火元素有關，可能是因為人們認為它具有療癒屬性。內含辣薄荷的茶葉，因其所謂的療癒屬性而被好幾種文化使用。眾多現有民俗療法其中之一聲稱，將辣薄荷葉放在病人的照片上方會促進療癒過程。在現代巫術中，辣薄荷枝有時候被用作灑水淨化儀式空間的枝條，而且將辣薄荷葉當作祭品據稱可以鼓勵友善的靈。人們認為，同時攜帶辣薄荷與細葉香芹（chervil）可以帶來好運和保護。某些傳統巫術的修習者分享說，在洗地板的沖洗液中，加入辣薄荷浸劑被認為對浪漫或誘惑有裨益。[194]

罌粟（poppy）

（罌粟屬：*Papaver spp.*）

死亡與死後世界；夢和睡眠；生育力與分娩；金錢、運氣、繁榮

警告：請勿嘗試將罌粟（學名：*P. somniferum*）用於醫療目的。它們的原始形式可能是

註[193]：Kynes, *Correspondences*, 230。

註[194]：Illes, *The Element Encyclopedia*, 714。

有毒的，只宜在嚴格的醫療監督下準備罌粟和開罌粟處方。

又名：虞美人（corn poppy）、佛蘭德斯罌粟（Flanders poppy，學名：*P. rhoeas*）；鴉片罌粟（opium poppy，學名：*P. somniferum*）

罌粟是高大的一年生植物，有粗糙、看起來幾乎呈鋸齒狀的葉子，大大的花冠有多種顏色，可以是單花冠或雙花冠（有皺褶）。當這些花枯死的時候，種子穗逐漸失去水分而變乾，變成現成的分配器，將罌粟籽撒在風中。在今天這個時代，這些花往往與鴉片和非法藥品有關。在澳大利亞的大部分地區，種植鴉片罌粟是非法的，就跟世界上許多地方一樣，但是在春天，它們有時候會在霪雨霏霏之後突然出現在我家附近的舊金礦區，那些罌粟是十九世紀期間中國礦工及其家人種植的。在世界上大部分的溫帶地區，只要土壤濕潤且陽光充足，罌粟就會從種子裡生長出來。在大部分雜貨店的烘焙區或健康食品區，可以買到乾燥的、烤過的罌粟籽。

魔法用途：罌粟花可能一開始便與火有關，因為它們是醒目的紅色，也因為它們幾千年來用於療癒這個世界。身為鴉片的來源，罌粟到十九世紀還時常與睡眠或某種遺忘的狀態有關。這是建立在第一次世界大戰期間，當時士兵們傳說，紅色罌粟花是最早出現在戰場上的植物之一，因為它們從同袍灑染的鮮血中生長出來。一九一五年，在比利時伊珀爾（Ypres）戰場上看見這些罌粟花盛開時，加拿大中校約翰・麥克雷（John McCrae）寫下了《在佛蘭德斯戰場》（*In Flanders Fields*）。這首詩被美國境內一支基督教青年會（YMCA）分會收錄，於是紅色的「佛蘭德斯」罌粟很快傳遍所有盟國，成為在「休戰紀念日」（Armistice Day，十一月十一日）當天佩戴的懷念之花。[195] 近年來，它也已經成為澳大利亞和紐西蘭境內「澳紐軍團日」（ANZAC Day，四月二十五日）當天獻花的常見花圈。因為這一天離南半球的薩溫節很近，所以罌粟偶爾也會在每年這個時候，出現在當代異教徒和女巫的季節性和祖先祭壇上。罌粟在現代巫術中的其他用途包括：將乾燥的罌粟種子莢放在窗戶上，為的是吸引金錢朝你而來。[196] 在現代的魔法運作中，它們用於生育力和健康分娩的用途可以追溯到古希臘，當時，罌粟是女神狄蜜特（Demeter）的象徵，而且在古代和古典的藝術和寫作方面，罌粟長久以來一直與狄蜜特有關。[197]

註195：Australian War Memorial, "Red Poppies"。
註196：Illes, *The Element Encyclopedia*, 824。
註197：Frazer, *The Golden Bough*, Part V, vol. I, 43。

迷迭香（rosemary）

（學名：*Rosmarinus officinalis*）

療癒；（破除，保護免於）不祥之物；記憶和諸多記憶；心智；淨化；青春

迷迭香原產於地中海，用途廣泛，在家庭菜園中很受歡迎。從春天到秋天，迷迭香灌木叢上布滿藍色的小花。迷迭香植物有薄薄的針狀葉子，內含芳香的油。有匍匐（沿著地面爬行）和灌木形式，以及粉紅花、藍花或白花的品種。這些植物偏愛排水良好、溫暖的場所，不過一旦穩固了，就可以忍受霜凍。迷迭香可以從稍微親切照料的插枝中生長出來；要確保這些部分不是太過木質，而且有牢固的「根部」或生長點。你可以在大部分超市的香料區買到乾燥的迷迭香，有些甚至出售新鮮的迷迭香小枝。

魔法用途：迷迭香有著幾世紀的神話和魔法關聯，長久以來一直被認為可以預防瘟疫和疾病，也可以增強記憶力。[198] 八成是因為這些與療癒的關聯，以及它在保護運作中的民俗用途，使迷迭香與火有關。在幾個歐洲傳統中都認為，迷迭香可以防止疾病和衰老。一則傳說講到匈牙利的伊莎貝爾女王（Queen of Isabel of Hungary，可能是匈牙利伊

麗莎白 **Elizabeth** 女王的暱稱）的故事，據說她因為年老的關係而飽受其苦，直到一位草藥師給了她一種名為「匈牙利水」的酒精擦劑，內含迷迭香和其他幾種精油。[199] 關於促進年輕和健康的主題，一項可以追溯到十二世紀德國部分地區的快樂復活節傳統，叫做「復活節拍打」（*schmeckostern*）。在這個習俗中，情侶們用迷迭香、樺木、柳木或冷杉木互相拍打，為的是保持年輕和健康且帶來好運。[200] 如果你在家中嘗試這種做法，請確保始終保持你們的拍打是安全且雙方同意的。在中世紀的歐洲，迷迭香被認為可以避開邪靈、女巫、小仙子，以及提供免於暴風雨的防護（***Rosmarinus***〔迷迭香屬〕等於「大海的露水」）。[201] 迷迭香在五朔節當天被燒毀，人們相信，在女巫們可能威力最強大的那一天，這麼做可以保護人們免受巫術侵害。[202] 在現代的巫術和異教信仰中，有時候仍

註[198]：Kirton, *Harvest*, 377。

註[199]：Illes, *The Element Encyclopedia*, 1034-35。

註[200]：Frazer, *The Golden Bough*, Part VI, 270。

註[201]：Drury, *Watkins*, 165。

註[202]：Frazer, *The Golden Bough*, Part VI, 158。

然會燃燒迷迭香來滌淨儀式空間。在現代，迷迭香也仍然與懷念有關。在葬禮上，迷迭香小枝有時候被當作胸花佩戴或分發給大家。

芸香（rue）

（學名：*Ruta graveolens*）

驅逐；祝聖／祝福；恩典；（破除，保護免於）不祥之物；保護；淨化；女巫和（戰勝，保護免於）巫術

警告：對懷孕或積極嘗試受孕的人們來說，芸香是不安全的。它也可能會刺激皮膚。

又名：恩典之草（herb of grace）；懺悔之草（herb of repentance）[203]

芸香原產於地中海至西伯利亞東部，它是一種矮灌木，有綠黃色的花朵，灰綠色的簇葉。芸香葉有強烈的香味，被用於食品和飲料、香草醋（herbal vinegar）、化妝品、香水。芸香生長在花園裡，可以充當絕佳的天然驅蟲劑，驅除甘藍夜蛾等害蟲。不要將芸香種在羅勒或鼠尾草附近，因為芸香會污染這兩種植物。你可以向巫師零售商、茶葉製造商、健康食品店購買乾芸香，請始終購買茶葉／食品等級、無輻射的芸香。

魔法用途：芸香可能與火有關，因為在許多歐洲文化中，好幾個世紀以來，芸香一直在傳統上被扔到仲夏之火上。[204] 芸香往往與恩典、懺悔、記憶有關。在《理查二世》（*Richard II*）之中，莎士比亞稱芸香是「酸苦的恩典之草」（sour herb of grace）。在中世紀，人們焚燒芸香或將芸香懸掛在住宅周圍（尤其是靠近門或窗戶的地方），為的是防範巫術。某些現代女巫在保護法術和沐浴中使用芸香。它也時常被列為破除不祥之物的成分。在羅馬時代，芸香與女神黛安娜和她的女兒雅拉迪亞（Aradia）有關。黛安娜的信徒崇敬芸香植物和花朵，用它來製作愛情護身符。[205] 某個雷同的現代版本，要求你將芸香放在屬於你心儀的人的一只鞋子裡，然後把鞋子懸掛在你的睡床上方，可以吸引那個人來到你身邊……可能因為對方想要回自己的鞋子吧？

註[203]：Little, *The Complete Book of Herbs and Spices*, 152。
註[204]：Frazer, *The Golden Bough*, Part VII, vol. I, 213。
註[205]：Drury, *Watkins*, 249。

番紅花（saffron）

（學名：*Crocus sativus*）

繁殖力；豐盛與收穫；好運；渴望、淫慾、性魔法；性與性慾

警告：懷孕期間大量食用番紅花是不安全的。

又名：阿利坎特番紅花（Alicante crocus）、瓦倫西亞番紅花（Valencia crocus）[206]

番紅花起源於地中海東部。在被引進西班牙之後，它變成了（而且一直是）地球上最昂貴的香料，用於在許多烹飪中為菜餚著色和調味。番紅花來自番紅花柱頭，那是番紅花中央的小莖。製作幾克番紅花就需要數千根柱頭，而且每朵番紅花只長三根柱頭。這意謂著一種非常勞力密集的收割和加工方法，也是這種香料為何如此昂貴的原因。因為只要香料貿易中有番紅花出售，就有人摻假，用比較便宜的產品「摻進來」，進一步擴大利潤。[207] 線上和其他地方提供的比較便宜的番紅花版本，往往摻有梔子花、染紅的棉花、馬毛或乾雄蕊的枝條。番紅花粉更常摻假，往往添加例如薑黃、紅椒粉或其他添加物。番紅花在世界上任何地方都不再作為野生植物生長，因此野外採集已被淘汰。對於身為消費者的你來說，這意謂著，你將需要運用辨別能力。好好研究番紅花的替代

品。它有許多替代品。在負擔得起的情況下，設法購買較高等級的番紅花，或是有機番紅花，只要這是你心裡想做的事，因為這類番紅花比較不可能攙入合成的東西。購買乾燥的整株雄蕊，而不是粉狀的番紅花也是一種方法，可以減少被添加添加物的機會。

魔法用途：番紅花與火元素的關聯可能起源於印度，好幾個世紀以來，它一直作為七種傳統譚崔（tantra，譯註：印度的一個教派）香料之一，與檀香、茉莉、廣藿香、琥珀、穗甘松（nardin）、麝香一起被燃燒。有記載說，在波斯（現今伊朗的大部分地區），番紅花被用作符咒，讓風吹到風選的穀物田，於是在不破壞穀物莖的情況下去除掉穀殼。[208]某些希臘異教徒也認為，它是潘神（Pan）的聖物。據說野生番紅花生長在帕納塞斯山（Mount Parnassus）山坡上科里西亞洞穴（Corycian Cave）的入口處，[209]而這個洞穴區被認為是「潘神」與「科里西亞諸寧芙」（Corycian Nymphs）的聖地。

註[206]：Little, *The Complete Book of Herbs and Spices*, 152。
註[207]：Willard, *Secrets of Saffron*, 102。
註[208]：Frazer, *The Golden Bough*, Part I, vol. I, 320。
註[209]：Frazer, *The Golden Bough*, Part IV, vol. I, 154。

聖約翰草（St. John’s Wort）

（學名：*Hypericum perforatum*）

驅逐；開始、轉化、重生；療癒、健康、生命力；保護免於閃電和暴風雨；太陽與夏至

警告：這種植物在全球二十多個國家是有害的入侵雜草。在這些地區種植聖約翰草，等於是極其考慮不周且不尊重你所居住的土地。請不要這麼做。

又名：嚇唬惡魔（*fuga daemonum*）[210]，克拉馬斯草（Klamath weed）[211]

聖約翰草是一種中型大小的多年生植物，生長在英國、歐洲、亞洲的草原和樹林中。在世界上許多地方（包括澳洲、紐西蘭、印度、北美洲和南美洲、南非），它被認為是有害的雜草，對牧場、莊稼、原生叢林造成嚴重的破壞。雖然好幾個世紀以來，它一直被認為是草藥師的植物，但是目前還沒有科學證據顯示情況確實如此。目前正在研究聖約翰草油中，有兩個關鍵成分——金絲桃素（hypericin）和貫葉金絲桃素（hyperforin）——因為它們的潛在抗菌特性，但是目前還沒有得出任何結論。在亞洲和中東的部分地區，聖約翰草經過乾燥，被製成茶的原料。你可以在某些茶葉店、草藥店、巫師店、健康食品店買到它，請尋找食品／茶葉等級、無輻射的聖約翰草。

魔法用途：聖約翰草八成與火有關，因為它與仲夏和仲夏篝火的悠久歷史有關。它在許多地區的仲夏節（Midsuumer's Day，譯註：六月二十四日）前後開花，而且在過去，它黃色的花瓣和雄蕊，使它成為那個時期左右魔法和占卜的熱門選擇。在德國境內的某些地區，習慣上要在仲夏節當天日出之前，將一小枝聖約翰草放入鞋子裡，為的是可以隨心所欲地走很遠，不會感到疲倦。[212] 在中世紀，聖約翰草被懸掛在門窗上，為的是驅趕女巫、惡魔、邪靈，這個習俗在德國境內一直持續到十九世紀。[213] 在十五世紀的英格蘭境內，人們認為，隨身攜帶聖約翰草小枝意謂著，九步之內，惡魔無法靠近你。[214] 聖約翰草也被用在避邪物和護身符之中。在現在的比利時和德國之間的山區，聖約翰草的花被編織成花環，扔到屋頂上或懸掛在門道上方，以此防止火災和閃電。[215]

註210：Frazer, *The Golden Bough*, Part VII, vol. II, 55。
註211：Little, *The Complete Book of Herbs and Spices*, 15。
註212：Frazer, *The Golden Bough*, Part VII, vol. II, 54。
註213：Frazer, *The Golden Bough*, Part VI, 160。
註214：Opie and Tatem, *A Dictionary of Superstitions*, 336。
註215：Frazer, *The Golden Bough*, Part VII, vol. I, 169。

薊（thistle）

（翼薊，學名：*Cirsium vulgare*、大翅薊，學名：*Onopordum acanthium*）

驅逐；自信；不祥之物（破除）；魔法（防禦）；保護；淨化；實力

又名：普通薊（common thistle）、田薊（field thistle，薊屬：*Cirsium sp*）；蘇格蘭薊（Scotch/Scottish thistle）、棉薊（cotton thistle，學名：*Onopordum acanthium*）；蒙福薊（blessed thistle）、女士薊（Lady's thistle）、[216] 麝香薊（musk thistle，飛廉屬：*Carduus sp*）；卡琳薊（carline thistle，刺苞菊屬 *Carlina sp*）；女紅薊（distaff thistle，紅花屬：*Carthamus sp*）；星薊（star thistle，矢車菊屬：*Centaurea sp*）；母豬薊（sow thistle，岩參屬：*Cicerbita sp* 以及苦苣菜屬：*Sonchus sp*）；蒙福薊（blessed thistle，藏掖花屬：*Cnicus sp*）；球薊（globe thistle，刺球花薊屬：*Echinops sp*）；敘利亞薊（Syrian thistle，銀脈薊屬：*Notobasis sp*）；金薊（golden thistle）、牡蠣薊（oyster thistle，刺苣屬：*Scolymus sp*）；奶薊（milk thistle，水飛薊屬：*Silybum sp*）；俄羅斯薊（Russian thistle）、韃靼薊（tartar thistle）、風滾草（tumbleswed，卡利屬：*Kali sp*）；開花薊（flowering thistle）、紫色多刺罌粟（purple prickly poppy，學名：*Argemone Mexicana*）。

「薊」是許多多刺植物的俗稱。大多數薊的葉子邊緣都有尖銳的刺。有些葉子的平坦表面和莖上也有刺。許多人種植吸引鳥類和昆蟲的薊花。大多數品種的薊都是入侵雜草。不要在你的花園中種植薊，那可是鼓勵它們快快生長。如果你住在鄉下，或許可以從公園、森林或路邊採集一些野生薊，但是務必確保隨身攜帶園藝手套。市面上有幾種不同類型的乾薊。在茶葉店、健康食品店或巫師商店可以找到它們。務必購買食品／茶葉等級且無輻射的乾薊喔。

魔法用途：薊最初與火元素有關，可能是因為它們用作生火的材料。因為薊是一年生植物，所以每年都會死去。種子隨風飄散，飄浮在柔軟的白色冠毛中（有許多關於薊種子冠毛本身的傳說，有些將它與小仙子們關聯在一起），留下這種植物乾癟的外殼。這些外殼是絕佳的生火材料，而且幾千年來一直被用於這個目的。在某些南部的斯拉夫國家，剪下來的薊被擺放在門道上方和農場大門上，以此擋開巫術。有些人甚至將薊當作花環或老式花圈佩戴，以此保護牲畜。[217] 在民間傳說中，用薊紡成和織成的「織物」

註[216]：Cunningham, *Encyclopedia of Magical Herbs*, 208-209。
註[217]：Frazer, *The Golden Bough*, Part I, vol. II, 339-40。

製作的襯衫，可以破除施加在佩戴者身上的任何不祥之物。因為相信薊帶來力氣和好運，所以羅馬人在出發征服不列顛群島時，隨身攜帶了「蒙福」薊。

馬鞭草屬（vervain）

（學名：*Verbena Officinalis*）

實力和勇氣；軍方；保護；淨化；健康和生命力；愛和失去的愛人

又名：大不列顛、[218]德魯伊之草（Druid's weed）、[219]巫師的植物、[220]魔法草、[221]馬鞭草

不要把馬鞭草與它的檸檬味親戚「檸檬馬鞭草」（學名：*Lippia citriodora*）搞混了，馬鞭草屬在許多國家的路邊和乾燥草原裡野生生長。它是一種中等大小的植物，有粗糙、有缺口的葉子，以及淡粉紫色花朵構成的穗狀花序。在為這本書做研究期間，我查閱過的幾本美國巫術書籍都聲稱，*vervain* 這個名稱是「凱爾特語」（不過作者們並沒有指明是哪一種凱爾特語），意思是：破除／趕走石頭，意指這種植物應該有能力去除腎結石（這點至今尚未被科學證明）。馬鞭草的名稱實際上源自拉丁文，拉丁文用 *verbena* 這個字來描述宗教儀典中使用的帶有葉子的任何嫩枝、小枝或枝條。馬鞭草屬

植物相當耐旱，但是彼此之間需要適當的空間。可以在巫師零售商、茶葉店、健康食品店找到乾燥的馬鞭草，要尋找食品／茶葉等級、無輻射的乾燥馬鞭草。

魔法用途：馬鞭草屬有著悠久的魔法關聯歷史。它最初與火元素有關，很可能是因為在歐洲各地的許多文化中，它是傳統上被扔到仲夏篝火上的草本之一。[222]古羅馬人認為馬鞭草是神聖的，相信它在交戰時能夠擊退敵人。因此，馬鞭草與男神瑪爾斯（**Mars**）有關，羅馬信差和大使造訪其他國家時，都佩戴馬鞭草。[223]好幾個世紀以來，在比利時的部分地區，人們收集馬鞭草，放置在房屋周圍，以此免於雷聲、閃電、巫術、小偷的侵害。[224]直到十八世紀，英格蘭和威爾斯地區的人們，還習慣在門外懸掛馬

註218：Cunningham, *Encycopedia of Magical Herbs*, 216-218。
註219：Drury, *Watkins*, 298。
註220：Kynes, *Correspondences*, 192。
註221：Little, *The Complete Book of Herbs and Spices*, 187。
註222：Frazer, *The Golden Bough*, Part VII, vol. I, 195。
註223：Drury, *Watkins*, 298。
註224：Frazer, *The Golden Bough*, Part VII, vol. II, 62。

鞭草小枝來驅趕邪靈。[225] 也有記錄顯示，早在比這更早的時候，馬鞭草也就被用於類似的目的。西元七十七年，學者普林尼記錄了羅馬人用馬鞭草淨化房屋和生活空間的實例。還有證據顯示，馬鞭草被用來保護身體以及住家。一八七八年出版的一本英文民俗書籍聲稱，將馬鞭草葉裝在黑色絲綢袋內隨身攜帶，可以使生病的孩子變強壯。在中世紀，它是愛情媚藥的主要成分，包括某些人聲稱，它可以將幸福歸還給被遺棄的情人。到了十九世紀末，這仍是一些農村地區的普遍做法。[226]

樹木和聖林

因為多數人沒有花園空間可以種植完整的樹木，所以我省略了下列樹木的種植說明，但是我確信，如果你非常熱衷且很幸運地擁有種植樹木的空間，你可以在谷歌搜尋相關資料。

我已經盡我所能收錄了關於不同木材如何燃燒的說明和信息。以下木材具有與火元素有關的常見魔法對應關係。如果你打算在儀式用火上燃燒任何木材，要設法確保木材是乾燥的、風乾備用的，完全不是生材。關於準備木柴、建造和維持安全、有效的儀式用火的更多訣竅，請參見第十章。

相思樹屬（Acacia/Wattle，原名「金合歡屬」）

（學名：*Acacia spp.*）

夢的工作；保護；通靈能力；淨化；靈性；太陽和陽光；願景

又名：相思樹屬（所有品種）；阿拉伯金合歡（babul，學名：*A. arabica*）[227]；貝利氏相思（Cootamundra wattle，學名：*A. baileyana*）；銀葉合歡（mimosa bush，學名：*A. dealbata*）；美國阿拉伯樹膠（American gum arabic）、貓爪相思（cat's claw，學名：*A. greggii*）[228]；摩根山金合歡（Mount Morgan wattle）、昆士蘭銀合歡（Queensland silver

註[225]：Little, *The Complete Book of Herbs and Spices*, 187。
註[226]：Opie and Tatem, *A Dictionary of Superstitions*, 420。
註[227]：Kynes, *Correspondences*, 148。
註[228]：Kynes, *Correspondences*, 148。

wattle，學名：*A. podalyriifolia*）；金合歡（golden wattle，學名：*A. pycnantha*）；開普樹膠（cape gum）、埃及刺（Egyptian thorn）、阿拉伯膠樹（gum Arabic tree，學名：*A. senegal*）；[229]薩米木（sami wood，學名：*A. Suma*）；多刺的摩西（prickly Moses，學名：*A. ulicifolia*）

單是澳洲境內，就有一千兩百多種相思樹，它們千差萬別，在一年的不同時間開花。金合歡（又名相思樹）是大部分南部大陸地區常見的中型樹木，但是在歐洲和北美也可以找到它們。某些名為「銀葉合歡」（mimosa bush）的多刺品種是非洲特有的。許多澳大利亞的金合歡樹在冬季和春季開出金燦燦的花朵，自一九八〇年代以來，金合歡（*A. pycnantha*）一直是澳大利亞的國花。乾燥、風乾備用的相思樹木材熾熱地燃燒，它是寒冷夜晚戶外儀式的絕佳木柴。阿拉伯膠（Acacia gum 或 gum arabic）是來自阿拉伯膠樹（*A. senegal*）的樹脂。如果準備得當，它可以在調合香中用作黏合劑或基底。你可以在巫師零售商或你購買生香原料的任何地方找到它。

魔法用途：相思樹屬最有可能與火有關，因為它自古以來就廣泛用於聖火中。在印度的部分地區，「兒茶」（*A. catechu*）是獻給火神阿耆尼的神聖火儀式的關鍵成分，而儀式則由名為「阿格尼霍特里斯」（*Agnihotris*）的火祭司們照料。*A. suma* 是在梵文（Sanskrit）和印地文（Hindi）中被稱作「薩米木」（*sami wood*）的幾種植物之一。它也與阿耆尼有關，阿耆尼將自己完全隱藏在薩米木中，導致光離開世界。[230] 埃及男神歐西里斯（Osiris）有時候在銘文中被稱作「在相思樹中的孤獨者」以及「相思樹中的那一位」。[231] 相思樹的花和漿果，是古埃及故事「兩兄弟」的關鍵主題，故事寫於西元前一千三百年左右的拉美西斯二世（Rameses II）統治期間。在阿拉伯的古老沙漠中，游牧民族貝都因人講述了一棵古老而孤獨的相思樹的故事，人們相信這棵樹被一名鎮尼（一種火靈——詳見第2章）占有了。在東非的某些國家，好幾個世紀以來，白相思樹一直被用來在寺廟和其他儀典中點火。[232] 在印度境內，阿拉伯膠樹有時候仍被用於儀式用火或當作寺廟建築的材料。現代的女巫可能會在魔法運作之前使用多葉的相思樹樹枝撒聖

註229：Cunningham, *Encyclopedia of Magical Herbs*, 27。
註230：Gupta, *Plant Myths*, 18。
註231：Frazer, *The Golden Bough*, Part IV, vol. II, 111。
註232：Frazer, *The Golden Bough*, 210。

水，以此滌淨和保護空間。相思樹也與夜間的保護有關。將相思樹細枝放在你的睡床上方，被認為可以避開夜間令人不悅的靈性事物。

白蠟樹（ash）

（梣屬：*Fraxinus spp.*）

創造力和藝術；保護以及破除不祥之物；占卜、夢、直覺；療癒、健康、生命力

警告：如果你住在歐洲或北美，請定期檢查你的白蠟木柴庫存是否有「光蠟瘦吉丁蟲」（emerald ash borer）。這些金屬似的綠色甲蟲是入侵物種，對兩個大陸的整個梣屬造成了毀滅性的影響。如果你發現這些甲蟲，請立即聯繫當地的政府環境管理署。

又名：梣樹（nion）、美洲白蠟樹（white ash，學名：*F. americana*）；[233] 紫紅色白蠟樹（claret ash，即「尖果梣」，學名：*F. angustifolia "Raywood"*）；[234] 普通白蠟樹、歐洲白蠟樹、金色白蠟樹（學名：*F. excelsior*）；黑蠟樹（學名：*F. nigra*）；[235] 美國紅梣（red ash，學名：*F. pennsylvanica*）[236]

這些大型落葉喬木與橄欖屬於同一科，原產於北歐。好幾個世紀以來，白蠟樹有著

強烈的神話和魔法關聯。在英國神話中，白蠟樹被認為是眾多聖樹之一。[237]在北歐神話中，「世界之樹」是一棵白蠟樹。許多白蠟樹的葉子在秋天變成鮮豔的火紅色——不妨尋找亮黃色或紅色的葉子，裝飾你的秋分祭壇。在比較乾燥的年分，澳大利亞這裡仍然有用火限制，我曾經在火災季高發期，在戶外儀式中看見一碗明亮的白蠟葉，用來代表火，代替蠟燭或燈籠。經過乾燥和風乾備用的白蠟木，可以燃燒得相當熾熱，而且很容易劈開。某些巫師零售商，將白蠟樹皮當作法術成分材料出售。

魔法用途：白蠟樹可能一開始就與火元素有關，因為它與閃電和暴風雨有根深柢固的關聯。十五世紀的文獻《達斯塔夫福音》（*Les Evangiles des Quenouilles*，英文：*The Distaff Gospels*），是中世紀末期女性的流行信仰和民間智慧的合集。它內含一則驅趕暴

註[233]：Cunningham, *Encyclopedia of Magical Herbs*, 38-41。

註[234]：Kirton, *Dig Deeper*, 326。

註[235]：Kynes, *Correspondences*, 149。

註[236]：Mitchell, *A Field Guide*, 379。

註[237]：Gardner, "The Nine Sacred Trees" in *Llewellyn's Magical Sampler*, 70-75。

風雨的符咒；這個符咒使用從白蠟樹上剪下來的四根棍棒，每根棍棒上都標有一個十字架。白蠟樹有時候出現在治療疣的民間療法中，而在英格蘭的部分地區，讓孩子穿過白蠟樹的裂口，也被認為可以治癒多種疾病，包括佝僂病。[238]在當代的巫術中，乾燥的白蠟樹種子莢，有時候叫做「白蠟樹翅果」（ash key），被用於保護魔法。一八九五年左右，在英格蘭北部有類似做法的紀錄，當時隨身攜帶一串白蠟樹翅果，可以保護持有者免於巫術的侵害。[239]

在現代巫術中，白蠟樹是製作魔杖的熱門選擇。它有時也用來製作法杖和魔法掃帚的柄。

月桂（bay laurel）

（學名：*Laurus nobilis*）

占卜、夢、通靈能力；驅逐；保護；愛

又名：月桂樹、詩人的桂冠、[240]甜月桂

月桂樹有微皺的深色樹皮和光滑的綠葉，在曠野中可以長到大約十公尺高，但是在

世界各地許多國家，它們通常被當作灌木，種植在盆栽和大桶子裡。來自月桂樹的木材，比大多數其他木材需要更長的時間才能風乾——如果被劈開，則需要擱置晾乾至少十八個月，未劈開或較大的原木，則需要至少兩年。燃燒時，月桂木材有時候會比其他木材更多煙、更刺鼻。始終燃燒經過適度風乾的木材，而且只在戶外燃燒月桂木。月桂葉被用來為各種可口和甜味菜餚調味，在超市的香料區很常見。這些非常適合「草藥占卜」（見下文）。如果你認識某人有月桂樹，也可以剪下一段種在大盆子裡，繁殖你自己的月桂灌木。

魔法用途：在希臘神話中，水澤仙女黛芙妮（Daphne）被愛神厄洛斯（Eros）的一支引愛之箭射中之後，變成了一棵月桂樹，以此躲避男神阿波羅。月桂樹變成了阿波羅的聖樹；為了向他致敬而舉辦的競賽，優勝者獲頒月桂葉冠，而且人們認為，阿波羅的

註238：Frazer, *The Golden Bough*, Part VII, vol. II, 168。
註239：Opie and Tatem, *A Dictionary of Superstitions*, 8。
註240：Mitchell, *A Field Guide*, 268。

女祭司們燃燒月桂葉，作為她們占卜和出神工作的一部分。「草藥占卜」是燃燒月桂葉作為一種火占術或占卜的做法，在幾本現代巫術書籍中都有提到，而且似乎是當代向古希臘的做法致敬。不同的作者對這些象徵有不同的看法，但是一般而言，劈啪作響、明亮的火焰被視為好兆頭。噴濺、陰沉或垂死／死亡的火焰被視為壞消息。[241] 還有許多關於月桂樹可以阻止雷聲、閃電、暴風雨的說法。一本一八四六年的季節性諺語集告誡讀者，「攜帶月桂葉的人絕不會被雷所傷。」[242] 在整個民間傳說和歷史中，有許多涉及月桂葉與情人節（St. Valentine's Day）的傳統，包括將與玫瑰水一起撒出去的月桂葉放在你的枕頭底下，促進夢見未來的配偶。[243]

山楂（hawthorn）

（山楂屬：*Crataegus spp.*）

療癒；保護（住家，自我）；小仙子；運氣；繁榮

又名：五月；五月樹（may tree）；五月灌木（may bush）；麵包和乳酪樹；女士的肉；女巫刺（hagthorn）；刺果（thornapple）；黑山楂、道格拉斯山楂（Douglas' thornapple，學名：*C. douglasii*）；刺桐山楂（cockspur thorn, 學名：*C. crus-galli*）；

英格蘭山楂、保羅的猩紅色（Paul's scarlet）、亮葉山楂（smooth hawthorn，學名：*C. laevigata*）；中部山楂（學名：*C. oxyacanthoides*）；快刺（quickthorn）、白刺（whitethorn，即「單子山楂」，學名：*C. monogyna*）；華盛頓山楂（Washington thorn，學名：*C. phaenopyrum*）。山楂科是一個龐大而多樣的家族，有一千多種不同的物種，原產於北美、歐洲、亞洲。[244]

大部分這些物種是濃密的、有尖刺的灌木，但是某些在適當的條件下會長成完整的喬木。山楂通常長出綠色或紫紅色的葉子以及又長又尖的刺。大多數物種在春季開白色的花，秋季結出紅色或黃色的果實，稱作山楂果。山楂樹被認為是英國的聖樹之一。在澳大利亞東南部維多利亞州中部的鄉村，歐洲殖民者種植了山楂樹籬，為他們的農場擋

註241：Illes, *The Element Encyclopedia*, 311。
註242：Opie and Tatem, *A Dictionary of Superstitions*, 14。
註243：Opie and Tatem, *A Dictionary of Superstitions*, 14。
註244：Mitchell, *A Field Guide*, 274。

風。許多這些樹籬至今仍舊完整無缺，而且山楂樹排列在鄉村小巷旁，點綴周圍數公里的路邊和圍場。我們知道，當山楂開始開花時，貝爾丹火焰（Beltane）季大約就來臨了，而當最後一朵山楂花落下時，貝爾丹火焰季就結束了。我們用白山楂（學名：*C. monogyna* 和 *C. Oxyacanthoides*）花裝飾「富蘭克林山異教徒聚會」（Mount Franklin Pagan Gathering）的五月柱頂部，加上一些罕見的紅山楂花（學名：*C. laevigata*）。

在許多國家境內，幾百年歷史的民間傳說，警告不要砍伐或傷害山楂樹。一七九二年《蘇格蘭統計報表》（*Statistical Account of Scotland*），報導了這份對山楂喬木和灌木的「迷信崇拜」，而且描述了當地人對砍斷或傷害山楂樹的任何部分，所產生的「致命恐懼」。這份報表也暗示，敢於那麼做的人們將會受到嚴厲的懲罰。某些詩歌和故事提出，這種懲罰來自小仙子。不管如此厄運的起源是什麼，似乎有些人受到了懲罰。許多來自愛爾蘭、英格蘭、蘇格蘭的報導，都講述了不幸降臨在無視這些警告的人們身上：有些人失去了原本健康的孩子，有些人死於血液中毒，因為在移除山楂樹的時候被刺刺到……甚至整座村莊荒蕪不毛，直到種下一棵新的山楂樹為止。[245]

魔法用途：有一件事對山楂最初與火元素有關聯可能有貢獻，那就是：山楂與心臟和心臟健康以及與女神布麗姬的連結，可以追溯到十六世紀的民間傳說報導，聲稱山楂具保護作用，可以預防閃電。十九世紀來自什羅普郡的一份報導詳細說明，在濯足節（Holy Thursday，復活節前的週四）當天收集一根山楂樹枝（不是砍下來的），擺放在住家裡，可以確保住家不會被襲擊。[246]在德國境內的某些地區，山楂是當地種來防止女巫的若干樹木之一。古羅馬人也基於類似的原因，在門口上方懸掛山楂小枝。在德國的某些地方，五朔節當天，山楂被放在馬廄和牛棚外，為的是保持乳牛健康以及增加產奶量。在愛爾蘭境內，有些牧場工人基於同樣的原因將山楂樹枝帶進室內。根據亞瑟王的傳說，巫師梅林仍舊睡在法國境內巴朗通（Barenton）噴泉區的山楂樹下。不列塔尼的農民過去為了祈雨會造訪那座噴泉，而且噴泉及其周圍的植物，至今仍然被認為具有療癒屬性。[247]在英格蘭境內的許多地方，在五朔節當天，常見製作和佩戴祈求好運和繁榮的山楂花花環。

註[245]：Opie and Tatem, *A Dictionary of Superstitions*, 400。
註[246]：Opie and Tatem, *A Dictionary of Superstitions*, 400。
註[247]：Frazer, *The Golden Bough*, Part VI, 153。

杜松（Juniper）

（杜松屬：*Juniperus spp.*）

占卜；夢的工作；保護；通靈能力；淨化（一般的，靈性的）

又名：琴酒果（gin berry）、美加落葉松（hackmatack）、刺柏（horse savin）；普通杜松（common juniper，學名：*J.communis*）；中國杜松（學名：*J. chinensis*）；岸邊杜松（shore Juniper，學名：*J. conferta*）；敘利亞杜松（學名：*J. drupacea*）；寺廟杜松（temple juniper，學名：*J. rigida*）；落磯山杜松（Rocky Mountain Juniper，學名：*J. scopulorum*）；鉛筆杜松（pencil juniper）、紅雪松（red cedar，即「北美圓柏」學名：*J. virginiana*）

大部分的杜松品種原產於北半球。它在世界上許多地方野生生長。杜松有鋒利的針狀葉子或小而重疊的三角葉。杜松的花通常是圓錐形，而且整株植物的氣味洩露出它是針葉樹（松樹）家族的一員。根據物種的不同，杜松長成多種大小，從不超過一公尺左右的小灌木，到二十公尺或更高的高大喬木。某些杜松，例如北美圓柏（*J.*

virginiana），取了個俗名「雪松」（cedar）。這是通常用於櫥櫃製作的「紅雪松」，但是它與真正的雪松（雪松屬：*Cedrus sp.*）無關。杜松在燃燒時會產生大量煙霧。請始終在戶外或通風良好的地方燃燒乾燥、風乾備用的杜松木。就跟所有針葉樹一樣，燃燒的杜松會導致木餾油（creosote，易燃的煤焦油）積累在煙囪裡。要避免在室內壁爐和木材加熱器裡燃燒杜松。

魔法用途：杜松可能與火有關的一個原因是，它早期用於薰香和芳香的篝火，尤其是用於塗香防腐的杜松。杜松子有時候也被納入當代的祭壇和儀式空間的滌淨儀式中。杜松子有時候也被串成線，基於保護而佩戴在某人身上或懸掛在住家內。人們認為，懸掛在門口上方的杜松小枝可以防止邪惡進入。[248]人們還認為，燃燒或攜帶杜松木可以增強通靈力量，而且如果少量用，它可以成為很不錯的添加物，加入基於這個目的而調製的香之中。

註[248]：Cunningham, *Encyclopedia of Magical Herbs*, 133。

橡樹（oak）

（櫟屬：*Quercus spp.*）

神、靈、靈性；實力和勇氣；太陽和夏至；預防火災和閃電

又名：英國橡樹（English oak，即「白櫟木」，學名：*Q. alba*）；紅橡樹（學名：*Q. borealis*）；土耳其櫟（turkey oak，學名：*Q. cerris*）；鮮紅櫟（scarlet oak，學名：*Q. coccinea*）；冬青櫟（holm oak，學名：*Q. ilex*）；黑橡樹（black oak，學名：*Q. velutina*）

橡木以其木質強度而聞名，好幾個世紀以來一直被用於工具、武器、造船。北半球的不同地區有近千種原生物種。不同的物種產生不同的形狀、大小、橡實顏色。在十九世紀中葉的淘金熱期間，在澳大利亞維多利亞州的金礦區，許多地區的表層土壤完全被剝光。這使得某些地方的原始森林和沼澤地變成了貧瘠的月球景觀。在我居住的地區周圍，一位名叫約翰·拉·格爾舍（John La Gerche）的先驅護林員，在傷痕累累的泥土上種植了一棵棵橡樹，作為該地區重新造林運動的一部分。這些橡樹今天仍舊屹立著，而且維多利亞州中部點綴了橡樹林和祕密的橡樹叢，隱藏在美麗的原生桉樹林之間。我

很幸運，住在一棵巨大的拉．格爾舍橡樹樹蔭底下的小房子裡，寫到這裡時，我可以看見那棵橡樹的綠葉和新長出的橡實，在我窗外的夏末陽光裡點著頭。記得我說過，橡木以其強度而聞名嗎？這意謂著，橡木原木很難劈開。如果你購買橡木作木柴用，那麼長遠看來，多花一點錢讓對方先劈好再運過來可以拯救你於不幸。經過適度風乾，橡木原木便燃燒得相當熾熱。不會有太多掉落的橡木引火柴讓你收集。你可以向某些巫師供應商購買橡木調合香、小型橡木繩索、橡實。橡樹在許多國家也很常見，那意謂著（認真負責地）野外採集你自己的橡實或橡樹葉可能是一個選項。

魔法用途：橡樹被認為是不列顛群島的聖樹之一，擁有可以追溯到數千年前的神話和魔法關聯。它與火元素的關聯，可能與它所謂防火和防閃電的保護特性有關，或是與夏至以及較明亮的半年等歷史悠久的關聯有關，後者後來形成了橡樹王與冬青王（Holly King）戲劇的一部分。雖然我們對古代德魯伊教僧侶知之甚少，但是我們確實知道橡樹和槲寄生（mistletoe）是他們大多數儀式的關鍵成分。[249] 在聖經時代，橡樹被認

註[249]：Drury, Watkins, 213。

為是猶太人的聖樹，因為人們認為，亞伯拉罕在橡樹樹枝底下遇見了一位上帝的天使。《聖經》〈以西結書〉（Ezekiel）第六章十三節也講到，腓尼基男神巴爾的信徒將犧牲祭品放在「每一棵茂密的橡樹底下」。隨身攜帶一小塊橡木被認為可以保護佩戴者。將橡木懸掛在住家裡，被認為可以帶來好運，以及防止火災、盜竊、閃電、疾病。朵琳・瓦連特（Doreen Valiente）推測，這就是為什麼英格蘭境內的老房子往往將橡樹葉或橡實囊括在房屋的細節設計中。[250] 古羅馬人認為，橡樹是掌管天空和雷聲的朱彼特的聖樹。有趣的是，在古代北歐文化中，橡樹（「雷神樹」）是獻給雷神索爾的。在基督教之前的愛爾蘭境內，橡樹曾經（現在仍然）被認為是男神達格達的聖樹。[251] 在普魯士，人們相信眾神居住在高高的樹木上，包括橡樹在內，而且如果敬神者向那些樹木提問，神明有時候會給出可以聽見的答案。因此，橡樹得到人們的尊敬和崇拜。[252]

橄欖（olive）

（油橄欖，學名：*Olea europea* 及其他）

神明、敬拜、靈性；力量；勝利；希望；和平；毀滅與重生

又名： 栽培橄欖（cultivated olive）、歐洲橄欖（學名：*Olea europae*）；美洲橄欖（學

名：*Osmanthus americanus*）

橄欖樹與歐丁香（lilac）、茉莉、水蠟樹（privet，沒錯，就是圍籬植物）屬於同一科，原產於亞洲、非洲、地中海區。橄欖在農業上非常重要，而且是地中海美食的關鍵食材之一。作為食品的橄欖不能生吃；需要醃製。在埃及，橄欖作為食物來源的證據，可以追溯到早在西元前兩千年。[253]橄欖木因其耐久性和顏色而備受推崇。經過適度風乾的橄欖木質地非常稠密，慢慢地燃燒可以釋放出濃郁的氣味。如果你住在歐洲，或是澳洲或北美洲比較溫暖的地區，你或許可以直接或透過某家永續木柴公司，向橄欖農場採購橄欖木柴。由於橄欖樹被大量修剪，木材是橄欖農產加工業的副產品，而且往往只是留在地上腐爛。

註[250]：Valiente, *An ABC of Witchcraft*, 321。
註[251]：Drury, *Watkins*, 213。
註[252]：Frazer, *The Golden Bough*, Part I, vol. II, 43。
註[253]：Kirton, *Dig Deeper*, 93。

對於尋找可再生木柴、減少損害環境的人們來說，這讓橄欖木成為有吸引力的選項。

魔法用途：橄欖樹最初與火有關，可能一部分是因為希臘神話，在希臘神話中，橄欖樹被認為是希臘女神雅典娜的聖樹，也是與火有關的奇蹟。在希臘神話中，人們認為最初使橄欖樹結出果實的就是雅典娜，而且在與她有關的許多古代藝術作品中，雅典娜被描繪成與橄欖樹同在。根據傳說，雅典娜的原初橄欖樹在「雅典衛城」（Acropolis，俯瞰雅典的古老要塞），於西元前四八〇年波斯國王薛西斯一世（Xerxes I）入侵雅典時被燒毀，但是這棵橄欖樹卻又如魔法般地重新出現。[254] 在古希臘，橄欖葉冠也是力量的象徵。許多對眾神的描繪包括橄欖枝編成的冠冕，而且重要比賽和早期奧運會競賽的優勝者，往往以同樣的方式加冕。人們認為，這些冠冕有時候是用金鐮刀從宙斯神廟附近的一棵聖樹砍下來的。[255] 在基督教神話中，橄欖往往是和平與神性祝福的象徵，因為一隻鴿子為諾亞帶來一小根橄欖枝，讓他知道陸地已經出現，洪水正在消退。

松樹（pine）

（松屬：*Pinus spp.*）

啟動與覺醒；開端；週期循環；繁殖力；重生與更新；轉化

警告：切勿燃燒處理過的松木，處理過的松木用於製作松木家具、地板、柵欄柱等等。這種松木被浸泡在化學藥品中，以防腐爛和討厭的昆蟲，燃燒時會釋放出有劇毒的煙霧。

又名：聖誕樹；奧地利松（即「黑松」，學名：*P. nigra "Arnold"*）；不丹松（Bhutan pine，即「喬松」，學名：*P. wallichiana*）；海岸松（maritime pine，學名：*P. pinaster*）；蒙特利松（Monerey pine）、輻射松（radiata pine，學名：*P. radiata*）；蘇格蘭松（Scots pine 或 Scotch pine，學名：*P. sylvestris*）

松樹科包括北半球和南半球共一百多個物種。其中某些是地球上最古老的品種，家族譜系可以回溯到兩億九千多萬年前。[256] 大多數松樹以一束二、三或五針長出針葉，而且長出圓形或圓錐形的松果。某些松樹的毬果，例如義大利石松（*P. pinea*），生產可食

註254：Drury, *Watkins*, 216。

註255：Frazer, *The Golden Bough*, Part IV, vol. II, 238-240。

註256：Kirton, *Dig Deeper*, 416。

用的松子。許多物種有豐富的樹脂；它們產生大量的樹液，往往透過樹皮分泌。松木並不是燃燒起來最熾熱的木材。它燃燒得相當快，而且釋放出大量的髒污和煙霧。由於這個原因，乾燥的松木棒以及風乾過、裂開的松果可以是很好的引火物，但是要密切注意滴下來的熔化樹液。燃燒松木時，會產生大量的木餾油或易燃的煤焦油，它們會黏在煙囪內部，造成嚴重的火災隱患。要避免在室內壁爐、木材加熱器，或其他有煙囪的火鼓中燃燒松木。

魔法用途：乾燥的松脂與許多樹脂不同，燃燒時會變得黏稠且不斷冒煙，因此對薰香沒有多大好處。這種快速燃燒的樹脂，可能是松木和松樹最初與火元素有關的原因之一。另一個原因可能是它與冬至以及一般與重生／繁殖力的關聯。在古埃及，許多版本的歐西里斯神話都描繪了，在歐西里斯遭謀殺之後，他被埋在一棵松樹內，為的是協助他透過神性的復活甦醒過來。[257]戴奧尼修斯也時常與松樹有關，要麼是他或他的信徒被描繪成拿著頂部有松果的魔杖。德爾菲的神諭（The Oracle at Delphi）曾經命令人們要膜拜一棵「等於是神」的某棵特定松樹。[258]松果有時候也被扔進狄蜜特的神聖穹頂，作為加速土壤和促進多產的一種手段。[259]許多現代的巫術文獻聲稱，松果被認為有益於幸福的婚姻以及所有性別的生育力。某些巫術傳統使用陰莖型魔杖和法杖，頂部往往有松果、橡實或雕刻的陰莖。

花楸（rowan）

（花楸屬：*Sorbus spp.*）

祝福；防禦；毀滅；占卜；結界；（保護免於）不祥之物；魔法（一般，小仙子）；保護；通靈能力

又名：白樹（whitebeam）、巫婆樹（witch tree）、快樹（quickbeam）、羽狀樹（whitty tree）、服務樹（srvice tree）、[260]普通花楸、山梣樹（mountain ash，學名：*S. aucuparia*）；紅花楸、中國紅花楸（意指葉子在秋天變成火紅色的花楸樹）；湖北花楸；晚繡花楸（Sargent's rowan，學名：*S. sargentiana*）；白面子樹（whitebeam，學名：*S. aria*）

註[257]：Frazer, *The Golden Bough*, Part IV, vol. II, 110。
註[258]：Frazer, *The Golden Bough*, Part V, vol. I, 4。
註[259]：Frazer, *The Golden Bough*, Part IV, vol. I, 278。
註[260]：Gardner, "The Nine Sacred Trees"。

全世界大約有一百種花楸樹。在歐洲、亞洲、北美的某些地區，花楸樹在公園和自然保護區很常見。花楸樹有平滑、銀灰色的樹皮和整齊的樹葉，已知生長在高海拔區，有時候也可以在山區看見。適度風乾的花楸木是很好的木柴。它釋放出不錯的熱量且燃燒緩慢。花楸樹在世界上某些地方作為重要樹木受到保護。請始終向使用永續（且合法）的木柴收集法的人們，採購花楸木柴。某些巫師零售商出售乾燥的花楸漿果或小枝。

魔法用途：花楸在某些古代的大不列顛民族之間被認為是神聖的。在所有樹木中，花楸應該因為具有保護屬性而享有最廣泛的聲譽。在英格蘭、愛爾蘭、斯堪地那維亞乃至冰島的民間傳說中，都有關於花楸木的故事。這份廣泛的關聯，可能與花楸樹最初為什麼與火元素相關有關。在中世紀的挪威，水手和漁民在航行時隨身攜帶一塊花楸木祈求好運。[261] 在瑞典的部分地區，牧童有時候截下一根花楸「魔杖」，把魔杖插在地下，為的是保護羊群和牛群在整個夏季免於巫術和動物的襲擊。[262] 花楸種子有時候可以由鳥兒們散播。在某些斯堪地那維亞國家，「會飛的花楸」是從另一棵樹的頂端長出來的花楸。這些被認為「抵抗巫術非常有效」。這點背後的邏輯是，由於這棵花楸樹沒有接觸過地面，女巫們對它沒有任何力量。在瑞典境內，「會飛的花楸」也被用來製作用於占卜的占卜棒。[263] 在愛爾蘭和英國某些地區，在五朔節當天，花楸往往被懸掛在門的附近，以此防範巫術。[264]

****

火元素的香

萊恩．麥克勞德（Ryan McLeod）是一位居住在澳大利亞維多利亞州的亞歷山大派巫師，走異教徒之路已有二十年。在此期間，他精通了製作儀式香、油、軟膏的藝術。麥克勞德的薰香工作坊曾經在「澳大利亞威卡教大會」（Asutralian Wiccan Coference）和「富蘭克林山異教徒聚會」取得巨大的成功。可以在 www.ryanmcleod.com.au 聯繫到他。

註261：Frazer, *The Golden Bough*, Part VI, 267。
註262：Frazer, *The Golden Bough*, Part I, vol. II, 341-42。
註263：Frazer, *The Golden Bough*, Part VII, vol. II, 282。
註264：Frazer, *The Golden Bough*, Part I, vol. II, 53。

塔香（incense cone）

如果你不想要處理火熱的木炭，塔香是用自己的香進行儀式的絕佳方法。所有原料應該要用研缽和研杵或香料研磨機磨成粉末。雪松必須購買粉狀的。

材料：
- 雪松：3份
- 月桂：1份
- 黑胡椒：$\frac{1}{2}$份
- 黃原膠（Xanthan gum，目的是將原料結合在一起）：根據需要加入$\frac{1}{8}$份的水

要製作你的塔香，請將所有乾燥的原料混合在一起。加入少量的水，充分混合。繼續加水並混合，直到形成一個麵團。取出一小塊，做成圓錐形，底座不比鉛筆粗。你的香錐愈高愈瘦，燃燒的效果就愈好。

使用前要騰出至少一週時間晾乾。

香丸（incense pellet）

香丸在火熱的炭餅上燃燒，香氣是緩緩釋放的。

材料：
乾燥的無花果：根據需要磨成糊狀
柯巴（copal）樹脂：2份
多香果（allspice）：½份
肉桂：1份
杜松子：1份

在食品加工機中，將無花果攪成糊狀，擱置一旁。用研缽和研杵將柯巴樹脂磨成粉；加入杜松子並壓碎。加入肉桂和多香果，充分混合。然後根據需要加入少量無花果糊來製作麵團。把麵團做成一顆顆豌豆大小的球，放在烘焙紙上，在屋內溫暖的地方晾乾一週。將你的香丸轉移到罐子中，而且要存放至少三個月才能使用。

散裝調合香（loose incense blend）

這個製作配方適合可以在一般香爐／天主教香爐中燃燒的香。

材料：
龍血（dragons blood）：2份
乾薑：1份
肉荳蔻：½份
丁香：¼份

使用時，混合然後撒在熾熱的木炭上。

薰香束／棒（censing bundle/stick）

材料：
- 迷迭香小枝
- 杜松小枝
- 廣藿香小枝*

使用迷迭香、杜松、廣藿香新長出的枝條。用一條橙色線綁在一起。

*註：如果你只能買到乾燥的廣藿香，請先將它撒在迷迭香和杜松的新鮮枝條之間，然後再把它們綁起來。

——萊恩・麥克勞德

****

與火有關聯的草本和植物可能是紅色或黃色、辛辣或胡椒味，也可能正好是祖先發現的優質生火材料。在此列出的是一些最常見的對應關係，但這並不是說，它們是一成不變的。你可能會有自己的理由將其他植物與火關聯在一起，而那些理由跟我們在本章中看到的理由一樣有效。

除了提供草本植物的對應關係清單外，我的目標是要探索為什麼那些對應關係，可能會存在個別的草本和植物物種裡。就像我們在生活中所做的其他每一件事一樣，了解我們當初「為什麼」那麼做，可以使我們更深入地理解和欣賞我們即將動手做的事，而且幫助我們檢查當初它為什麼吸引我們。

7

火系屬性的水晶與礦石

大多數的水晶都是經過幾千年才形成的，隨著遠在地球表面之下的熔岩冷卻和硬化。因此，難怪其中那麼多的水晶與魔法運作的火元素有關。

與水晶和其他礦石一起運作的時候，有幾件事要好好考慮：

- **某些水晶和礦石非常昂貴，但是有許多比較便宜的替代品，擁有同樣的對應關係。**好好研究對應關係，我大力推薦由珊卓・凱恩斯（Sandra Kynes）撰寫的《鹿林完整對應關係書》（*Llewellyn's Complete Book of Correspondences*），你將會驚喜地發現有多少替代品。你還可以節省不必要的開支。

- **擁有大量水晶並不能使你成為更好的女巫。**好好考慮擁有幾顆「必要的」礦石，它們擁有適合你所做的工作的對應關係。積累大量昂貴的閃亮東西使你成為消費者，而不是變得更有魔力或更神祕。它們也可能是裝飾盤或寶可夢卡牌或流行的乙烯基塑料公仔。如果你期望提升自己的巫術，眼光要看得更遠，超越社群媒體上呈現的美觀討喜，而且繼續與你的工作好好相處。
- **與水晶一起運作不見得就是女巫。**二十多年來，我一直在做女巫做的事。水晶並不是我的修行的中心。你不會在我的祭壇、窗台乃至我的胸罩裡，找到一堆堆漂亮的石頭（直到一年前我才真的知道有那麼一回事）。我不浸泡豪華、值得上傳分享、有花瓣以及排列整齊的水晶和礦石在周圍邊緣的泡泡浴。當我確實使用水晶時，它是基於特定的儀式目的，往往作為驅邪法寶或其他運作的一部分。學習某些水晶和礦石的關鍵對應關係形成我的訓練的一部分，於是我逐漸積累成一只「工具箱」，收集有用的技能。
- **許多水晶的開採、加工、銷售是大有問題的。**水晶是不可再生的資源，開採水晶的那些人是低薪、往往未成年的工人，在不安全的條件下工作。這個產業不受官方監管，那意謂著，這些剝削無人稽核。再者，某些國家的礦產開採與嚴重侵犯人權、環境危害乃至資助極端主義組織有關。大部分的水晶零售商無法告訴你他們的庫存來自哪裡，因此往往無法知道你的水晶到底多合乎道德。[265]

在過去幾十年，收集水晶以及與水晶一起運作，已經從新時代的小眾興趣演變成令人信服的主流愛好，而且在價值好幾兆美元的「健康」產業中，水晶的銷售占有很大一部分。並不是所有女巫都覺得一定要為此做出貢獻，或是覺得一定要在常規工作中使用水晶。這是否使他們的魔力少於那些與水晶合作的人們呢？不，答案是否定的。

水晶、金屬、礦物等等

就跟前一章的草本對應關係一樣，這些礦石和金屬與火元素的某些關聯，因為儀式魔法和魔法書傳統而來到我們面前。有些關聯比這更新。有時候，一塊礦石或金屬的顏

註265：Wiseman, "Are Crystals the New Blood Diamonds?"

色或起源清楚地表示它為什麼與火元素有關。有時候，要等你更深入地了解它在魔法中的使用歷史，這份關聯才會變得比較清晰明確。

琥珀（amber）

啟動：一般能量和太陽能；療癒；吸引人的愛；太陽和太陽魔法

琥珀是已經變成化石的樹脂，自新石器時代以來，琥珀就一直因其美麗的黃棕色而備受重視，且成為人們交易的物品。因為它一開始是流動的、黏稠的樹液，某些琥珀更是內含植物體或昆蟲，不妨想想來自第一部《侏羅紀公園》（*Jurassic Park*）電影中的蚊子。當今在世界上買賣的大部分琥珀是「波羅的海琥珀」（Baltic amber），也被稱作「真正的」琥珀。它主要來自俄羅斯的加里寧格勒（Kaliningrad）地區。

道德考量：波羅的海琥珀來自俄羅斯境內的大型露天開採礦藏。這涉及清理大片長形土地，然後鑽孔、挖掘、爆破大坑。瓦解地面的過程造成不少污染物，影響礦山周圍地區的空氣品質、植物群、動物群。加勒比琥珀（Caribbean amber）通常採用一種叫做「鐘型採擴」（bell-pitting）的過程開採，這種過程被認為是相當原始且危險的。

這些礦井和洞穴很少用適當的支架支撐，而且沒有經過安全檢測。

魔法用途：琥珀與火元素有關，因為好幾個世紀以來，煉金術士將琥珀與黃金和太陽連結在一起。[266]今天，有些人認為，佩戴琥珀有益於療癒和增強肌肉、呼吸系統等等。佩戴琥珀珠子被認為可以促進療癒和整體健康，尤其是當作珠寶佩戴在手腕或喉嚨上的時候。[267]琥珀也常用於祈求愛和性的法術。

黃銅（brass）

能量：療癒；防禦魔法和太陽魔法；繁榮；吸引金錢和財富

黃銅是銅和鋅的合金。由於它的金色和延展性，好幾個世紀以來，黃銅一直被用於裝飾目的、機械、與電有關的元件、樂器、珠寶等等，往往作為真金的替代品，或是代表太陽。你可以向五金店和特定商品店購買黃銅條、片、棒等等。

註[266]：Drury, *Watkins*, 15。

註[267]：Hall, *The Crystal Bible*, 51。

魔法用途：自古以來，黃銅一直與太陽和療癒（在較小程度上）有關，這大概是它與火元素有關的原因。一則古老的迷信認為，佩戴黃銅戒指可能有助於緩解胃痙攣。在民間傳說中，黃銅鑰匙從你的襯衫背面掉下來被認為可以幫助緩解流鼻血。有一段時間，黃銅也與金錢和吸引金錢的魔法有關。運用你的意圖為黃銅鈴增添能量並在陽光直射下搖響它，這是某些人使用的方法。在繁榮儀式期間，將吸引金錢的物品或法寶放在黃銅盤子上，被認為可以為這些物品或法寶注入額外的力量。另一個吸引金錢的簡單護身符是，用雕刻工具在一小塊黃銅上刻上一顆五角星，然後隨身攜帶著這個標記。[268]

紅玉髓（carnelian）

和諧；療癒；一般和個人的力量；一般和心靈的保護；重生與更新

紅玉髓是棕紅色的半寶石，它時常與另一種叫做「褐紅玉髓」（sard）的半寶石混為一談，後者往往與紅玉髓難以區分。*carnelian* 這個名稱來自拉丁語 *cornum*（一種櫻桃）。曾在印尼、巴西、印度、俄羅斯、德國境內發現紅玉髓。

道德考量：今天買賣的大部分紅玉髓來自秘魯和斯里蘭卡，那些地方的採礦業並沒有良好的管理。尤其是秘魯，近年來因為境內許多金礦和礦產礦區一長串侵犯人權的清單而飽受抨擊。[269]

魔法用途：紅玉髓的橙紅色以及它與保護的古老關聯，很可能是我們今天將紅玉髓關連到火元素的原因。一只部分起源於《埃及亡靈書》（*Egyptian Book of the Dead*）的護身符，要求將紅玉髓繫在一條繩索上，然後佩戴在腰部大約與肚臍同高的位置。

這被認為是為了防止心靈攻擊。[270]嘗試在前門放一顆紅玉髓，可以為住家帶來保護和豐盛，或是隨身攜帶一顆紅玉髓，為了增加勇氣，或是緩解不安的頭腦。

註[268]：Cunningham, *Crystal, Germ & Metal Magic*, 236。

註[269]：Human Rights Watch, "The Hidden Cost of Jewellery: Human Rights in Supply Chains and the Responsibility of Jewellery Companies"。

註[270]：Illes, *The Element Encyclopedia*, 922。

貓眼石（cymophane）

動物；美麗；創造力；慷慨；幸福；洞見；運氣；動物魔法；樂觀；保護；重生與更新；財富[271]

貓眼石（cat's eye 或 cymophane）是金綠寶石（chrysoberyl）的淡黃色變形。*cymophane* 這個名稱來自古希臘字，意思是「波浪」和「外觀」。貓眼石發現於巴西、印度、中國、斯里蘭卡、辛巴威境內。

道德考量：大部分的商業用貓眼石是在巴西境內開採的，那裡的工人往往工資超低，而且在狹窄、不安全的環境裡工作。這些礦山歸跨國公司所有，沒有利潤返還給當地的社區，其中許多社區在多年乾旱後正忙著與貧困鬥爭著。[272]

魔法用途：貓眼石最初與火元素有關，可能是因為它與創意和創造力的連結。有些人也相信，隨身攜帶一顆貓眼石可以刺激智力和促進創造力。有些人相信，用你的意圖為貓眼石增添能量，然後隨身攜帶，可以促進「隱形能力」，或是你的行為／活動容易被忽略。有些人認為，貓眼石佩戴在身體右側可以帶來自信、寧靜、幸福、好運。

燧石（flint）

保護；療癒；占卜；平衡；自然靈[273]

自史前時代以來，燧石一直被用來製作石器和生火。它是一種沉積的石英，由湖泊、河川、海洋底部的淤泥和沉積物經過數千年形成。燧石呈深灰色、棕色，或是有時候帶綠色，有時候看起來像蠟一樣。燧石結核和團塊被發現在世界各地的沉積岩岸邊，往往沿著溪流或在海灘上。

魔法用途：隧石與火的魔法關聯，根植於它從史前時代開始就被用作點火器。當隧石撞擊鋼鐵時，它產生足夠的火花，可以點燃乾燥的火種或火藥。在亞美尼亞境內，民間故事講到用燧石創造閃電的方式，就跟隧石生火的方式如出一轍。在不列顛群島的某些地方，燧石刀有時候被固定在銀器裡且帶著走，作為保護，防止小仙子或其他靈。在斯堪地那維亞的某些地區，燧石刀有時候充當房屋或當地靈的偶像或代表，因此受到尊

註[271]：Kynes, *Correspondences*, 224。

註[272]：Brasileiro, “Brazilian mines produce world’s pricest gems under fire”。

註[273]：Dunwich, *Guide to Gemstone Sorcery*, 102。

崇。在中世紀期間，一塊有洞的燧石被認為可用於許多類型的魔法，包括作為驅趕女巫的法寶。[274]

石榴石（garnet）

吸引力；平衡；鎮定；自信和勇氣；黑暗與黑暗的地方；淫慾、性、性慾

石榴石是一種半寶石，自青銅時代以來就一直為人類所珍視。它們有許多種顏色，但是以深紅色最為人所熟知。*garnet* 這個名稱八成來自中古英語 *gernet*（「深紅色」），不過也有其他理論（見下文）。世界各地都可以找到不同類型的石榴石。

道德考量：四個最大的石榴石生產國和出口國是印度、中國、澳大利亞、美國。在跨國公司擁有的大型礦山中，石榴石有時候與煤或鑽石一起開採。[275]

魔法用途：很可能是因為石榴石的深紅色，使石榴石一開始便與火元素有關。關於 *garnet* 這個字的字源，一種理論認為它與拉丁文 *granatum* 有關，這個字是「石榴」（pomegranate）的意思，因為石榴石在顏色以及有時候在形狀上都與水果石榴相似。考慮到這點，石榴石可以被賦予與石榴類似的魔法或儀式對應關係，包括進入黑暗地方的實力和勇氣。佩戴或攜帶石榴石，被認為可以增強你對自己的看法以及提升你的自信。

某些人相信，佩戴石榴石首飾將會吸引到你今生的摯愛，或激發愛與寧靜的感覺。

金

能量：療癒；一般魔法、防禦魔法、太陽魔法；金錢；繁榮；保護；生命力

金是柔軟、黃色的貴金屬，幾千年來一直被用於錢幣、珠寶、裝飾品。金在世界各地被開採。據我們所知，金是人類最早使用的金屬之一。人們認為，金在太陽系形成時就已經存在。從「前寒武紀時期」（Precambrian period）以來形成的礦石中可以找到金。gold 這個名稱來自一個原始印歐語字，意思是「發光或閃爍」。

道德考量：現代的工業金礦開採破壞景觀，產生大量的有毒廢物——其中許多廢物直接進入水道。氰化物浸出（cyanide leaching）和露天採礦之類的做法意謂著，金開採業每生產一枚〇・三三盎司的金戒指，就產生大約二十噸的有毒廢物。[276] 我住在維多

註[274]：Frazer, *The Golden Bough*, Part VI, 162。
註[275]：Critchfield, “What is Garnet?”

利亞州中部，淘金熱在一個多世紀前就結束了。這裡仍然沒有表層土壤，而且附近的森林中還有水坑，經過那麼長時間還在被氰化物毒害。在全世界的大部分地方都有類似的故事，在那些地方，他們曾經很「幸運」，可以擁有一波淘金熱。

魔法用途：金最有可能與火有關，因為它用於煉金術且與太陽有關。好幾個世紀以來，金也一直與療癒有關聯。在傑弗利．喬叟（Geoffrey Chaucer）寫於十四世紀末的《坎特伯里故事集》（*Canterbury Tales*）中，甚至提到金是某「健康補品」的一部分。來自十八世紀和十九世紀的幾則民間傳說講述了男人和女人拿著一枚金幣熟練地摩擦生病孩子的前胸，以此治癒和安頓孩子。[277] 在德國的部分地區，被視為魔法的植物，例如「綠毛山柳菊」（hawkweed，學名：*Hieracium pilosella*），是在仲夏節當天用金幣挖掘出來的。一則來自古羅馬作家普林尼的報導，描述身穿白袍的高盧德魯伊教僧侶，用金色的長柄大鐮刀砍下槲寄生，作為儀典的一部分，以求帶來豐碩的動物和莊稼。[278]

黑曜石（obsidian）

靈視力、占卜、通靈能力；扎根接地和鎮定；和平；靈性

黑曜石是一種火山玻璃，形成突出的火成岩（在仍舊熔化的時候被迫擠出）。它堅硬但易碎，而且在熔岩迅速冷卻時形成。黑曜石有名的是擁有非常鋒利的邊緣，而且在世界的某些地方，它被用於製作解剖刀片。黑曜石通常是深黑色或墨綠色。**obsidian** 這個名稱實際上是錯誤印刷了古字 **obsianus**（寶石），後者是最早發現寶石的羅馬人的名字。在世界各地的火山土壤表面可以找到黑曜石。

魔法用途：黑曜石因其火山起源而與火元素有關。幾千年來，它一直被用於許多不同文化的儀式和典禮之中。在幾個不同的古代文化中，它以「凝視占卜鏡」（**scrying mirror**）的方式被用於占卜目的。[279] 黑曜石的反射面，也使它成為許多保護魔法的熱門

註[276]：Earthworks, “How the 20 Tons of Mine Waste Per Gold Ring Figure was Calculated”。

註[277]：Opie and Tatem, *A Dictionary of Superstitions*, 175。

註[278]：Frazer, *The Golden Bough*, Part VII, vol. II, 57。

註[279]：Drury, *Watkins*, 214。

選擇，尤其是為了將能量從自己身上引開。某些巫術傳統將黑曜石與冬至耶魯節關聯在一起。其他人則認為它是一塊扎根接地的石頭，當他們感覺到充滿幻想或不舒服的時候，就握住黑曜石或站在黑曜石上。如果你發現工作場所的壓力快要壓垮你了，請設法在你的辦公桌或工作站放一塊黑曜石。

黃鐵礦（pyrite）

占卜和心智；金錢；繁榮；通靈能力；成功；財富

黃鐵礦也被稱作「愚人金」（fool's gold），它是半寶石，也是硫化鐵（鐵和硫的化合物）。它的光澤和色調使它看起來與金非常相似，也因此，黃鐵礦被稱作「愚人金」。黃鐵礦是世界上分布最廣、最常見的硫化物。因為是沉積岩，它可以在全球各地的地底下和水體中找到。

魔法用途：與鐵撞擊時，黃鐵礦會產生火花。*pyrite* 這個名稱來自 *pyr*，這是一個代表火的古希臘字。較大塊的黃鐵礦有時候被用作占卜工具，或用於提高通靈覺知的運作。某些人認為，在辦公桌上或工作區擺放黃鐵礦，可以帶來運氣以及事業的成功，而某些現代女巫將它用在金錢或豐盛的運作中。嘗試將黃鐵礦與一根金色或銀色蠟燭一起放在祭壇上，可以為你帶來錢財。

紅寶石（ruby）

療癒、健康、生命力；生命；和平；一般力量、魔法力量；繁榮；實力；財富

紅寶石是珍貴的寶石，顏色從粉紅到深血紅色。它們是各種礦物剛玉（mineral corundum，一種氧化鋁）。*ruby* 這個名稱來自拉丁字的紅色 *ruber*。紅寶石在世界各地被開採，包括阿富汗、緬甸、巴基斯坦、越南、澳大利亞、印度、斯里蘭卡、俄羅斯、美國。

道德考量：當今商業上出售的許多紅寶石，都在緬甸等地被開採，在那些地方，寶石產業充斥著極端的侵犯人權、環境腐敗、對少數民族的剝削和征服。[280]

魔法用途：紅寶石的顏色使它與火元素有關。在某些巫術傳統中，紅寶石與薩溫節和春分兩個安息日有關。在「卡巴拉的生命之樹」（Kabbalistic Tree of Life）上，紅寶石

註280：Atkin, "Do You Know Where Your Healing Crystals Come From?"

與「蓋布拉（力量）光球」（sephirah Geburah）有關。有些人認為，佩戴紅寶石首飾，是為了在視覺上維持血液的健康。某些人聲稱，經常貼著皮膚佩戴的紅寶石，會因為血液病、敗血病或血液循環問題而變得暗沉。有些人認為，將紅寶石鑲嵌在金子裡並戴在食指或無名指上，可以為佩戴者吸引財富和好運——不過，如果你擁有一枚鑲有紅寶石的金戒指，你八成在財務上已經有不錯的表現了？

尖晶石（spinel）

能量和生命力；愛與善良；成功；財富

尖晶石是一種內含鎂和鋁等等的半寶石水晶。*spinel* 這個名稱來自拉丁文 *spinella*，意思是脊椎。這是參照這些水晶的尖角形。尖晶石往往形狀呈八面體，色度有粉紅、藍色、黑色、棕色或黃色。多年來，人們一直在斯里蘭卡的含寶石砂礫層、現今阿富汗的巴達赫尚省（Badaksham Province）和塔吉克（Tajikistan）以及緬甸的抹谷（Mogok）的石灰岩中發現它們。

道德考量：來自緬甸和某些其他地區的尖晶石，源自於因極端的侵犯人權、環境腐敗、甚至更糟情況而聞名的礦區。[281]

魔法用途：目前尚不清楚尖晶石最初何時或為何在魔法方面與火元素有關。可能是因為它過去幾十年來與能量和生命力的關聯。某些人認為，佩戴尖晶石可以提高一整天的能量水平，尤其是在體力消耗期間。藍色尖晶石有時候與溝通有關，尤其是敞開可能曾經對你封閉的溝通渠道。擺放在住家裡或隨身攜帶的綠色尖晶石，被某些人認為可以促進愛、慈悲、善良。尖晶石有時候也用於吸引金錢、財富或好運的運作。

日光石（sunstone）

一般能量、性能量、太陽能；療癒；內省；吸引運氣；太陽魔法；保護

日光石是半透明的半寶石，看起來閃閃發光，它曾經在挪威、瑞典、美國乃至澳大利亞南部的海灘上被發現。

魔法用途：日光石的火熱名字，想必是它與火元素有關聯的原因。在魔法運作中使用日光石是最近幾十年才出現的。一九八〇年代期間，標誌性巫術作家史考特・康寧

註281：Atkin, "Do You Know Where Your Healing Crystals Come From?"

漢（Scott Cunningham）為他的《水晶、寶石、金屬魔法大全》（*Encyclopedia of Crystal, Gem and Metal Magic*）研究日光石的時候，很難找到許多日光石的相關參考文獻。[282]

將近四十年來，日光石似乎有一些不同的關聯。人們認為，有壓力或健康不佳的時候，將它們佩戴在身上可以為身體灌注能量。有些人佩戴日光石，或是將日光石擺放在住家內外，如果感到平淡無聊或能量受阻，月光石可以讓自己重新振作起來。有時候佩戴這塊石頭，也可以提高自信和自我價值，以及提升魄力／拒絕的能力。嘗試在你家中的白色蠟燭前擺放一塊日光石，可以助長保護的能量進入屋內。

鐵

戰役與戰爭；心靈的、魔法的防禦；扎根接地；防禦魔法；保護；通靈能力；逆轉；安全；實力

鐵已被人類使用了數千年，而且它與魔法和迷信的關聯幾乎是一樣長。在鍛爐的火中，鐵可以被鍛造成任何數量的工具、武器或人工製品。在中世紀，它被認為是預防女巫、巫術、邪靈等等的最佳保護措施之一。[283]

●鐵作為保護者

鐵與保護的古老關聯，來自於異世界的生物，這樣的看法已經延伸到現代的大眾文化。長久以來，馬蹄鐵一直被認為是幸運的或具有保護力的，一部分是因為它們內含鐵。[284]來自英格蘭部分地區的古老民間信仰認為，只要你的爐火中有鐵製火鉗，女巫就傷害不了你。[285]在許多民間故事和現代的魔法傳統中，鐵也可以預防小仙子和仙靈魔法。

●鐵作為療癒者

鐵（往往與水結合）幾千年來一直與療癒和生命力有關。大約在西元七十七年左右，老普林尼（**Pliny the Elder**）寫下了一種用白熱的鐵浸入水中製成的健康補品。在十

註[282]：Cunningham, *Crystal, Gem & Metal Magic*, 216。
註[283]：Drury, *Watkins*, 150。
註[284]：Drury, *Watkins*, 150。
註[285]：Opie and Tatem, *A Dictionary of Superstitions*, 154。

八世紀末記錄的一則有趣的英國迷信認為，一把生鏽的劍，劍尖朝下立在床邊，可以緩解痙攣。可以追溯到早在十六世紀的多則民間傳說，包括要求用鐵來治療疣。[286]

●鐵作為禁忌

在某些情況下，鐵也被視為是禁忌，包括從前和現在。舉例來說，希臘的聖殿通常禁止鐵。在某些巫術傳統中，鐵在魔法圈和神聖空間中是被禁止的，因此儀式刀之類的魔法工具是用木頭製成。

如果需要攜帶一把鐵製雕刻工具，以便能夠在古羅馬城內「阿爾瓦爾兄弟」（Arval brethren）的聖林中雕刻石頭，人們會在那把工具進入和離開那處神聖空間之際犧牲一隻小羊或豬。[287] 在俄羅斯的部分地區，在仲夏節當天收割的植物和草本——例如千屈菜（loosestrife，學名：*Lythrum salicaria*）——從來不用鐵製工具挖出或切割。[288] 同樣地，羅馬作家普林尼報告，德魯伊教僧侶認為，鐵製工具可以限制某些藥用植物的功效。[289]

火山岩

岩石的三個主要類別或類型，是沉積岩（由淤泥和沉積物形成，例如來自河流和水體的沙粒和貝殼）、變質岩（由地表下的熱度或壓力之類的改變而形成）、火成岩（由冷卻的熔岩——也就是岩漿——形成）。

當你的祭壇上或魔法圈內無法擁有真正的火焰時，火成岩（igneous rock，源自火的拉丁字 *ignis*）是另一種表示火的創意替代品，尤其是當它們被塗上或裝飾了適當的顏色，或是與其他火的象徵一起被歸類成同一組。它們也擁有與火有關的魔法對應關係，而且往往比本章前面列出的一些比較昂貴的寶石更容易取得。

火成岩有兩種類型：深成岩（intrusive），這類火成岩在地表下方結晶，冷卻的速度愈慢意謂著形成更大的晶體；以及噴出岩（extrusive），這類火成岩噴發到地球表面且

註286：Opie and Tatem, *A Dictionary of Superstitions*, 209。

註287：Frazer, *The Golden Bough*, Part II, 226。

註288：Frazer, *The Golden Bough*, Part VII, vol. II, 65。

註289：Frazer, *The Golden Bough*, 78-81。

冷卻速度快許多。當這樣的冷卻特別快的時候，岩漿便形成黑曜石之類的火山玻璃。[290]

一些常見的火成岩包括：

玄武岩（basalt）：噴出型火成岩，由富含鎂和鐵的冷卻岩漿形成。地球上大約九〇%的火山岩是玄武岩。[291] 在天體上也可以找到玄武岩：月球上那些可見的黑暗斑塊是玄武岩平原。玄武岩通常是深灰色或黑色。

英安岩（dacite）：dacite 這個名稱是以羅馬省分達契亞（Dacia）命名的，因為達契亞省最早描述到英安岩，英安岩是藍灰色，形成於熔岩流裡以及海底火山噴發時。

花崗岩（granite）：花崗岩是另一種很常見的火成岩。花崗岩擁有粗糙的粒狀紋理（granite 這個名稱來自拉丁文 *granum*，意思是「穀粒」）。花崗岩通常是淺色的，有各種色度的灰藍、粉紅、奶油色。

浮石（pumice）：浮石是一種高度多孔的火山岩，質地粗糙，因此成為廣受歡迎的天然足部洗滌石。浮石是由岩漿從火山猛烈噴出時所產生的泡沫形成的，通常（但並不一定）是較淺的顏色。

火山渣（scoria）：跟浮石一樣，火山渣也是高度多孔的，而且一路有氣穴。這些氣穴使火山渣的密度低於許多其他岩石；它很輕，較小的火山渣岩往往可以在水中漂浮。火山渣的形成是因為氣體逸出冷卻的岩漿，造成岩漿冒泡和沸騰。它通常是深棕色、黑色或紫紅色。

滌淨或聖化儀式用礦石

許多人喜歡先聖化自己的礦石，然後再使用，他們可能會用其他巫術工具做這件事。其他人則喜歡時常滌淨自己的礦石且為礦石「重新增添能量」。是否這麼做取決於自己，但是關於滌淨和聖化你的礦石，你可以執行的幾個方法可能包括：

- 將它們放在滿月月光可以照到的地方。在你的滿月儀式期間，將它們擺放在你的祭壇上，或是將它們留在你的窗台上，讓月光可以觸及它們。

註290：King, "Igneous Rocks"。
註291：The University of Auckland, "Basalt"。

- 將它們放在戶外的暴雨中。我曾經認識運用各種魔法工具做到這點的女巫們。不過對金屬來說，這八成不是好方法。
- 把它們埋起來。不是真的埋起來。如果你正在運用某樣東西的力量，而那東西是從大地裡挖出來的，而且你覺得好像它需要重新校準，那就把它放回地底下一段時間，這就跟其他任何東西一樣，可以達到理想的結果。
- 替它們抹油。這是從我的幾位一起學習儀式的同伴那裡借來的概念。配製塗抹的油，如果需要，劃一個魔法圈，然後塗抹每一塊礦石，以言辭「啟動」礦石進入魔法工作，賦予它某個特定的目的。

結論

那麼多的岩石、礦石、金屬都與火元素有關，這不足為奇——畢竟，大部分的它們是在地幔最熾熱、最黏稠的部分，以及更深的地方形成的。藉由些許的研究和關心，你就能以種種儘量減少傷害我們的星球或以它為家的生物的方式，將火系寶石納入你的運作之中。

8 火系屬性的動物指導靈

在魔法和靈修作業中，運用動物和動物對應關係的概念，在世界各地的許多文化中確實很古老。身為現代女巫和異教徒，我們理解和使用的大部分對應關係，來自西方的魔法傳統，而近幾十年來，對「對應關係」的日益重視已經造成愈來愈多的人們開口詢問……

「這隻動物是什麼意思？」

這是我的夥伴小組和我經常在我們負責的線上群組和論壇中提出的問題。這是一個複雜的問題，沒有單一的答案。沒有一種動物具有概括一切的「意義」或象徵性。這些象徵意義在文化、地區、魔法傳統、個人經歷之間大異其趣，而且通常告訴我們更多關於觀看的人而不是被觀看的動物的信息。動物也以牠們自己的權利生活在這顆星球上，而不是專門作為你的占卜工具，讓你每次碰巧看見牠們。看見一隻渡鴉，除了那隻渡鴉碰巧路過，不見得意謂著其他任何東西，那隻渡鴉正忙著找午餐，牠只關心自己的事。牠並不是在那裡告訴你，該要離開你可怕的配偶／踏上那趟旅行／去紋身／諸如此類的事。

每一種動物也有許許多多的物種、子集、亞種，而且這些在世界各地都不一樣。其中每一種的對應關係（如果牠們全都有對應關係的話）也會有很大的不同。將一種類型的所有動物混為一談，是完全錯失了重點。我的一位閨密和一位共同研習巫術的老師，以蜘蛛為例，全世界有三萬五千多種不同的蜘蛛物種，而且每年還會發現更多的蜘蛛物種。有些住在樹上，有些結網，有些挖洞，有些住在水上等等。所有這些真的會「代表」完全相同的東西嗎？

正如第三章提到的，在考慮動物象徵和神話時，注意其他文化也很重要。任何故事都不應該脫離其文化背景單獨成立，而且並不是所有故事和神話人物都適合我們取用。請記住：了解一種文化的最佳方式，是向那種文化中的人們學習，而且以一種給予多於拿走的方式。

動物與火元素

關於把動物看作象徵，所有這一切可能會把你嚇跑。我希望沒把你嚇跑。我鼓勵你在思考魔法中的動物時，要留心，不要一言以蔽之，也不要把牠們當作毛茸茸的、會呼吸的神諭卡，沒有牠們自己的思想或生命。

下述是一些通常與火有關的動物，我以概括性的寫法陳述，而且舉出一些實例說明這些對應關係是如何產生的。

蜜蜂

早在青銅時代，就有證據顯示蜜蜂備受尊敬，在文化和神話上都具有重要意義。在埃及神話中，太陽神「拉」的眼淚落在沙漠的沙上，蜜蜂因此生長出來。[292] 在古希

註[292]：Norton, "Honey, I Love You"。

臘，阿緹蜜絲或狄蜜特等女神的女祭司，通常被稱作「梅麗莎」（*Melissa*，意思是「蜜蜂」）。

在現代的巫術和異教信仰中，蜜蜂有時候也與豐盛和繁榮；死後世界、靈、與死者溝通；農業和繁殖力；家庭、關係、社群；全神貫注、動機因素、聚焦；能量、力量、生命力；知識、隱藏的智慧、心智；彼岸世界與冥界；淨化；重生與更新；靈性有關。[293]

蟬

蟬是昆蟲的一個總科，全世界有三千多個物種，而且還有更多的物種正在被發現。某些物種可以追溯到三疊紀末期。蟬可以與創造力之火以及重生和轉化之火有關。在古希臘，蟬被當作美食享用，也與音樂和繆思女神們有關。蟬的歌聲被視為純淨的狂喜之一。牠們與重生、轉化、不朽的關聯，可能源自於牠們漫長的生命週期，以及長時間在地下深處度過。

在現代的巫術和異教信仰中，蟬往往與幸福、住家、誠實、純真、長壽、耐心、成功、轉化有關。[294]

鶴

好幾個世紀以來，鶴在世界各地的許多文化中，都被視為具有象徵性和重大意義。這至少一部分是由於牠們宏偉的體型、形象、優雅的交配之舞。在希臘和羅馬神話中，這些舞蹈時常被描繪成喜悅的象徵以及對生命的熱愛，而且這些鳥類有時候也與阿波羅和赫菲斯托斯以及太陽之火的生命力有關。在許多亞洲國家，鶴被視為幸福、好運、青春永駐的象徵。

在現代的巫術中，鶴有時候與豐盛；星光界（astral realm）；平衡與循環；全神貫注和聚焦；連結到彼岸世界或前世；創造力；死亡和終結；占卜；持久力；優雅、耐心、榮譽；守護者；療癒、安康、長壽；獨立；自我的反省和認識；正義；學習、知識、心智；魔法；彼岸世界與冥界；和平；兒童的保護；轉化、重生、更新；逆轉；保守祕密；旅行有關。[295]

註[293]：Kynes, *Correspondences*, 303。
註[294]：Kynes, *Correspondences*, 304。
註[295]：Kynes, *Correspondences*, 284。

「老鷹」是許多不同猛禽的統稱，主要來自鷹科（*Accipitridae*）。鷹科的六十多個物種，大部分來自歐亞大陸和澳大利亞。在我居住的地方附近，我們有楔尾鵰（wedgetail egale），牠們的雙翼展開比人類兩臂伸開寬闊許多。他們在庫林（Kulin）民族的創世故事中扮演重要的角色，而庫林民族是五個原住民民族，他們的土地橫跨維多利亞州中部大部分地區。

普林尼等古典作家寫道，老鷹可以直視太陽，而且鼓勵牠們的雛鳥那麼做。[296]老鷹也經常出現在紋章之中，在此，牠們往往代表一個帝國或領地。現代的女巫和異教徒，有時候將老鷹與啟動和覺醒；適應性和改變；權威、尊重、領導統御力；覺知；平衡；戰役與戰爭；美麗；溝通、訊息、預兆、合作；自信、實力、勇氣；世界之間的連結；創造力、動機因素、靈感；尊嚴、和平、自由；開悟、智慧、知識；恐懼；忠貞；目標；扎根接地；引導；療癒；覺照、視覺、通靈能力、隱藏的真相、願景、直覺；生命和長壽；魔法；機會；激情；重生、轉化、更新；與靈連結；靈性；成功關聯在一起。[297]

螢火蟲

螢火蟲（又稱 glow worm、lightning bug）用來描述兩千多個軟體甲蟲物種，牠們運用生物體發光，在黎明或黃昏時吸引配偶。正是因為如此發光，使這些昆蟲好長一段時間都與火有關。就跟許多其他物種一樣，由於氣候變化和棲息地喪失，世界各地的螢火蟲數量正日益下降。

現代的女巫和異教徒有時候將螢火蟲與成就；啟動和覺醒；溝通；創造力和靈感；光明、覺照、驅散黑暗、引導行經黑暗的地方；能量；希望；夜間魔法和靈性關聯在一起。[298]

山羊

山羊是最古老的馴養動物物種之一。因此，難怪牠們被許許多多不同的文化視為不

註[296]：The Medieval Bestiary, "Eagle"。
註[297]：Kynes, *Correspondences*, 286。
註[298]：Kynes, *Correspondences*, 304。

同事物的象徵。考古學家在敘利亞境內挖掘古城埃布拉（Ebla）之際，在一位不知名的國王或貴族的墳墓中，發現了一件裝飾著華麗山羊頭的青銅寶座，此後他們稱這個寶座為「山羊王之墓」（the Tomb of the Lord of the Goats）。北歐雷神索爾的戰車是由兩隻山羊拖拉的，而希臘男神「潘」有山羊的角和下半身。從這些例子看來，我們可以認為山羊與權力／生命力／領導統御力之火、雷電之火、激情之火有關。

在現代的巫術和異教信仰中，山羊有時候與豐盛；開始；靈以及與前世的連結；繁殖力；獨立、穩定、情緒安全感；生命和生命力；性、性慾、性魔法；重生與更新；視覺有關。[299]

鷹

鷹是來自鷹科的中型猛禽。許多鷹的顏色是紅棕色，有時候生活在乾燥或沙漠地區，這可以說明牠們早就與火元素有關。多年來，來自澳大利亞北領地（Northern Territory）的多則報導描述，鷹，往往指黑鳶（black kite），運用來自叢林大火的燃燒柴枝四處散布大火，利用這個方法將獵物驅趕出來。這些報導與該地區幾個原住民群體的故事和神話是一致的，原住民的儀典和傳說講到這些鳥類正是如此行事。[300]

在現代的巫術和異教信仰中，鷹的對應關係包括死後世界；星光界；覺知和清明；平衡與扎根接地；戰役與戰爭；通靈能力、靈視力、前世；溝通、信任、領導統御力；勇氣、無畏、授權賦能；創造力和技能；能量和力量；生命和生命力；守護者；覺照；記憶和諸多記憶；訊息和預兆；機會；問題；自我修行；刺激；真理；智慧。[301]

刺蝟

「刺蝟」意指來自「蝟亞科」（Erinaceinae）的任何多刺哺乳動物。因為引進的關係，在歐洲、亞洲、非洲各大陸以及紐西蘭發現的刺蝟有十七個物種。刺蝟與火元素及其療癒和恢復特性的關聯，可能根植於牠們作為食物和藥物的用途。中東的游牧民族貝都因人，認為刺蝟的肉是有藥效的，認為可以治療風濕病和關節炎。在摩洛哥，吸入燃

註299：Kynes, *Correspondences*, 272。

註300：Wilson, "Ornithologist seeks to prove"。

註301：Kynes, *Correspondences*, 288。

燒刺蝟皮膚或硬毛的煙霧，是治療發燒、男性陽痿、尿道感染／發炎的明顯治療法。[302]

現代的女巫和異教徒，有時候將刺蝟與全神貫注和聚焦；防禦；繁殖力；負面性；滋養；歡愉和智慧關聯在一起。[303]

馬

有許多事物將馬與火元素關聯在一起，其中大部分是人類賦予的。在汽車和卡車出現之前，馬兒身為已被馴養的動物，牠們曾被騎著去打仗，幫忙運作鐵匠的鍛造風箱，甚至拉車去幫忙滅火。代表火象星座射手座的半人馬是半隻馬，而在第三章中探討的許多太陽神，都乘坐馬拉的船或戰車越過天空。

馬兒有許多常見的魔法對應關係，包括豐盛和財富；迅速行動；星光界；覺知；危險、戰役、戰爭；改變和諸多改變；靈視力和占卜；溝通、朋友、友誼；合作；黑暗和障礙；死亡和埋葬；投入和奉獻；渴望；天命；毀滅；愛和情感；勇氣和持久力；能量和生命；繁殖力；自由；引導；旅行者和旅行；光明；魔法；夢魘；彼岸世界與冥界；個人的力量；保護；靈性追求；重生與更新；祕密和啟蒙；性和性慾；靈；青春。[304]

瓢蟲

在美國境內，隨著地區基督教化，瓢蟲（ladybird 或 ladybug）以聖母馬利亞的名字命名。在此之前，歐洲許多地區都以北歐女神芙蕾亞（*Freja* 或 *Freya*）的名字來稱呼這些美麗的紅背昆蟲；芙蕾尤赫娜（*Freyjuhœna*）及其變體字，在許多國家境內都是顯而易見的。這些生物的另一個區域化名稱是「燃燒的主教」（bishop-that-burneth），這可能是指牠們起飛時，翅膀火紅。著名的童謠也將瓢蟲連結到火元素：

瓢蟲，瓢蟲，飛離你家
你的房子著火了，你的孩子不見了

在現代的巫術和異教信仰中，瓢蟲有時候與農業、目標、幸福和好運、訊息和預

註302：Qumsiyeh, *Mammals of the Holy Land*, 64-65。
註303：Kynes, *Correspondences*, 273。
註304：Kynes, *Correspondences*, 273。

兆、問題、心願有關。[305]

獅子

獅子目前仍是人類文化中最被認可的動物之一，也是最常被運用的火系動物象徵之一。埃及戰士女神賽克美特時常被描繪成噴著火的母獅，獅子座是黃道十二宮主要的火象星座，而且獅子圖像出現在埃及、歐洲、中東等不同地區的火系神廟和火神的神廟之中。人們時常佩戴獅子避邪物或圖像，作為統治權、實力、管轄的象徵。

現代的魔法師、女巫、異教徒，有時候將獅子與感情；權威、權力、領導統禦力；社群、團結、合作；勇氣和實力；尊嚴、自尊心、誠信；能量；家庭；妒忌；正義；靈性和神性知識；光明；激情；耐心；繁榮；保護；重生與更新；釋放；尊重；壓力；智慧情關聯在一起。[306]

蜥蜴

在許多文化中，蜥蜴與蛇共享某些象徵意義，因為牠們代表重生與轉化，就跟火元素一樣。許多第一民族（First Nations，指「原住民」）人民，都有他們自己關於蜥蜴連結到藝術、創造力、不朽的故事。古埃及的蜥蜴意象有時候象徵智慧或豐盛。

在現代的巫術和異教信仰中，蜥蜴有時候與以下事物有關：農業；改變和諸多改變；覺知、心智、覺照；直覺、預言、通靈能力、願景、占卜；睡眠和控制夢境；防禦；能量；恐懼；成長；靈感；學習；長壽；失落；彼岸世界與冥界；和平；轉化、重生與更新；敏感度。[307]

公羊

公羊受到崇敬的證據，以某種方式存在於許多文化和時代，從古老的近東宗教，直到基督教、猶太教、伊斯蘭信仰等等。金毛公羊「克律索馬羅斯」是火象星座白羊座的原始象徵。

現代女巫和異教徒們，有時候將公羊與繁殖力；慷慨；療癒；想像力和心智；靈

註[305]：Kynes, *Correspondences*, 305。
註[306]：Kynes, *Correspondences*, 275。
註[307]：Kynes, *Correspondences*, 301。

感；力量和溫暖關聯在一起。[308]

渡鴉

在許多不同文化的神話中，渡鴉都與火有關聯，尤其是火的盜竊。每一種文化故事的渡鴉都是獨一無二的，而且許多講述了火與「渡鴉」的神話人物，在世界創造時所扮演的角色。

在許多現代的巫術和異教傳統中，渡鴉占有重要的地位。某些修習者將牠們與家庭的愛／感情；戰役、戰爭、戰場；成長、改變、諸多改變；靈視力、訊息、願景、預兆、預言、占卜；清明和意識；溝通和連結；勇氣；人生的轉折點；死亡和失落；天命、追求、機會；感激、恩惠、諸多恩惠；守護者和引導；療癒；向長輩和祖先們致敬；心智、智慧、聰明、學習；內省；生命；魔法和顯化；記憶和諸多記憶；彼岸世界與冥界；保護；重生與更新；聽覺關聯在一起。[309]

火蜥蜴

往往被錯誤地標記成爬蟲類的火蜥蜴，是生活在涼爽、潮濕地方的蜥蜴狀兩棲動物。好幾個世紀以來，關於火蜥蜴的傳說不斷發展，許多都與火有關。這份連結很可能來自於許多火蜥蜴傾向於棲息在腐爛的原木內，這些原木往往用作木柴。當原木被放進火中時，火蜥蜴會企圖逃跑，於是相信火蜥蜴是從火焰中產生的。

現實世界中的火蜥蜴，很容易與同名的元素生物混為一談。你可以在第二章中讀到更多關於這些的信息。

蛇

蛇是另一種與火的關聯已有數百年歷史的動物。印度教譚崔中的昆達里尼（Kundalini，「盤繞的蛇」）據信是位於脊椎底部、海底輪中的生命力。現代的女巫和異教徒們，有時候將蛇與死後世界；魄力；循環、轉化、改變和諸多改變；創造力；狡猾；結界；能量、生命、生命力；繁殖力；寬恕；妒忌；奧祕；邊界和限制；長壽；淫慾、性、性慾；魔法和顯化；彼岸世界與冥界；預言和通靈能力；追求；重生與更新；

註308：Kynes, *Correspondences*, 280。
註309：Kynes, *Correspondences*, 293。

暴風雨；智慧與安康關聯在一起。310

＊＊＊＊

路徑運作：動物與火元素

蘿絲・巴爾基（Rose Barkey）是一位異教女巫，來自澳大利亞墨爾本高聳的山梣樹（Mountain Ash）樹林。從一九八〇年代開始，她一直不斷練習，對青銅時代的文化、草藥學、馬兒相關知識、英國民間魔法特別感興趣。

遇見你的動物指導靈

找到某個舒適而安靜的地方，坐下來，不會有人來這裡打擾你。如果你能夠生火，無論是在戶外還是在室內的壁爐裡，那就生把火；但是因為並不是每一個人都有可能這麼做，所以把這寫下來，作為一種路徑練習，可以在內在進行觀想。如果你有權使用火，可以改寫一下這段，深入地觀察實際的火焰，而不是經由想像召喚出來的火焰。兩種方法都以各自的方式發揮效用。如果有幫助，你可以把這個「路徑運作」記錄下來，在觀想時重新播放。記住要慢慢地說，讓你的頭腦有時間沉浸於出現在你面前的影像中。為了更深入地連結，你可以點燃一根蠟燭，或是燃燒與火有關的香。

舒適地坐著或躺下，雙肩平放，讓你可以好好地深呼吸。允許自己放輕鬆，讓外在世界的煩惱逐漸離開。讓自己聚焦在你的意圖；你可能希望與某位動物靈接觸，讓對方成為你在火元素中的運作同伴，或是將你引進其他異世界的火系界域。你可能希望深入了解你與這個元素相關聯的特性，包括：勇氣、行動、兇狠、轉化、敏捷、激情、療癒或創造力。無論你的意圖是什麼，現在讓自己好好探索它，直到它成為你腦海中最重要的事。這個想法感覺如何呢？緊緊抓住那種感覺。你有什麼問題呢？你想要學習的功課是什麼呢？要記住它們。

註310：Kynes, *Correspondences*, 301。

現在，讓火的影像進入你的腦海。讓那些細節逐漸自行填滿。那火在室內嗎？在舒適的石爐中，提供著溫暖嗎？它在戶外嗎：是森林或沙漠中的營火嗎？還是石圈中央的篝火？或是熊熊的野火？你是靠近它？還是遠離它？或是被它包圍了？它是令人欣慰、鼓舞人心、蛻變轉化、令人恐懼的嗎？這是你的第一個洞見；你的想像之火將會為你提供關於你現在的需求的線索。與那火共度時光，向它學習。你很安全，它傷害不了你；你召喚出來的火在這裡，為的是教導你、啟發你、引導你。如果可以，讓自己沉浸在你周圍的那些細節中，以及它們喚起的那些感覺中；木材煙塵的氣味和味道；火的細碎爆裂聲和火焰之舞；在木炭中不斷變換的顏色；你的肌膚上的溫暖或熱度；你周圍的景色。與那火同在，讓自己感到自在無拘束；你走近一點嗎？坐下來嗎？你可以隨心所欲地探索，但是要以那火作為你的焦點，讓它填滿你的五感。

記住你的意圖，以及它在你心中喚起的感覺。當你看著眼前的火時，讓那份意圖填滿你的頭腦。讓那份意圖變成渴望，一份心願。在你的心靈之眼中，將雙手伸向那火，而且讓那份心願變成一份呼喚，要會見你的指導靈，一位教導你各種火之道的動物靈。想像你閉上雙眼；你仍然可以聽見火焰的聲音，而且感覺到雙手手掌上的熱度，聞到煙味。深入地呼吸，使你的內在感官敏銳起來；你可以感覺到某種改變嗎？

你的指導靈正從靈的界域到來。或許你可以用指尖感覺到牠們，感應到牠們在附近，聽見牠們的聲音。你可以感覺到牠們的呼吸或牠們的雙翼貼著你的肌膚嗎？

牠們發出聲音嗎？可能需要一會時間；要有耐心，牠們一定會找到你。當你感覺到牠們在那裡的時候，睜開你的內在之眼，看著牠們。這是你此時的指導靈。你可能會對已經出現的那隻動物感到驚訝，但是不要感到沮喪；童話故事教導過我們，我們可以向最不可能的生物學習，而且所有生物都擁有可以給出的智慧。

花些時間寧靜地介紹你自己。你正在向牠們的靈介紹你的靈；告訴牠們你的名字，而且感謝牠們來到你面前。詢問牠們是否有某個牠們偏愛被稱呼的名字。等待牠們的回應。回應可能不是用言語表達的；深深地看進牠們的雙眼，你看見智慧、諒解、好奇心嗎？你看見火光在牠們的眼中跳躍嗎？火光在牠們的皮毛上閃爍嗎？你已經遇見你的指導靈了。

接下來發生的事取決於你，也取決於牠們。提出問題，或是在你的運作中請求牠們的引導和陪伴，而且要注意牠們的回應。始終有禮貌地對待來自其他界域的生物。要記住牠們在你身邊的感覺，那麼，如果未來牠們回來了，你就認得那份感覺。牠們可能會再次回到你身邊，成為經常的工作夥伴，或是只為這一次的路徑運作而在。你可以重新造訪你在這個觀想中召喚出來的火，或是每一次都以不同的方式祈請火的本質。就跟所有的觀想一樣，每一次嘗試都會使你更擅長這件事——路徑運作是威力強大的魔法技術，它會因為練習和紀律而變得比較容易。

遇見火獅

跟上回一樣好好準備這次觀想；舒舒服服地坐著或躺著，設法確保你能夠深入而均勻地呼吸。

你發現自己置身在一片廣闊的金色平原上。時間是夏天的正午，那裡的青草高高的，種子播下了，正值它的生長高峰期，而且它在微風中像水一樣輕輕蕩漾。你臉上的陽光溫暖宜人；那金光使一切遍布溫暖，而且它觸及的每一樣東西都容光煥發。

深入地呼吸；你可以聞到空氣中熱帶大草原的溫暖稻草味。你伸出一手，拂過種子穗的頂部，在你的撫觸下，種子穗優雅地彎曲。有一條小路穿過長長的草叢；踏上它。你沿著小路平靜而自在地走著，在你上方蔚藍的天空底下，沐浴在金色的陽光中。

前方是一片空地。在空地入口處，有兩把用牧草厚厚地編成的火把，綁在筆直的竿子上，兩邊各一，沒有點燃。你停下來，本能地感覺這裡有什麼事需要完成，你才能進入這個空間，而且納悶著可能是什麼事。

一隻渡鴉猛撲過來，降落在你左邊的火炬頂部。那雙明亮的黑眼睛裡閃爍著聰明，而且那隻渡鴉低下頭來跟你說話。

「你想要進入這個空間，得知火是怎麼一回事嗎？」

你禮貌地點頭，知道你正在跟很久以前為人類帶來火的那隻渡鴉的靈說話。

「你必須隨身帶著你自己的火，而且要提供你的火，作為報酬。」

你茫然不解；你什麼火也沒有，連打火機也沒有，但是那隻鳥卻帶著確信和期待看著你，而且你知道你擁有那個答案，否則你不會成功走到這一步。你把心思放在你在這裡的原因，以及你想要學習的功課；火對你意謂著什麼。

生命的火花，那使你生氣勃勃。

你為你的努力帶來的熱情。

已經帶你走了這麼遠的進取心和勇氣。

你為你愛的人獻上的溫暖和舒適。屬於靈感和創造力的「腦袋中的火」。明亮燃燒的暴怒，在被召喚時迸發，而你仍在學習控制它。蛻變的力量；從一樣東西轉化到另一樣東西。

你考慮到所有這一切，而且你知道所有這一切都包含在你裡面，不過完全實現它是你的持續旅程的一部分。在這一刻，你明白你和火是同類；它是你的一部分，你的本質的一部分。

在那一刻，你知道該怎麼做。你伸出一手向上，觸碰在你右邊的火炬。你感覺到答案震顫流竄，穿透你的指尖，而且那把火炬閃耀著生命之光，與火焰共舞著。「做得好。」在你左邊的渡鴉說，然後牠飛到空中，讓你可以點燃牠原本站立的火炬。當你點燃第二把火炬時，你的興高采烈為流經你的溫暖增添溫度。你知道你現在可以隨意進入，而且值得嘗試接下來的功課。

你進入那片空地。在你身後，你可以聽見微風逗弄著火把的火焰，而且聞到煙霧的甘甜。腳下的大地柔軟而溫暖，而且在你周圍，大草原綿延，像一片金色的大海。中央有一塊平頂的大石頭，那隻渡鴉降落在上面。太陽在你上方明亮閃耀，而在那個圓圈內，你感覺到空氣的振動，那是潛力、行動的振動，是一股興奮的顫抖。在圓圈的對邊，草動著，莖像蛇一樣顫抖著。有東西朝這邊走來。

一隻獅子走出草叢。那是一隻宏偉的生物，牠慢慢地向你走來，穩定的金色凝眸與你的雙眼相遇。你注視著牠雙肩上的肌肉移動著，牠的大爪子屈曲，落在溫暖的大地上。牠的皮毛是黃褐色的、光滑的、沒有損傷，而牠的鬃毛……牠的鬃毛像活生生的火焰，隨著牠的移動而閃爍和舞動，呈金色和橙色色調，美麗且尖端明亮。野獸的一切優雅和力量在牠身上表露無遺；危險而可怕，而且迷人到無可言喻。牠的尾巴在身後輕彈，尖端如火焰閃耀。牠的眼睛緊盯著你的雙眼。

「你已經召喚牠了，」渡鴉說，牠在你身後的石頭上，「你怎麼回應呢？」你領悟你到底怎麼回應呢？你被這樣的美麗所吸引而且害怕它。就像火一樣，你領悟到。就像狂野的東西。就像靈感和暴怒和愛。

你朝牠邁出一步，而牠瞇著眼睛，在喉嚨深處咆哮。你停下來，鞠躬，本能地伸出一手，展現出讓野生生物安心的古老手勢，表示你心平氣和地到來。於是牠來到你面前，火熱的呼吸灼燒著你伸出的指尖，不是很痛，但有痛感，而且你看見牠的鬃毛上的火焰掠過牠的雙肩，牠的胸膛隨著牠的呼吸移動。你差點要走開，但是要堅定立場。這是你內在的火的勇氣，正在回應那個挑戰。

在你身後，你聽見那隻渡鴉發出一聲可以聽見的呼吸聲，你放輕鬆，知道你已經通過了另一項測試。

那隻獅子走開，掠過你身邊，而且擺擺頭，示意你應該要跟上，於是你們一起走到渡鴉棲息的那塊石頭前。獅子出聲問候，渡鴉的眼中沒有恐懼，但是這隻鳥還是往後跳。

「你來到這裡，為的是學習火，」渡鴉說，「火消耗燒毀；它燒掉可以被摧毀的東西。它是飢餓。它是轉化，但是你必須足夠強健才能嫻熟掌握它。你來到這裡，為的是學習火，而且為了做到這點，你必須獻上自己而被燒毀。」

你應該會害怕，你知道，然而，這是你來到這裡的目的。獅子跳到那塊石頭上，牠的臉和你的臉一樣高，靠近你，直到牠的呼吸噴在你的肌膚上，熱熱甜甜的。不知怎地，你知道，你必須伸出雙手，觸碰那波浪狀的鬃毛，將你的手指頭埋進活生生的火焰中，找到臣服的勇氣。而且你做到了。它很柔軟，不是像你害怕的那麼熱，而且當你用手指頭包裹住宛如閃爍瀑布的鬃毛時，梳理著，撫摸著，那份喜悅盈滿你的胸膛。你驚奇地看著獅子的雙眼，而它們看進你的深處……於是你觸摸的鬃毛變得更熱，那雙眼睛看得更深。它們看見你的恐懼，以及你內在躲避火光的心魔；對靈感的恐懼，對行動的恐懼，對愛的恐懼，對療癒的恐懼。那些火焰燃燒著你的雙手，而那雙深黃色的眼睛燃燒著你的靈魂，儘管如此，你卻無法離開。而當你赤裸裸地暴露在那隻屬於火焰的獅子面前時，在那雙深不可測的眼睛裡，而且從你的雙手向外擴散，金色變成綠色，硫磺味盈滿你的鼻孔。

你的某些部分知道這是火的一部分；不是爐火和燭火的舒適溫暖，而是滌淨和淨化的熊熊燃燒，將金屬變成液體，將景觀化為灰燼，而你在這裡，為的是認識火的力量。於是，你用你的恐懼餵養那些火焰，而那隻獅子閃耀著明亮的綠色光芒，你感覺到你內在的火突然燒了起來，照亮你自己所有的心魔角落。

獅子大吼一聲，大大的腦袋向後仰，你踉蹌後退，於是你看見牠的下巴側影，上下顎箍住太陽，高高的在你上方。然後牠的下巴闔上，於是一切黑暗了。太陽消失了，在通向圓圈的入口處，火炬昏暗的光仍舊燃燒著，你看見那隻獅子；坐在石頭上，展現精瘦的肌肉、優雅、閃閃發光的眼睛。你不害怕；你所有的恐懼都在那明亮的熊熊火焰中燒毀了，取而代之的是，你感覺到……你自己。敬畏而謙卑，但是歸於中心且堅強，而且確知你的道路。你走過溫暖的大地來到石頭前，伸出一手撫摸那長長的鬃毛，現在在你的手指頭底下的是獅子的軟毛。你已經將你的靈魂的每一個黑暗裂隙都交給了這頭野獸，而且經過淬煉，現在你站出來，轉化了，而且無所畏懼；一名女巫或巫師，在一位偉大的元素靈面前。獅子凝視的目光是溫柔的，牠再次低下頭，而且張開嘴。在那張紅色嘴巴的深處，在彎曲的白色尖牙後方，是太陽。

「你必須把太陽還給這個世界，」一直坐在石頭角落裡的渡鴉說，「否則一切都會消失，淪為黑暗。」

你看向獅子，請求許可，然後伸出一手，經過那些鋒利的尖牙，握住那顆太陽。它的溫暖與它的大小成正比，而你驚歎於你居然可以將地球上所有生命的源頭輕握在手掌之中，而且沒有被灼傷。輕輕地，你將太陽拉出來，經過強有力的上下顎，直到你握住它，發著光，在空地的黑暗中。

「就是現在！」渡鴉叫道，於是你把它舉得高高的，在那裡，它再一次閃耀著光輝，用正午的光芒使你眼花目眩，金光灑遍田野。當你的眼睛調整好，你把手放下來，發現還有東西貼靠在你的手掌中。一隻小小的金色獅子坐在那裡；純淨且發著微光，由恐懼的卑金屬製成，而那些恐懼是你用火征服的。現在，這是你的法寶，當你需要的時候，可以在腦海中召喚它。

那隻獅子從石頭上跳下來，過來站在你身邊。你明白這門功課結束了，時候到了，你該要返回到你的世界。你再一次撫摸牠的脖子，表示感謝；牠搖搖頭，高貴而放鬆，而花朵從牠的鬃毛上掉落，在光禿禿的大地上扎根，空氣中瀰漫著甜美的草本香氣。當羽狀綠葉出現時，你注意到它是羅馬洋甘菊，傳說中古埃及人將這種植物獻給太陽，它的種子在獅子的鬃毛中被帶到羅馬城，而且在最後幾場競技結束之後許久，發現它在羅馬競技場內生長。當獅子和你一起走到你點燃的火炬之間的入口處時，它在獅子的路徑上蔓延，然後獅子在那裡停下來。你已經知道你來到這裡的目的，而且你擁有你的法寶。時候到了，你該要返回到這個世界，隨身攜帶著這份新的知識。

在兩把火炬之間，你跨步前行，走進陽光普照的平原，走向這個世界。

——**蘿絲・巴爾基**

＊＊＊＊

結論

在魔法和靈修作業中，運用動物和動物對應關係的概念，是一個非常古老的概念。雖然動物對應關係和象徵意義，可能不像現代巫術和異教信仰中某些人希望的那樣清晰明確，但是我們仍然可以一種深思熟慮、用心留意、特別有意義的方式建立它，將它融入我們的修行中。

第3部

火系魔法的應用與儀式

火，太陽的靈，
蠟，你融化了地球的肉身，
證明我已經完成了這份工作，
帶給我愛，以及遠離死亡。
讓我成為我自己
不是被黑暗而是被光明燒毀
溫暖，而不是寒冷，直到我用盡
我對抗黑夜的最終火焰。[311]

——薇樂莉·沃斯（Valerie Worth）
《老媼箴言書》（*The Crone's Book of Words*）

註[311]：Worth, *The Crone's book of Words*, 29

9

蠟燭魔法

蠟燭是世界各地宗教儀典的特色，包括大多數的異教和巫術傳統。我們在祭壇上使用蠟燭來象徵火、太陽或神明；來標記各區；用於紀念緬懷；用於魔法運作。蠟燭魔法長久以來，一直是許多不同出身和各行各業的修習者，廣為流傳且容易使用的一種魔法，而且大部分的女巫認為，蠟燭是他們的許多運作的主要原料之一。在我的儀式裡，我通常在燈籠內設置一根蠟燭（我們通常在戶外工作），代表火元素和北區。其他三只燈籠代表其他各區，在魔法圈中的適當位置。

蠟燭的種類

一根蠟燭燃燒多久取決於蠟燭的大小，但是主要取決於燭芯的狀態。火焰的大小以及蠟燭燃燒的速率，主要由燭芯控制。

燭芯藉由毛細作用運作，將熔化的蠟或燃料向上吸引到火焰（「芯吸」），這個過程與讓樹木的汁液到達最高枝條的過程如出一轍。當液體燃料到達火焰時，它蒸發並開始燃燒。燭芯的品質影響蠟燭如何燃燒。燭芯的重要特性包括直徑、硬度、耐火度、繫留力。商業上的蠟燭燭芯是由編成辮狀的棉線製成。它們往往被注入化學物質，為的是更改它們的燃燒特性。舉例來說，通常希望在蠟燭的火焰被掐滅或熄滅後，燭芯不會發光。

- **錐形蠟燭**：細長，通常在頂部逐漸變細。四十五公分的錐形蠟燭大約有十小時的燃燒時間。標準尺寸（大約二十公分長）的錐形蠟燭是蠟燭魔法的好選擇。
- **茶燈蠟燭**：小型圓盤蠟燭，通常裝在小鋁盒，用於燃油器、燈籠等等之中，或是用作重點照明。茶燈蠟燭有大約兩小時的燃燒時間。

- **柱形蠟燭**：短而粗的蠟燭，有各種尺寸。煙霧往往比錐形蠟燭少。有時候有香味。這些蠟燭的燃燒時間取決於它們的厚度和高度。
- **盆栽或容器型蠟燭**：這些蠟燭裝在自己的防火容器裡。這些是大豆蠟燭的好選項，因為大豆蠟燭加熱時會熔化。購買裝在玻璃容器內的廉價蠟燭時，要小心謹慎，因為這些玻璃不見得經過適當的回火處理，如果太熱，有時候會爆炸。
- **許願蠟燭**：小而寬的蠟燭，大約十五公分高，大約十公分厚。這些蠟燭需要在托座或支架或盤子上燃燒，常用於教堂內。
- **漂浮蠟燭**：輕型蠟燭，設計來漂浮在水面上。這些通常是小小的圓盤，底部比頂部窄，防止它們在漂浮時翻覆。
- **生日蠟燭**：別笑。你在生日蛋糕上看見的細長型彩色蠟燭，在緊要關頭或忙碌進行的儀式時，效果很好。有些人攜帶一根生日蠟燭，作為「迷你祭壇」的一部分，放在錢包裡或汽車手套箱內，準備好出門在外如果需要，立刻有一根可用。
- **筒狀／脈輪／編鐘蠟燭**：這些是小型蠟燭，大約跟你的手指頭一樣長。時常用於守夜或當作一次性法術元件。蠟燭魔法的絕佳選擇。
- **法術蠟燭**：為特定的法術或意圖（愛情、運氣、金錢等等）製作的蠟燭。這些是新時代商店內常見的產品，通常大約二十公分長。

- **光明節燭台蠟燭**：這些細長的蠟燭用於光明節期間的七燈或九燈燭台。它們往往品質優，非常適合用來點燃其他蠟燭。
- **凝膠蠟燭**：凝膠蠟燭由高密度凝膠的燭芯構成，設置在防火容器中。凝膠蠟燭用於裝飾目的，但是長時間燃燒是不安全的。
- **無焰蠟燭**：近來，實際可行的蠟燭有許多選項，它們發出閃爍的「蠟燭」光，卻不需要實際的火。要麼電池供電，要麼太陽能發電，對於因為小小孩、寵物或房東的關係，而無法點燃真實火焰的人們來說，或是對於像我這種生活在差不多有半年用火限制的國家的人們來說，這些蠟燭是不錯的替代品。你也可以在飯店環境或其他不允許開放型火焰的室內空間使用它們。

購買蠟燭

如果你遵照基本原則，可以從許多一般商店買到相當便宜的蠟燭。線上和市場也有許多手工蠟燭。如果你追求某些特定的東西，不妨試試看巫師零售商，但是要有多付一些錢的準備。如果你偏愛製作蠟燭，蠟燭也相當容易製作。

廉價的蠟製蠟燭往往比較容易冒煙、味道比較臭，而且對你不太好。當你購買蠟燭的時候，務必尋找燭芯可靠、牢固且位於蠟燭正中央的。燭芯太細或位置偏斜勢必意謂著，蠟燭的燃燒時間不會像它原本預定的時間那麼長。如果香氛蠟燭是你所愛，不妨嘗試選擇品質好且氣味幽微的蠟燭。太多廉價的油或化學製品，可能會使你的空間聞起來像香水，而參加儀式的人則罹患偏頭痛。

彩繪蠟燭、內含草本植物和水晶的蠟燭，或包裝花俏的蠟燭，可能看似比較「有魔力」，但是一談到嚴肅的儀式用途時，這些蠟燭完全不切實際。你可以在線上買到的那些裝飾過的蠟燭，往往都塗了廉價的塗漆，一旦加熱，就會釋放出有毒的煙氣（關於購買儀式用蠟燭的更多訣竅，請見本章後續）。

在點燃蠟燭之前，務必取下蠟燭上的紙張或塑料。是的，印上去的頭蓋骨／月亮／解剖學上正確無誤的心臟，看起來很酷，但是就我的經驗而言，我這麼說是因為，當它們在儀式的安靜時刻點燃時，很快便失去任何美感，為在場的每一個人帶來十足的混亂和壓力。

如何製作蠟燭？

早期的蠟燭是用蜂蠟或來自動物脂肪的獸脂製成的。從十九世紀中葉開始，蠟燭也由鯨蠟油（spermaceti，一種源自抹香鯨的蠟質物質）和硬脂（stearin）製成，硬脂最初是由動物脂肪製成的，但是現在幾乎完全由棕櫚蠟製成。今天，大部分的蠟燭是由石蠟（paraffin wax）製成，石蠟是石油提煉過程的副產品，不過蜂蠟（收集蜂蜜時的副產品）蠟燭也相當容易找到。你可能也會看見由微晶蠟（microcrystalline wax）、凝膠（聚合物和礦物油的混合物）或某些植物蠟製成的蠟燭。植物蠟通常以大豆為基底，但是也可以從棕櫚、巴西棕櫚蠟（carnauba）或蠟楊梅（bayberry）中取得。

許多現代蠟燭生產方法仰賴「擠壓成型法」，這是一個自動化的過程，以可塑的形式擠壓出長長一段的材料（以此例而言，通常是固體石蠟），然後將它塑造成細長的管子，切成一定長度……有點像你小時候可能做過的自製黏土。比較傳統的蠟燭製作方法，藉由控制熱度來熔化固體燃料，然後將熔化的液體倒入模具中，或是將燭芯反覆浸入這樣的液體中，製造出浸過的錐形蠟燭。在這兩個過程中，往往添加香薰油、精油或以苯胺（aniline）為基底的染料。

自製蠟燭

大豆蠟燭八成是最容易製作的。你可以在工藝品店和特定商品店，也可以在線上購買製作蠟燭的大豆蠟，乃至蠟燭製作套件。除了蠟之外，你還需要燭芯、抹刀、用於裝盛蠟燭的耐熱容器。一只雙層平底深鍋也是不可少的東西，因為你一定需要它來熔化你的蠟。

一開始，先測量出多少尚未熔化的蠟可以填滿你的容器，然後取雙倍的量。這是蠟熔化後你所需要的量。將這些蠟放入雙層鍋的頂層（底層應該有水沸騰），讓它熔化十到十五分鐘，經常攪拌。隨著蠟逐漸熔化，要利用這段時間將你的燭芯貼上。做法是，將燭芯浸入正在熔化的蠟中，然後迅速地將它黏在空容器的底部。讓黏住燭芯的蠟靜置五分鐘，使它可以變硬。

如果你想要在蠟燭的蠟中添加任何的香薰油，現在是添加的時候了。節制謹慎地做這件事……如果你一定要用香薰油，只要幾滴即可。請記住，香味過重的蠟燭可能會在儀式進行時分散注意力，而且可能會引發過敏和哮喘。

將蠟倒入容器中之前，讓它先冷卻三到五分鐘左右。然後，慢慢地將蠟倒入你的容器中。倒蠟時，將燭芯固定好，但是不要拉它，因為一拉就會鬆脫，離開原本固定的位置。在雙層深鍋中留下少量的蠟，稍後用來為蠟燭完型。

用兩根木棍、鉛筆或串肉扦平衡地架在容器的開口上方，以便在蠟冷卻時固定燭芯。讓你的蠟燭在室溫下靜置和變硬，持續五到八小時。用大豆蠟的好處之一是，如果你的蠟燭歪斜或頂部不平，可以輕而易舉地重新加熱並調整。

當你的蠟燭變硬了而且你很滿意它的時候，請先將燭芯修剪到一公分半長，然後才可以點燃它。

蠟燭安全

所有執行的儀式運作都帶有某種風險，而與任何類型的開放型火焰一起運作，風險可能更直接、更明顯。運用些許常識和前瞻性的規劃，可以將大部分這些風險減至最小。

與蠟燭一起運作時，請始終運用常識。蠟燭很容易被忽略，成為安全隱患，因為蠟燭十分普遍，尤其是在女巫、異教徒、玄祕學家的生活中。然而，蠟燭卻是每年世界各地成千上萬的房屋和建築物火災的原因。

從二〇一二年到二〇一六年，美國境內的消防局每年處理八千多起由蠟燭引發的房屋火災。平均起來，單是美國境內，這些火災每年就造成大約八十人死亡，七七〇人重傷，以及兩億六千四百萬美元的損失。

為了將使用蠟燭的風險減至最小，請牢記以下幾點：

- **不要讓蠟燭在無人看管的情況下燃燒**，也不要讓蠟燭在你可能會睡著或不省人事的情況下燃燒。如果你的運作涉及靜心冥想、出神或任何其他類型的「意識變異」（altered consciousness），最安全的選項是確保將蠟燭固定在燈籠之類的防火容器內，或是至少靜置在沙子或泥土製成的陶瓷盤裡。
- **千萬別把孩子留在點燃的蠟燭旁邊，無人看管**。這可能看似很容易的事，但是當孩子和蠟燭都是你日常生活的一部分時，就很容易忘記。
- **讓窗簾和百葉窗遠離點燃的蠟燭**。將窗簾繫好、避開蠟燭，這往往是不夠的，要記住，蠟燭上方的區域也會變得非常熱，遲早會輕易地燒焦乃至開始燃燒布料，即使窗簾在火焰上方好幾十公分處。如果你將蠟燭放在窗台上，最好關閉窗戶，完全取下飄動的長窗簾，而且不要忘記用防火盤。

- **如果儀式或運作涉及不只一人點燃蠟燭**（舉例來說，蠟燭點燃儀式或點燃周圍一圈人的蠟燭），請始終讓拿著未點燃蠟燭的人，成為傾倒手中蠟燭的那一位，向已點燃的蠟燭引火來點燃蠟燭，而不是反過來。蠟燭一旦被點燃，則應盡可能保持蠟燭直立。
- **要注意有呼吸或感覺問題的人**。避免香味濃郁的蠟燭，因為它們可能會引發哮喘或其他疾病。如果你的工作涉及要參與者全神貫注，那麼強烈的合成氣味也會分散注意力。
- **熄滅蠟燭時，要為他人著想**。如果你在像客廳之類的小型室內空間運作，請把蠟燭拿到戶外或房子的其他地方，這樣你的同伴在接下來的二十分鐘內才不會吸入蠟燭的煙霧。
- **在戶外使用蠟燭時，務必使用密閉的防火容器**。我的團隊使用有玻璃板的小型金屬燈籠，托住茶燈蠟燭，而且有門可以閂上，允許最大量的光透出來，這意謂著，我們不必因為蠟燭熄滅或在露天掙扎而不斷大驚小怪。我們向一家家居用品店以相當便宜的價格買到這些。

蠟燭與占卜

好幾個世紀以來，蠟燭一直被用於占卜。兩種最常見的方法是「熔蠟占卜」和「凝視火焰占卜」。

● **熔蠟占卜**：用蠟燭蠟和水占卜

熔蠟占卜意指用熔化的蠟燭蠟占卜。將一只碗注滿很冷的水，點燃一根蠟燭，拿著它，先聚焦在某個課題或問題，然後再傾倒蠟燭，讓燭蠟掉入碗中，然後等待吉兆。

● **凝視火焰占卜**：用蠟燭火焰占卜

凝視火焰占卜是用蠟燭火焰進行凝視占卜。你可以讓自己歸於中心，安靜地聚焦在火焰，藉此做到這點。這有時候是運用排列成三角形的三根蠟燭的火焰完成的。在凝視火焰占卜中，幾個常見的關聯是：

○ **火焰中的藍色閃焰**：眼前有壞消息、不速之客、靈的臨在。[312] 請見「其他火災預兆」。

○ **字母或文字**：訊息、有利的消息、意外的訪客、家人[313]。

○燭芯上的煙灰：某位陌生人；某位新人[314]。

○燭芯尖端閃閃發光：愛人、配偶、或心上人[315]。

蠟燭魔法

威卡教作者茱莉亞·菲利普斯（Julia Philips），曾將蠟燭魔法描述成「最常見且最有效的魔法類型之一。」[316]我同意她的看法。這絕對是一種相當容易學習的魔法，因為可以相當輕易地學會，而且不需要大量昂貴或罕見的工具或組件就可以做到。一旦你知道你在做什麼，它也就相當有效。

註312：Opie and Tatem, *A Dictionary of Superstitions*, 54。

註313：Opie and Tatem, *A Dictionary of Superstitions*, 56。

註314：Opie and Tatem, *A Dictionary of Superstitions*, 56。

註315：Opie and Tatem, *A Dictionary of Superstitions*, 56。

註316：Philips and Philips, *The Witches of Oz*, 53。

對於蠟燭魔法來說，較短、較粗的蠟燭比細細長長的蠟燭好，但是在出門購買別致的東西之前，請使用手上現有的東西。用於蠟燭魔法的蠟燭最好讓其自然地燃燒，而不是將之吹熄或熄滅（如果你打算這麼做，務必好好閱讀本章關於蠟燭安全的那一節）。

一般而言，蠟燭魔法通常包括挑選一根或多根適當顏色的蠟燭；用油為它們增添能量、調理或塗抹；有時候還會在蠟燭上雕刻某些象徵、名稱或符咒。

蠟燭顏色與對應關係

課題或意圖	蠟燭顏色[317]
驅逐和防禦魔法；改變和諸多改變；死亡與死後世界；接收或吸引能量；女巫與巫術	黑
星光界；夢的工作和睡眠；情緒；善於接受的能量	藍
慈悲；溫和；和諧	水藍
容易衝動；可變性；神祕力量；夜間魔法	深藍
祖先；平衡（一般的、靈性的）；清明；靈視力；與靈溝通	靛藍
鎮定；情緒成長；耐心與諒解；寧靜	淡藍

自信；幸福；增強；影響力；忠誠；通靈能力；實力	寶藍
平衡；創造力；成長；療癒；和平；繁榮	翠藍
農業和園藝；平衡；扎根接地；大自然和土系魔法	棕
吸引力；自信；太陽和太陽能；增強；影響力	金
豐盛；繁殖力；成長；運氣；靈（尤其是自然靈）	綠
抱負；妒忌	深綠
和諧；影響力	藍綠（海洋綠）
廢除；挑戰；中立；彼岸世界和冥界；穩定；停滯或僵持	灰
適應性；吸引力；勇氣；鼓勵；刺激	橙
適應性；美麗；溝通；自信；鼓勵；幸福；實力	蜜桃橙
榮譽；生命；愛與浪漫；品行；激情；和平	粉紅
啓動和覺醒；開悟；朋友和友誼；榮譽；愛；品行；激情；耐心；和平；浪漫；安康；青春	玫瑰粉

註317：Kynes, *Correspondences*, 425–434.

蠟燭顏色與對應關係（續）

課題或意圖	蠟燭顏色
抱負；顯化；力量；技能；事業的成功；轉化	紫
死亡；悲慟；魔法	深紫
尊嚴；溫和；靈性成長；聰明才智；通靈能力	薰衣草紫
幸福；靈	丁香紫
愛；性和性慾	粉紫
星光界；全神貫注與聚焦；連結（高我）；創造力和藝術	藍紫（紫羅蘭色）
健康和生命力；性和性慾；實力	紅
同理心；悲慟	深紅
月亮魔法；結界；能量（一般的、通靈的）；保護（通靈的、靈性的）；靈性	銀
開始；清明；祝聖和祝福；療癒	白
朋友和友誼；幸福；住家；想像力；記憶與諸多記憶；和平	黃
憤怒和爭執；懦弱；不和；患病；妒忌	綠黃

蠟燭膏油

你可以基於不同的目的購買不同的膏油，或是你可以嘗試一下基於特定的儀式目的製作屬於你自己的油，添加精油，或是將相關的草本浸泡在橄欖油、葵花油或杏仁油之類的基底油之中。請記住，始終要運用多種資料來源好好研究一下任何原料，再讓它接觸你的肌膚。

若要製作適合大多數蠟燭魔法的通用油，請嘗試：

材料：

⅛杯基底油（橄欖油、杏仁油、葵花油等等）
4滴檀香油
2滴橙油
2滴廣藿香油

若要將油混合在一起，請始終輕輕地旋轉，而不是攪拌或搖晃。你可能希望在使用前，先以你認為適合的方式聖化手中的油，但這是個人偏好問題，看你喜不喜歡這麼做。將油儲存在玻璃或陶瓷製成的密封或有塞子的罐子／瓶子之中。小心翼翼地為它們貼上標籤，將它們存放在涼爽、陰暗的地方。

如果自製精油的想法很吸引你，請好好看一下以下作者針對這個主題撰寫的書籍和文章，包括：艾咪．布雷克松（Amy Blackthorn）、帕蒂．維金頓（Patti Wiginton）、珊卓．凱恩斯、賽蕾絲特．芮恩．赫爾德斯塔布（Celeste Rayne Heldstab）或史考特．康寧漢。

蠟燭魔法儀式

有許多不同的方法可以執行蠟燭魔法，我在此囊括的方法同樣有效。熟讀某些替代方案、實驗，然後使用適合你的方法。

材料：

一根蠟燭（顏色適合你的運作）

建立魔法圈所需要的工具和其他物品（如果你打算使用魔法圈）

可以在其上工作的布或表面

蠟燭膏油

香（有沒有均可）

一根牙籤或串肉扦，用來雕刻你的蠟燭

火柴或打火機

1. **設定你的意圖**。仔細想想，這個魔法是為誰而執行的，它將會影響誰，理想的結果會是什麼樣子。在為當事人施展魔法之前，務必徵得對方的同意。我喜歡花幾天時間仔細斟酌這一切——觀想、考慮、做白日夢。當我的心思一半聚焦在例如洗碗或整理衣服之類的平凡事物的時候，這似乎最有效。

2. **為你的運作收集需要的元件**。不同顏色的蠟燭有不同的對應關係。如果沒有彩色蠟燭，對大部分的案例來說，白色或黑色蠟燭通常也適用。如果你打算使用魔法圈，那就要收集建立魔法圈可能需要的任何草本和油品，以及儀式需要的其他點點滴滴。

3. **設置場景**。設法確保在你即將工作的地方燃燒蠟燭是安全的。如果你在室內工作，那就把那個房間整理乾淨，盡可能地搬開雜物。許多人發現，在開始魔法運作之前，將房間的地板和表面徹底打掃乾淨是有裨益的。要確保這個空間安安靜靜，電子儀器關閉、搬走或靜置。要確保你有可以工作的空間；祭壇很理想，或是只要表面像咖啡桌一樣乾淨，如果意外發生，你可以或許在上面滴幾滴蠟清潔一下。如果你真的很擔心，那就鋪一張不是你珍愛的布等等。

4. **讓自己做好準備**。對於讓你為儀式做好準備，不同的傳統提供不同的教導。一種簡單且普遍認可的方法是，只要確保你得到休息、乾乾淨淨、吃飽飯。要洗個澡或淋個浴。穿上乾淨的衣服（或是以天為衣〔裸體〕，或是穿上儀式服，如果那麼做令你比較舒服）。要確保用完餐，舒舒服服。如果你的基本需求得到滿足，你會比較容易聚精會神。

5. **開始**。在這一點上，許多人喜歡燒香或點燃一根「作業中」的蠟燭，進入某種儀式的心態。你可能也喜歡做同樣的事。刊印在現代巫術書籍裡的不少蠟燭魔法作業，都需要邊運作邊燒香，所以如果這是你規劃偶爾做的事，那麼投資一只普通香爐或天主教香爐可能是值得的，這將使你能夠在炭餅上燃燒原始的調合香，那是很美好的；一旦你掌握了這事的竅門，就不會想要回頭預製線香和塔香了。

如果你偏愛，不妨以對你有效的方式，建立魔法圈或設置你的神聖空間。深呼吸幾下，讓自己歸於中心，同時記住你在步驟一中思考和觀想的行動和意圖。當你準備就緒時，用語言表達這個意圖。把話大聲說出來可以讓話語有力量。

6. **調理你的蠟燭**。這包括用油塗抹蠟燭，按揉，從中心到兩端，使油滲透至蠟燭中。顯然，油是易燃物；不要用太多。在你這麼做的時候，努力全神貫注在這個運作的課題或意圖。

某些修習者在調理蠟燭之後，喜歡讓蠟燭在祭壇上滾動，同時聚焦在這個儀式的意圖。為了讓魔法運作可以為你或運作的主題帶來能量，要把蠟燭滾向你自己。如果你執行這次運作為的是驅逐或驅散某樣東西，那就將蠟燭滾離你。

7. **雕刻你的蠟燭**。這可能包括在蠟燭上雕刻某個符咒、盧恩符文（rune），乃至你的主題的名稱。這麼做的時候，你正在用你的意圖為蠟燭增添能量。至於涉及每天／每夜讓蠟燭燃燒一小段時間的運作，有些人喜歡在蠟燭上留下刻痕，指出一次應該要燃燒多少蠟燭。

8. **點燃蠟燭**。如果你準備要將蠟燭交給其他人，請省略這個步驟。如果你打算自己燃燒那根蠟燭，請將蠟燭放進防火容器中並點燃。許多魔法運作將會要求你讓已點燃的蠟燭一直燃燒，直到沒有任何東西剩下為止。只有在安全的情況下才這麼做。

9. **完成**。感謝並獻供給你需要感謝和獻供的任何神明或靈。關閉你的神聖空間，讓自己扎根接地。留著蠟燭繼續燃燒，只要這麼做是安全的。

結論

在世界各地的宗教和靈性中，蠟燭往往在儀典中扮演重要的角色。女巫也不能免俗，同樣使用蠟燭。除了祭壇蠟燭、方位蠟燭、神靈蠟燭之外，許多女巫在他們的日常工作中運用蠟燭魔法的藝術。上述這些資訊應該使你準備好，可以著手進行蠟燭魔法。閱讀上述內容，好好練習，然後再閱讀更多信息，只要這是你有興趣的東西。你將會發現，一旦你習慣使用蠟燭魔法，它在各種情況下都很方便，可以解決可能出現在你家門口的種種意圖和課題。

10

儀式用火

如果你有幸擁有生起篝火的空間和土地，你八成會同意，一把點燃的火存有某種十分催眠和溫馨的東西。小小篝火的爆裂聲，就好像我們小組儀式的標點符號。如果沒有一把火帶來的光明、溫暖、安逸，儀式勢必不一樣，但這並不意謂著，火是我們視為理所當然的東西，或是在監督方面散漫鬆懈。

本章的目標是要為你提供足夠的信息，讓你在儀式中自信、安全、合法地使用火，無論你是單獨工作、與幾位朋友一起工作，還是在更大的群體環境中工作。

儀式用火的類型

你可以為不同的環境和儀式背景，生起不同大小的火。你的空間、時間、資源，大概會大大地決定你生起哪一種火。

- **爐火**：在室內，在一座已經準備妥當的開放型壁爐中生起爐火。某些露營地也有煙囪或壁爐，你可以在那裡生起一簇戶外的爐火。這些非常適合單獨一人、家庭或親密的小團體。
- **儀式火**：這些通常是比較小的篝火／營火，在戶外生起。儀式火為在戶外舉行的單人和集體儀式增添力量（以及溫暖）。
- **篝火**：大型篝火往往是大型團體儀式、節慶或活動的亮點或焦點。它們需要比較多的作業來組織和設置，但是如果你可以駕馭它，那就非常值得。

木材和引火物

為你的火挑選木材時，務必確保木材是乾燥的且經過適度風乾備用。風乾備用的木材，是木材有足夠的時間（通常大約八個月或更長時間，取決於木材的類型）減輕和晾乾任何多餘的水分，那是當木材是一棵活樹的一部分時存在的。風乾備用的木材通常比新伐木材輕，而且從頭到尾顏色均勻。它的樹皮應該是完全乾燥或成片剝落，而且燃燒時不應該產生水分。燃燒新伐木材或未經適度風乾的木材，會產生大量煙霧，而且不會產生太多熱量。它很難點燃，往往也不會燒得很旺。

如果你是經常使用木柴的人，如果附近有的話，不妨考慮找到某個永續的選項。我家有一座小小的「大肚」火爐，而且從當地的藍桉林園取得我們需要的木材，園區修剪和風乾他們的邊角料，當作木柴出售。由於使用園林的木材，我們知道，我們並不是在出力移除灌木叢中的大型枯樹，那些枯樹為一系列不同物種的鳥類和動物，提供必不可少的棲息地。

常見的木柴類型

白蠟木	燃燒起來相當熾熱；容易劈開
樺木	燃燒快速；熱度適中
雪松木	燃燒起來緩慢而熾熱，沒有太多火焰；在大部分地方是比較昂貴的選項
桉木	澳洲硬質木；大部分燃燒緩慢；熱度因物種而不同，澳洲桉樹（redgum）、加拉桉（jarrah）或糖桉（sugargum）的熱度最好
橡木	如果經過正確地風乾，燃燒起來相當熾熱；很難劈開

你可能會遇見的其他木材

相思木（金合歡）	假使經過適度風乾，燃燒起來相當熾熱
蘋果木	燃燒起來緩慢而熾熱；煙燻肉和其他食物的珍貴木材
月桂木	煙霧多，有臭味；只宜在戶外燃燒
山楂木	不推薦；詳見第六章
杜松木	產生許多煙霧，熱度不高；宜在戶外燃燒

橄欖木	燃燒起來熾熱而緩慢
松木	產生大量煙霧和樹液；只宜在戶外燃燒
花楸木	燃燒緩慢；產生還不錯的熱度

要避開的木材

處理過或刷上油漆的木材，建築物的邊角料	燃燒時釋放有毒的煙氣
浮木	高含鹽量意謂著許許多多的致癌物質

使用木材的魔法考慮事項

除了上述討論過的實際考慮事項之外，異教徒和女巫們在選擇和收集儀式用火的木材時，可能會考慮下述幾點：

- 比起經由砍伐（殺死）一棵活樹收集到的木材，從地上或枯樹收集到的掉落木頭，在儀式中將會營造出更好的感覺。取得掉落的木頭不見得是實際可行的，甚至根本不可能，但是值得牢記在心，在你可以辦到的地方和時候，盡可能地將傷害減至最低。
- 所有木材都有魔法的對應關係。好好研究它們，而且當你在用火的熱度取暖，或站在木材的煙霧中的時候，請將這些牢記在心。
- 關於燃燒某些木材，有好些民間禁忌。山楂是最「有名的」這類木材之一。不管你願不願意，要燃燒木材之前，先仔細研究這些，而且牢記在心。

用火安全和其他考慮事項

當我為他人生火和照料火焰時，我喜歡記住泰瑞．普萊契的一句話：

「給某人一把火，他可以溫暖一天，但是為他生火，他可以溫暖後半輩子。」318

有火，事情可能會很快出錯，在生起、餵養、維護、撲滅你的儀式用火時，盡可能地採取許多預防措施是很重要的。

生起你的火

- **只有在條件和空間適當時，才生火**。絕不要在全面禁火的日子生火，或是在當地法律不允許的情況下生火。
- **在公共場所建立火堆或生火之前，務必先好好研究調查**。許多公園和自然保護區，都有哪裡可以生火、哪裡不能生火的規則。
- **絕不在室內生火**，除非是在乾淨且合用的壁爐中生火，有乾淨而安全的煙囪。這是不言而喻的，但是在我二十多年的異教信仰生涯中，我見過某些人嘗試非常危險的事，而且最終失敗，附帶災難性的後果。
- **選擇空曠而平坦的地點**，如果你要在地上建立火堆的話。這可以防止燃燒中的原木和

註318：Pratchett, *Jingo*。

柴枝在不當的時機滾出去。

- **替你的生火地點劃定界線**，如果情況允許而且你有權這麼做。在土地裡挖一塊淺淺的凹陷，而不是在地上挖一個洞；如果空氣無法經過火堆的底部，你的火就點不燃或不會燒得旺。在卡通影片中，火堆外圍的石圈可能看起來很可愛，但是用石頭圍著你的火可能是非常危險的；許多不同類型的岩石，整塊含有微小的氣囊、水囊或土囊／礦囊，這些可能導致岩石在熱煤產生的極度高溫下裂開或爆炸。如果你特別想要在火的周圍有一道明確的邊界，請使用方口鏟子在直徑周圍「鏟出一道缺口」。

火的照顧和餵養

- **要始終監督著火**。這可能看似容易，但是我見過，當所有儀式參與者都忙於其他事情時，事情很快就出錯。有時候規定含糊不清，出現差錯時，是否「允許」參與者弄亂那堆火。無論你的儀式有四人或四百人參加，務必確保在作業期間，某人知道他可以監控火勢、讓火持續燃燒、將燒完的末端往裡推，注意任何可能成為安全隱患的零星火花或餘燼。

● **盡可能地將煙霧減至最少**。始終燃燒經過適度風乾的優質木材。「新伐」木材（剛從活樹上砍下的木材，或是沒有時間完全風乾和晾乾的木材）很難點燃、燒不旺、無法釋出大量熱氣，還會產生大量額外的煙霧。

● **絕不在篝火上燒垃圾**。如果是儀式用火，在上面燒垃圾是極其不尊重的。即使不是儀式用火，燃燒人造物品也會釋放有毒的煙霧和有害的化學物質，就是不該那麼做。

● **請記住：並不是所有木材都適合燃燒**。絕不燃燒建築物或木工邊角料，因為這些往往是塗過油漆、上過清漆，或是就用劇毒殺蟲劑處理過的「原始」木材而言，燃燒時，殺蟲劑會釋放到你周圍的空氣中。同樣地，應該要避免經過處理的松木、柵欄樁、任何塗過油漆或上過清漆的木材。

拜託不要成為那些異教徒，是這樣嗎？

有時候很容易走「與其請求准許，不如請求寬恕」的道路——無視規則，隨心所欲地生火，事後再處理任何後果。這種思想流派不僅不成熟，而且相當自私。很可能，你不是、不會、也不是唯一一個——將特定的公共場所用於儀式目的的異教／神祕／巫術

／不管什麼團體。假使我們（在此，我的意思是，在異教的大傘／帳篷底下的我們所有人）因為粗心或不尊重公共土地而惡名昭彰，那麼未來幾年，在官員們的眼中，這就不是宿命的問題了。

我們對自己、土地、我們的社區負有責任，這可不是諸多限制比現在更嚴格的原因，或許重點在於，身為異教徒的我們被土地管理當局用不信任的眼光看待，乃至在活動場地內完全禁止所有開放的明火。

拜託，不要成為我們不能擁有美好事物的原因啊。

爐火

如果你在室內的開放式壁爐中生火，重要的是，要設法確保先將壁爐打掃乾淨，再開始生火。要設法確保煙囪狀況良好，最近也已經經過專業清理；不常使用的煙囪，可能會被碎片、蜘蛛網、鳥巢等部分或完全堵塞住。如果煙霧無法正常逸出，這些可能會危害呼吸道，而樹葉和鳥巢之類的碎片，如果在煙囪內著火的話，情況會變得非常危險。

小團體或單人修行的儀式用火

如果你擔任某團體的成員，在儀式本身之前準備儀式用火，可以是一次友誼和同志愛的絕佳練習。在任何地方建立火堆或生火之前，請先問自己以下幾個問題：

該地區目前的防火限制是什麼？在許多地區，一年中都有明定禁止露天生火的時間。許多樓宇密集區是完全禁止生火的。不同的郡和地方議會，有時候對「露天火災」的構成條件有不同的定義。

我可以在這裡生火嗎？許多公立公園和保護區，要求你只可以在指定的壁爐內生火。有些允許攜帶便攜式火爐，如果你帶來火爐，尋找生火地點便有一些彈性。如果你規劃的魔法運作包含火，請好好做功課。如果你在線上找不到相關場地的信息，請直接打電話給當局，好好聊一聊。如果你不想詳細說明而且你生的火不會很大，那就概述情況，詢問關於「營火」的信息。

我的木材夠嗎？許多公園和保護區不允許收集木柴。砍下活的樹木或植物取得木柴絕對是不適當的，而且掉落的柴枝和樹枝，往往是脆弱生態系統的重要一環，最好把它們留下來。第一次造訪某地方之前，好好檢查一下你是否需要自帶木柴。

大型團體的火

我還記得我參加過的第一個大型公共薩溫節儀式，而且那個週末，我大部分的記憶都以某種方式被錨定到火。那簇篝火很大，至少直徑十公尺，由所有的節慶參與者花了一整天時間建造。

在篝火的中央矗立著一個巨大的柳條人，是我們當天架構起來的。他由巨大的鐵製骨架組成，骨架的各個片斷被鎖在一起，分批運來，存放好。我們一起將一束束厚實的乾柴枝捆起來，固定在柳條人的雙腿、雙臂和軀幹上，增強他瘦骨嶙峋的身軀。某人甚至用紙糊的材料，為他製作了一根巨大的金色陰莖。這場儀式的氣氛和能量絕對充滿期待，當篝火和柳條人終於被點燃時，釋放出來的感覺簡直就是魔法。

與小型火相較，大型篝火需要更多的作業和規劃，但是如果做得好，它們可以十分壯觀，成為你的儀式或慶祝活動的難忘焦點。

在開始規劃活動之前，要先做功課，好好研究你打算使用的場地，或是查看幾個不同的選項。要查明場地的規則，以及任何地方／州／國家的法律，允許你在你提議的日期當天建造和點燃篝火。如果是大型活動，你八成需要某種公共責任保險，以及至少一名合格的急救人員。

騰出空間。除了我在本章末尾增添的所有附加安全信息外，關於大型篝火，要記住的事情是，它們的輻射熱總是比你預期的更嚴重。你需要在大火周圍留出「大量」空間，讓人們站在舒適而安全的距離。在沒有樹木的田野或橢圓形場地上，建造篝火是理想的選擇，因為持續的輻射熱，會對樹木和建築物造成損傷和壓力。

篝火不只是你點燃的一堆木材。要小心謹慎地建造你的火堆。太多乾燥、質輕的材料（例如有葉子的枯枝、蘆葦、散裝的紙或質輕的片狀樹皮），會將大量飄浮的餘燼散布到整個廣闊的區域，很可能使燃燒的碎片大量降落在與會者身上。太多稠密的木材會使你的火燃燒緩慢，很難點燃和熄滅，需要很長的時間才能燃燒，而且缺乏篝火「令人驚嘆的因素」，就無法快速擄獲人心。

其他類型的儀式用火

在我居住的澳大利亞部分地區，整個夏季和進入秋季，往往持續五、六個月不下雨。這些乾燥的條件，加上長時間非常炎熱的天氣，在這裡附近以及全國大部分地區的灌木叢和草原內，製造出火藥桶條件。在這些條件下點燃任何類型的火焰不只是非法的，而且很可能是致命的——如果你經歷過任何類型的叢林大火事件，你就會知道野火移動的速度有多快、破壞性有多大。

即使你不住在像澳洲這樣的乾燥大陸上，有時候，擁有一把儀式用火就是不切實際或不安全的。你可能會在室內、公寓的陽台上、庭院裡或租用或共享的土地上作業。但是不要絕望，無畏的朋友們，還有其他選項。

對應關係

有時候，可以運用火的「圖像」代替火。使用合適的裝飾性（或至少顏色鮮亮的）盤子，來盛放你喜歡的許多圖像。查閱火的對應關係（提示：前幾章中有許多這類信息），而且使用對你來說有效的對應關係。

太陽能燈和太陽

好吧。我承認，第一次參加使用太陽能燈的活動時，我對此抱持懷疑的態度。那是一場滿月儀式，在盛夏、正值叢林大火季的時候舉行。放置在圓圈中心的不是平常的篝火，而是一只大鍋。它發出紅色和黃色的光，而我過了好一會兒才領悟到，鍋內放置了大約十幾盞手持太陽能燈，每一盞都用彩色織物遮蓋住（後來我發現，它們用T恤等等，展開來包住太陽能燈，用橡皮筋固定好），有不同色度的紅色、黃色、橙色。看起來令人驚歎，但我還是始終無法擺脫自己那份古板的傳統守舊面，無法確定……直到有人向我指出，這些燈的能量究竟來自哪裡。

因為使用太陽能，我們正在利用太陽的力量——未經過濾的、永續的、集結的火能量。有什麼能比這更自然或更神奇的：在你的祭壇上或魔法圈內放置一盞不折不扣的陽光器皿？

近來可以相當便宜的價格買到太陽能驅動型燈籠。我偏愛偏黃色的球型燈籠；我發現，與比較人工的白光相較，黃光更宜人。如果只有白色，你可以用一些有顏色的薄紙、玻璃紙或薄織物包裹，藉此改變它們的顏色和亮度。這也使你有更多的選項，可以在不同的場合使用不同顏色的光。

火炬

什麼東西幾乎跟大大肥肥的篝火一樣時髦？拿著火炬行進，這就是答案。在此我必須感謝我們的某些澳大利亞威卡教和異教的長老們，包括：崔弗（Trevor）、彼德（Peter）、琳達（Linda）、米歇爾（Michel）、嘉布莉埃兒（Gabrielle）、艾德麗安（Adrienne）、茱莉（Julie）、安德魯（Andrew）等等，因為關於安全地製作和使用火炬，我收到過許多的訓誡和訓斥。

有史以來最好的儀式火炬

煤油很臭。要在戶外作業，而且遠離任何火焰，包括抽菸的人。在你需要火炬之前大約二十四小時製作。對於在儀式舉行之前建立社區凝聚力，火炬製作工作坊可是大有幫助。

材料：

● 筆直、強健的「微綠」（最近剛從活樹上砍下來／還沒完全風乾）的柴枝，大約一公尺長，每一根火炬需要一根這樣的柴枝。
● 舊的棉質或亞麻床單，裁切／撕成大約五公分寬、大約一公尺長的條狀。你也可以從織品店買到印花粗棉布或棉布，但是重複利用舊床單比購買新品更環保，而且基於某個原因，這種「老舊」的織品似乎燃燒得非常好。
● 一只塑膠桶，裝大約半滿的煤油，用於浸泡火炬。在戶外的某個地方，你可以把火炬懸掛起來或放在那裡晾乾。

1. 取一條上述布條，將它緊緊地繫在一根柴枝的末端，讓柴枝位於布條帶的中間，有兩條等長的「尾巴」。將兩條尾巴交叉，再次牢固地繫在柴枝的另一側，於是這個結就在第一個結的下方但是在第一個結的反面。重複這個動作，直到你沿著柴枝向下大約二十公分，每次兩條尾巴交叉後就打結。

2. 布條尾巴用完時，加入更多布條，繼續從上向下同樣綁二十公分，每次布條交叉後就打結。這麼做，持續包裹三到四條布條，或是直到你滿意了火炬頭部的大小。

3. 你將織品包裹和打結得愈緊、愈頻繁，當火炬被點燃時，燃燒的碎片就愈不可能鬆散，愈不可能燒到火炬手或旁觀者。

4. 當所有火炬都被包裹好之後，將它們倒置在桶中，讓所有織品都浸泡在煤油裡。從這個時候開始，保持火炬倒置很重要，可以防止煤油沾到把手上，為火炬手製造火災危險。

5. 無論多麼誘人，都不要用懸垂的羽毛、織品，或其他可能對火炬手造成危險的零星物品來裝飾火炬。不要用油或漆塗抹或處理火炬手柄，因為這些是易燃物，在燃燒時或有時候只是加熱，就會釋放出有毒的煙氣。簡單就是美。

6. 讓火炬浸泡三到五個小時。然後，保持火炬倒立，將它們從桶中取出，倒掛在繩索上，或是將它們頭朝下靠著樹木、椅子等等，它們可以在那些地方滴掉多餘的煤油。

7. 讓火炬像這樣再放置至少八小時。不要省略這一步，因為這麼做可以避免火炬被點燃後成為滴油、危險的火炬。

8. 若要點燃火炬，請舉著它，遠離你和其他人，火炬形成某個角度向上傾，但是不要完全垂直。始終以這個角度攜帶和拿著火炬；水平放置火炬或角度向下，會導致火焰向上舔舐柴枝，燒傷你。

9. 手持燃燒的火炬時，要理智且留意到他人。不要過度揮動它或讓它離別人太近。當你的火炬被點燃時，要經常走動，而且舉好火炬，確保安全。在富蘭克林山，我們教導火炬手始終將火焰舉在頭部的高度，可以保護人們的衣服等等。

10. 若要熄滅火炬，如果別無選擇，請將火炬的頭部，插入裝有沙子或鬆散泥土或水的防火桶之中。

結論

無論儀式用火是為了安息日或月亮慶祝活動、咒術或魔法工作，還是入會啟蒙儀式，它們都為任何活動增添能量和莊嚴，如果你在某個團體中工作，儀式火則有助於使修習者團結起來。自己生起一簇火幫助設定魔法作業的意圖，尤其如果你謹慎操作且關注那簇火的狀況。

遵照本章中的建議，你應該能夠創造一簇儀式用火，讓你的戶外儀式更有力量且深入人心，而且為圈子裡的任何人促進人際連結的溫暖。

11

火系法術和製作配方

對許多人來說，火系魔法是發揮你的意志的最有效方法之一。本章中的作業、製作配方、唸誦，應該為運作邁向火的意圖的魔法提供很不錯的起點。

在求助於魔法運作之前，要養成的好習慣是：設法確保先將平時該做的事做好。如果你仔細檢查過自己的簡歷，然後開始查看招聘廣告或打聽詢問，那麼找工作的法術八成會更加成功。如果你先嘗試過令人生厭的溝通題材，那麼消除你與某位家人之間的爭執的運作，可能會比較順遂。當你應該去看醫療保健專業人員或執法機構時，絕不要轉而求助於巫術。

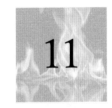

薰香束：用於設定意圖和創造神聖空間

使用棉線或麻線之類的天然纖維，來捆紮新鮮的葉子和草本。你需要把它們綁得相當緊（但是不要緊過頭了），因為新鮮草本在乾燥過程中會收縮。將你紮好的薰香束懸掛在溫暖乾燥且沒有陽光直射的地方。視天氣情況而定，它們通常需要二到六週才能完全乾燥且準備好可以使用。

- **用於全神貫注和聚焦**：使用以下至少四種植物——肉桂棒、羅勒、佛手柑、蕨類植物、天竺葵、木槿、金銀花、鳶尾、薰衣草、檸檬香蜂草、歐丁香、辣薄荷、迷迭香。用紅色或白色麻線／棉、毛、絲線捆紮。
- **用於療癒**：使用以下四種、七種或九種植物——蘋果葉、冬青、杜松小枝、莧菜、當歸、羅勒、黑莓葉、康乃馨、洋甘菊、三葉草（clover）、紫草（comfrey）、雛菊、蒲公英、甜茴香、解熱菊、天竺葵、帚石楠（heather）、天芥菜（heliotrope）、金銀花、茉莉、薰衣草、檸檬香蜂草、萬壽菊、辣薄荷、玫瑰花瓣、迷迭香、芸香、百里香、馬鞭草、蓍草（yarrow）。用白色麻線／棉、毛、絲線捆紮。

● **祈求靈感**：使用以下至少五種植物——金合歡／相思樹的花、柳葉、當歸、葡萄葉、金銀花、茉莉、薰衣草、歐丁香、玫瑰、迷迭香、芸香、馬鞭草、肉桂棒、香草莢。用銀色或淺藍色麻線／棉、毛、絲線捆紮。

● **祈求愛情**：使用以下至少三種植物——蘋果葉、康乃馨、紅色菊花（chrysanthemum）花瓣、夢幻草（columbine）、帚石楠、天芥菜、金銀花、萬壽菊、玫瑰花瓣、百里香、纈草（valerian）、香堇菜（violet）、蓍草、中亞苦蒿。用紅色或粉紅色麻線／棉、毛、絲線捆紮。

● **用於魔法運作**：使用以下至少三種植物——康乃馨、芍藥、迷迭香、芸香、馬鞭草、肉桂棒、蕁麻、槲寄生、毛蕊花（mullein）。用紫色或銀色麻線／棉、毛、絲線捆紮。

● **祈求保護**：使用以下至少四種植物——相思樹／金合歡的花、白蠟樹樹葉、山楂果、冬青葉、玉蘭花瓣、橡樹葉、花楸漿果、松樹小枝、當歸、羅勒、黑莓葉、菊、掃石楠、茉莉、薰衣草、歐丁香、芍藥、報春花（primrose）、覆盆子葉（raspberry leaf）、金魚草（snapdragon）、留蘭香（spearmint）、百里香、纈草、馬鞭草、香堇菜、蓍草、竹葉、薊、芫荽、丁香、中亞苦蒿。用白色或銀色麻線／棉、毛、絲線捆紮。

- **祈求轉化、重生、更新**：使用以下至少三種植物——柏樹小枝、杜松小枝、冷杉小枝、楓葉、核桃葉、葡萄葉、常春藤、萬壽菊、香堇菜、亞麻、蓮、中亞苦蒿。用橙色或紫色麻線／棉、毛、絲線捆紮。
- **改掉壞習慣**：使用以下至少兩種植物——蘋果葉、柏樹小枝、蒔蘿、天芥菜、迷迭香、燈心草。用黃色或白色麻線／棉、毛、絲線捆紮。
- **建立自信**：使用以下至少三種植物——橡樹樹葉、羅勒、康乃馨、天竺葵、帚石楠、金銀花、西番蓮（passionflower）、玫瑰花瓣、迷迭香、百里香、蓍草。用金色或寶藍色麻線／棉、毛、絲線捆紮。
- **鎮定心智**：使用以下至少兩種植物——三葉草、西番蓮、蘋果葉、琉璃苣（borage）、香堇菜。用藍色或黑色麻線／棉、毛、絲線捆紮。
- **鼓勵真實性**：使用以下至少七種植物——柏樹小枝、月桂葉、玉蘭花瓣、松樹小枝、康乃馨、菊、雛菊、金魚草、纈草、丁香、薄荷、覆盆子葉、蘋果葉。用藍紫色或白色麻線／棉、毛、絲線捆紮。
- **提升占卜的價值**：使用以下至少四種植物——蘋果皮、櫻花、杜松小枝、當歸、羅勒、雛菊、木槿、金銀花、薰衣草、萬壽菊、辣薄荷、草莓葉、玫瑰花瓣、百里香、蓍草、肉桂棒，毛蕊花，中亞苦蒿。用金色或銀色麻線／棉、毛、絲線捆紮。

● **找到丟失的物品**：使用以下至少兩種植物——芍藥、迷迭香、芸香、馬鞭草、肉桂棒、香草莢、向日葵花瓣。用白色或黃色麻線／棉、毛、絲線捆紮。

● **促進溝通交流**：使用以下至少三種植物——黑莓葉、黃色康乃馨、洋甘菊、雛菊、蒲公英、甜茴香、天竺葵、薰衣草、萬壽菊、迷迭香、纈草、白色香堇菜。用橙色或藍色麻線／棉、毛、絲線捆紮。

● **促進正義**：使用以下至少四種植物——月桂葉、康乃馨、蒔蘿、金銀花、茉莉、馬鞭草、香堇菜、肉桂棒、蕁麻。用紫色或紅色麻線／棉、毛、絲線捆紮。

● **淨化**：使用以下至少三種植物——杜松小枝、橡樹樹葉、月桂葉、當歸、洋甘菊、蒔蘿、甜茴香、蕨類植物、天竺葵、肃石楠、風信子、薰衣草、茉莉、迷迭香、辣薄荷、百里香、白色香堇菜、八角、薊、肉桂棒、蕁麻、薊、中亞苦蒿。用白色或未染色的麻線／棉、毛、絲線捆紮。

● **顯化你的渴望**：使用以下至少四種植物——肉桂棒、巖愛草（dittany）、高良薑、香草莢、紅玫瑰花瓣、草莓葉、杜松小枝。用紅色麻線／棉、毛、絲線捆紮。

●重拾權威：使用以下至少三種植物——琉璃苣、康乃馨、雛菊、帚石楠、金銀花、萬壽菊、百里香、蓍草、毛蕊花。用黑色或金色麻線／棉、毛、絲線捆紮。

●撫慰憤怒以及分散劍拔弩張的氛圍：使用以下至少三種植物——纈草、芍藥、杜松、冬青、洋甘菊。用黑色或紫色麻線／棉、毛、絲線捆紮。

調合香

這些散裝的調合香，用於在香爐中的炭餅上燃燒。用乾燥的草本而不是新鮮草本製作調合香。

●查理，振作起來（Cheer up, Charlie）：1份金銀花、1份丁香、2份乳香，1滴玫瑰油

●手工藝者的正午（Crafternoon）：1份丁香、1份乾橙皮、1份山楂果、2份檀香

●聖化儀式刀（Consecration of an Athame）：1份雪松片、1份石榴籽、2份檀香、2份乳香

●占卜國度（Divination Nation）：2份檀香、1份肉桂、1份乾橙皮

●小小的夜間魔法（Eine Kleine Nachtmagie）：2份檀香、1份玫瑰花瓣、一滴茉莉或

玫瑰油

- **格鬥褲**（Fighting Trousers）：1份多香果、2份檀香、1份迷迭香、1份杜松子
- **什麼令你不適**（For What Ails You）：1份杜松子、1份迷迭香
- **GTFO**：3份乳香、1份沒藥、1份蒔蘿籽、1份龍血、1份檀香
- **魔法剋星**（Hexbuster）：1份月桂葉、2份檀香
- **學習技巧**（Study Skills）：1份乳香、1份雪松片、1份檀香、1份迷迭香

適合各種場合的引火束

如果你居住的地方可以接觸到許多不同的木材，你就可以為你的儀式用火收集和捆綁某些組合。這是一項絕佳的團體活動。當這些捆綁好的引火束晾乾後，可以將它們扔到已經燃燒的火堆上，或是用作引火物的一部分。第十章有關於乾燥和燃燒木材的訣竅。

- **貝爾丹火焰節木柴束**（Beltane Bundle）：使用以下至少三種木材——蘋果木、白蠟木、櫻桃木、栗木（chestnut）、接骨木、榆木（elm）、杜松木、玉蘭木、楓木、橡

欖木、石榴木、花楸木。用紅色和白色的絲帶或麻線捆綁。

- **魔法之舞**（Dance Magic Dance）：使用以下至少三種木材——蘋果木、黑刺李（blackthorn）、接骨木、榛木、月桂木、花楸、柳木。用紫色或銀色絲帶或麻線捆紮。
- **黑魔法防禦術**（Defence Against the Dark Arts）：使用以下至少三種木材——樺木、柏木、冷杉、榛木、冬青、杜松、月桂、橡木、棕櫚木、松木、花楸、荊豆。用黑色或銀色絲帶或麻線捆綁。
- **女巫集會木柴束**（Esbat Bundle）：使用以下至少三種木材——白蠟木、柳木、接骨木、月桂、榛木、楊木（poplar）、花楸。用白色或銀色絲帶或麻線捆綁。
- **艱難時期**：使用以下至少兩種木材——顫楊（aspen）、雪松、冬青、月桂、橡木、棕櫚、松木、楊木、柳木。用紅色或棕色絲帶或麻線捆綁。
- **放手**：使用以下至少三種木材——樺木、雪松、柏木、接骨木、杜松、月桂、楓木、棕櫚、松木、中亞苦蒿、玫瑰花瓣。用黑色或紫色絲帶或麻線捆綁。
- **心智交流**：使用以下至少兩種木材——黑莓藤（blackberry vine）、山毛櫸木、雪松木、榛木、冬青木、橄欖木、核桃木、迷迭香小枝。用藍色或黑色絲帶或麻線捆綁。

• **送舊迎新**：使用以下至少兩種木材——榿木（alder）、黑刺李木、花楸木、芸香。用紅色絲帶或麻線捆綁。

• **褲子派對**（Pants Party）：使用以下至少五種木材——相思木／金合歡木、蘋果木、玉蘭木、棕櫚、香草莢、橡木、玫瑰花瓣、松果、棕櫚、槲寄生、肉桂棒。用紅色或白色絲帶或麻線捆綁。

• **凝視占卜聚會**（Scrying Soiree）：使用以下至少四種木材——相思木／金合歡、榿木、蘋果木、白蠟木、樺木、雪松木、櫻桃木、冷杉木、榛木、七葉木（horse chestnut）、杜松木、月桂木、楓木、石榴木、楊木、花楸木、柳木。用銀色或金色絲帶或麻線捆綁。

火與占卜

用煤占卜

用熱煤占卜，當火開始逐漸熄滅時，坐下來凝視著它。煤占卜（tephramancy）中的某些民俗關聯是：

- **冷灰之間的熱煤**：來自英格蘭約克郡的幾則迷信紀錄認為，在清理冷掉的壁爐時，如果在冷掉的灰燼中找到熾熱的紅煤炭，意謂著你很快就會收到死亡的消息。[319]
- **大大的火花向上直衝煙囪**：來自英格蘭威爾特郡（Wiltshire）和什羅普郡的迷信認為，看見大而明亮的火花向上直衝煙囪表示，你很快就會收到重要訊息或消息。[320]
- **爐柵上的「陌生人」**：在英格蘭和其他地方的一個普遍信念是，煙灰片落在爐柵上表示，很快會有陌生人來訪。在十九世紀末收集到並寫下的一首韻文，特別令人毛骨悚然：

如果酒吧上的陌生人進入火中，
你的朋友一定會來到附近；
如果陌生人進入灰燼中，
你的朋友還是會來；
如果陌生人爬上煙囪，
你的朋友一定會來，但是你見不到他。[321]

其他火災預兆

火和火焰的行為和外觀，長久以來也一直被許多人認為是預兆。

- **藍色火焰**：一則古老的蘇格蘭迷信認為，藍色火焰表示，爐床的靈在場。在蘇格蘭蓋爾語中，這些靈被稱作 *Corracha cagalt*。大量的藍色火焰，往往被認為預示惡劣的天氣就在眼前。[322]
- **火在一側燃燒**：關於火頑固地只在壁爐的一側燃燒，存在著幾種不同的迷信。這些在某些地方是相互矛盾的，但共同的主題似乎是，這是一個不好的徵兆：婚姻失敗、不速之客，乃至家庭瀕臨死亡。某些人認為，將火向後蔓延，填滿整座壁爐，可以抵消

註[319]：Opie and Tatem, *A Dictionary of Superstitions*, 150。
註[320]：Opie and Tatem, *A Dictionary of Superstitions*, 151。
註[321]：Opie and Tatem, *A Dictionary of Superstitions*, 151。
註[322]：Opie and Tatem, *A Dictionary of Superstitions*, 150。

這種預兆。[323]

- **火不會燃燒或難以點燃**：在十九世紀中葉，來自英格蘭各地的民間傳說聲稱，很難點燃或無法持續燃燒的火表示，家中某人心情惡劣。一則一八五五年的報導宣稱，燃燒成黑色和陰鬱的火，是來自遠方的異議或怨念的徵兆。[324]
- **噴火和咆哮**：早在十七世紀，來自英格蘭各地的許多報導聲稱，噴出和咆哮的火是爭吵或責罵的預兆。某些人認為，向火吐口水可以抵消這點。[325]
- **早上火還在燒**：來自英格蘭幾個地方的民間傳說認為，早上壁爐裡的火還在燒，這是你很快會收到壞消息的徵兆。[326]
- **火突然燒起來或突然變旺**：來自英格蘭德文郡（Devon）、多塞特郡（Dorset）、薩西克斯郡（Sussex）附近的幾則民間傳說聲稱，如果火突然間燃燒得很亮，沒有任何預警，那是有陌生人會來的徵兆。一九三〇年代一份收藏的古諺說道：「當火不用吹而燃燒時，你將會不知不覺地有人相伴。」[327]
- **原木中空燃燒**：一則古老的英國民間傳說認為，燃燒原木且在中間留下一個空洞，是死亡即將到來或分道揚鑣的徵兆。一旦發現「中空火」（hollow fires），立即將它戳滅被認為是很好的做法。[328]

辣薄荷茶使你動起來

寒冷的早晨，你很難啟動嗎？到了下午三點左右，你是否感到疲憊不堪？根據辣薄荷茶的說明，泡一壺辣薄荷茶（如果你自製辣薄荷茶，可以加分，但是完全沒有必要）。倒水前，將茶壺順時針轉三遍。用你的手指在上方畫出火的煉金術符號，然後為自己倒一杯茶。喝茶時，觀想杯裡的茶使你整個人暖和起來，讓你的肌肉充滿活力，使你疲憊的心智煥然一新。

註323：Opie and Tatem, *A Dictionary of Superstitions*, 150。
註324：Opie and Tatem, *A Dictionary of Superstitions*, 150。
註325：Opie and Tatem, *A Dictionary of Superstitions*, 151。
註326：Opie and Tatem, *A Dictionary of Superstitions*, 150。
註327：Opie and Tatem, *A Dictionary of Superstitions*, 150。
註328：Opie and Tatem, *A Dictionary of Superstitions*, 150。

一八〇〇年之際的兒童篝火許願歌

金質腰帶，
絲質馬鞍，
我的馬白如牛乳！[329]

銀戒指和薊種子冠毛：你心中的渴望

下一次看見飄浮的薊種子冠毛（thistledown），在它觸及地面之前抓住它。盡可能設法保持它完好無損，而且將它存放在某個地方直到下一個滿月。空的火柴盒是做這件事的理想選擇。滿月時，站在或坐在你可以沐浴在月光中的地方；隨身攜帶薊種子冠毛和銀戒指。如果需要，建立一個魔法圈，然後將戒指和薊種子冠毛放在你呈杯狀的雙手裡。聚焦在你已經盼望了好些時間的事。說道：

火之薊，聽我言，知我心。

我對你最大的心願是＿＿＿＿＿。
火之薊，我懇求你，乘著溫暖的
風越過山脈、陸地、大海。
帶著這些話，知道我的心，
把這個真實的渴望帶給我。

抬頭仰望月亮，讓薊種子冠毛乘著微風被吹走。戴著那枚戒指直到你的心願實現為止，或是直到你不再需要它為止。

註329：Opie and Tatem, *A Dictionary of Superstitions*, 152。

月桂葉：用於驅逐

一則古老的做法，不過是好東西。在乾燥的月桂葉上寫下你想要處理的課題（或人）的名稱，然後將它們放入防火容器內燃燒。為了獲得額外的火的力量，將它們的灰燼撒在荒涼的地方，那裡光線微弱，什麼也長不出來。

羅勒和月桂：改善占卜技巧

用浸了月桂和羅勒的油（關於如何製作這樣的油，請見第9章蠟燭魔法），調理三根金色蠟燭。每當你占卜的時候，就燃燒這三根蠟燭。這些蠟燭可以用於實踐「凝視火焰占卜」。

九片天竺葵花瓣：祈求勇氣

用浸了至少以下一種植物的油，調理一根橙色蠟燭：多香果、羅勒、琉璃苣、生薑、毛蕊花、蕁麻。關於如何完成這事的建議，請見第九章。收集天竺葵的花瓣，愈亮愈好，然後在這根蠟燭的火焰中一一燃燒九片花瓣，同時說道：

有勇氣夢想，有勇氣嘗試
有勇氣敢於，有勇氣看見

鹽和紅色絲帶：祈求在工作場所成功

將幾條某個長度的紅絲帶放入一只廣口罐內。你用言語表達你的意圖，同時用海鹽覆蓋絲帶（食鹽也有效）：要得到升遷、找到工作等等。將罐子放在陽光直射的地方，持續幾週，然後取出絲帶，將它們繫在你的辦公桌／工作區或將它們佩戴在身上。

粉筆和煤炭：協助療癒的過程

這個做法的靈感，來自約克郡的民間習俗，聲稱一旦火將粉筆變黑，黑到再也看不見粉筆時，就用粉筆將患者的名字寫在爐台上，這可以治癒患者的寒顫（發燒、畏寒乃至瘧疾）。[330]

註[330]：Opie and Tatem, *A Dictionary of Superstitions*, 151。

如果你夠幸運，擁有一座真正的爐台或煙囪，可以直接用粉筆將名字寫在上面，那就寫吧。如果沒有，請嘗試用白粉筆在某塊石頭或某件信物上寫下一個名字。用一塊木炭重描那個名字三遍，最好木炭是來自這人最近所坐位置旁邊的火堆。將那件信物放在戶外的地面上，在那裡，它將面對太陽、風、雨的全面衝擊。直到名字消失，才移動信物。

12

火系節日和儀式

火系節日絕不是異教徒和巫術社群獨有的。英國的蓋・福克斯之夜（Guy Fawkes Night，即「篝火之夜」）、日本九州島上的鬼夜火祭、南韓的濟州島野火節、以及其他火節等悠久傳統說明了，無論我們認為自己多麼現代化，這種原始而強大的元素，就是我們人類集體心靈的一部分。

年輪

年輪是大部分女巫和異教徒參照一年的季節和標明季節的節日，推而廣之，就是生命、死亡、重生的持續循環。年輪完整地轉動一圈（一年）所發生的改變，最容易在自然界中看見，尤其是樹木和開花植物。

這個年輪是由八個安息日或聖日組成，包括夏至和冬至兩個至點、春分和秋分兩個晝夜平分時，以及四個「季節交替」日，有時候稱為「次要的」安息日。重要的是要記住，這些日子是為了慶祝一年的季節性時間，持續數週，逐漸消逝，且與下一個季節重疊。我發現，如果你認為那些慶祝日只是標明每一個安息季的轉折點，那會有所幫助。

某些異教和巫術傳統認為，一年的開始和結束日是薩溫節。其他人則標明一年的開始和結束是冬至或春分。八個安息日結構，是慶祝全年季節的常見方式，但是並不是所有女巫都會慶祝每一個安息日，如果你選擇要確實標明它們的話，也沒有「正確」的方式可以標明這些盛會。

冬至

又名：耶魯節（Yule）、仲冬（Midwinter）

南半球：六月二十一日（大約）

北半球：十二月二十一日（大約）

根據你與哪一位異教徒交談而定，冬至有時候被認為是異教徒的新年。這是一年中最長往往也最黑暗的夜晚。秋分過後，白天變短，黑夜變長，在六月的冬至（對北半球的朋友們來說，冬至是在十二月）達到頂點。冬至過後，光慢慢開始回歸，接下來六個月，每天的光照時間都會變得長一點。

好幾個世紀以來，冬至一直用某種慶祝活動標明。在北半球，許多與冬至有關的習俗，已被納入世俗和基督教的新年和耶誕節傳統。許多女巫把冬至叫做「耶魯節」，以**Yule**（或 **Jol**、**Jul** 或 *Julmonat*）命名，這是德國和斯堪地那維亞境內的傳統假期，也是一些最著名的仲冬習俗的起源。

在某些傳統中，橡樹王和冬青王之間的爭鬥，象徵光明戰勝黑暗。這個季節神話——大部分起源於羅伯特．格雷夫斯（Robert Graves）的《白衣女神》（*The White Goddess*），而且由傳統的威卡教徒珍妮特．法拉爾和史都華．法拉爾做了更深入的探索——講述橡樹王和冬青王兩兄弟被鎖在一場持續的爭戰中，爭奪這個世界和世界季節的統治權，他們每隔六個月就為了這個王位而戰。某些傳統收錄了兩位國王在每一個安息日變得更強或逐漸變弱的故事，而且他們在兩個至點發動戰爭。有時候，一位女神也出現在這些故事中，哀悼戰敗的國王或與勝利者一起慶祝。[331]

火與冬至

仲冬之火

仲冬往往被現代女巫視為太陽的重生。因為這點，現代的耶魯節和仲冬儀式、慶祝活動、節日在許多情況下都涉及光和火——大量發光的蠟燭和燈籠、篝火等等，為的是對抗漫長的黑暗。

在像澳大利亞這樣習慣性極度乾燥的國度，冬季往往是唯一可以安全地燃起巨型篝火的時間。在嚴寒空氣中的灼熱煤塊，兩相對照，為我帶來安全感和社群感。我最喜愛的仲冬記憶之一是，與一位朋友在戶外舉行私人儀式，我們的靴子嘎吱嘎吱響地走過霜凍，而火歡快地發出細碎的爆裂聲。

許多現代女巫認為，耶魯節或仲冬儀式用火的灰燼意義重大。

耶魯原木

耶魯原木是來自英格蘭和歐洲的一種民間習俗，在北美洲和澳洲等地被殖民時，成功地傳播到這些地方。儘管它們的確切起源目前還不清楚，但是人們認為，這種有長時間燃燒的原木來象徵太陽回歸的傳統，可能根源於早期的日耳曼異教信仰。

傳統上，耶魯原木是用前一年沒燒完的部分原木點燃的，而且將一塊沒被燒完的原木保存起來，用作保護的象徵，然後再用於點燃下一年的新原木。

冬至之火的方案和活動

- 在你一生中至少有一次，在某個仲冬時節抽個時間徹夜不眠，最好是與幾個志同道合的閨密一起。關掉電視，將電話和其他電子儀器的運作減至最小。坐下來說話，看著火中的煤炭。彼此連結，想想剛剛過去的一年。向你的眾神敬酒，如果你心中有神的

註❸❸❶：Mankey, *Wheel of the Year*。

話，為來年乾杯。好好觀賞新的太陽在新的一年升起，然後再上床睡覺。像這樣的夜晚將會溫暖你，下達你的「靈魂的骨頭」，而且將會成為未來多年珍藏的記憶。

- 用常綠的大樹枝或樹葉裝飾你的住家，以此慶祝冬天，然後在聖燭節燒掉這些樹枝和樹葉，以此驅逐寒冷。你可以在該年稍後在儀式用火上燃燒這些，象徵光明回歸。
- 為你自己或你的團體製作耶魯原木（見下文）。記得要保存未燒完的部分，用來點燃明年的原木。
- 好好收集來自仲冬或耶魯節儀式用火的冰冷灰燼。將它們存放在玻璃瓶內，用於繁榮或保護的運作中。或是將它們撒在你的花園，以此鼓勵來年的繁殖力。
- 每年這時候的蠟燭魔法，往往以金、綠、紅、銀或白色蠟燭為特色，而且往往聚焦在漫長的黑暗、來年的占卜／訊息／預兆、光明的回歸、淨化、重生／更新或其他轉化。
- 通常與每年這個時候有關聯的木材，包括蘋果木、樺木、雪松、栗木、冷杉、冬青、杜松、橡木或松木。332

如何製作耶魯原木？

通常，耶魯原木是在該年稍早的時候被挑選出來，專門留作耶魯原木用。在薩溫節左右或更早的時候，要選擇一根木質稠密的、已風乾備用的原木，作為接下來一年的耶魯原木。傳統上使用橡木，但是其他稠密、燃燒緩慢的木材，例如澳洲桉樹、花楸等等，也可以達到同樣的效果。

隨著仲冬季節的臨近，如果切實可行，就用例如松樹、冷杉、冬青之類的常綠樹葉，裝飾你的住家或祭壇。將耶魯原木納入你的裝飾之中。某些遵循橡樹王／冬青王神話的人們，使用橡樹和冬青的葉子裝飾他們的原木。其他人則用常春藤藤蔓纏繞原木，或使用紅豆杉小枝來象徵太陽神或舊年的死亡。最後加上一個大大的紅色蝴蝶結。

作為你的仲冬慶祝活動的一部分，包括在你的儀式用火上放置和燃燒耶魯原木。使用去年剩下的原木（如果有的話）點燃新的原木。你可能會想要念誦或祈禱（我在下文收錄了一些點子）或唱耶誕頌歌。

註332：Mankey, *Wheel of the Year*。

記得要保存沒有燒完的原木。你可以把它放在你家附近的某個地方，祈求保護和好運，然後再用它來點燃隔年的原木。

聖燭節

又名：聖燭節（Candlemas）、布麗姬節（Brigid）、二月前夕（February Eve）

南半球：八月一日（大約）

北半球：二月一日（大約）

關於古老的愛爾蘭聖燭節（Imbolc），人們知之甚少，而現代異教徒和女巫的聖燭節慶祝活動卻由此得名。我們確實知道它們發生在二月初，在愛爾蘭境內和一些其他地區，在這些地方，這個日期原本是春天的開始。雖然它仍然是一個火節，但是聖燭節的焦點是光而不是溫暖。[333] 對於現代女巫來說（她們從少女到老媼的旅程中，都遵循著女神的季節性週期），聖燭節有時候是女神被尊為「玉米少女」的時候，整個作業聚焦在繁榮和增長。

關於這個節日的起源，我們確實知道的一件事情是，以某種方式連結到女神布麗姬，或是「某位」布麗姬女神（在整個不列顛群島上，有好幾位布麗姬受到崇敬），而且目前還不清楚，布麗姬是眾所周知的神明，還是局限在比較小的地區。[334]

有些女巫喜歡利用每年的這個時候做些春季大掃除：打掃、修理或更換作業工具；補充祭壇用品；清理和滌淨儀式空間等等。

火與聖燭節

Imbolc 與 Candlemas

雖然這兩個節日有時候共享一個相似的日期，而且 **Candlemas**（獻主節，又名「聖燭節」）這個名字在一九五〇和一九六〇年代被許多女巫使用，到今天有時還被使用著，但是 **Candlemas** 實際上是完全不同的節日。它是基督教的聖日，起源於至少一

註333：Farrar and Farrar, *A Witches' Bible*, 61。
註334：Mankey, *Wheel of the Year*。

部分屬於古希臘時期舉行的類似儀典。在某些基督教國家，二月二日當天仍然舉行 Candlemas 儀典，標明耶誕節至主顯節（Epiphany）這段時期的結束。

聖燭節的蠟燭

許多女巫和異教徒也在聖燭節慶祝光明的回歸。這是為什麼蠟燭在這個季節的儀式中如此突出的原因。某些聖燭節儀典有一連串的蠟燭（有時候每一位儀式參與者拿著一根蠟燭），逐漸點燃，代表太陽緩緩回歸。

聖燭節之火的方案和活動

- 將你用來裝飾住家的綠色植物收集起來，在你的聖燭節儀式用火中燒掉，以便驅散冬天的寒冷。
- 在每一個聖燭節展開澈底春季大掃除的傳統。我知道許多女巫集會利用這段時間，讓用了一整年的柱形蠟燭正式退休，換上新的柱形蠟燭，作為聖燭節儀式本身的一部分。你甚至可能想要嘗試針對儀式空間、工具或儀式參與者進行祈福／煙霧滌淨。

- 聖燭節的重點在於新穎。要利用這個機會製作或聖化作業工具。燃燒少量乾燥的當歸、羅勒、萬壽菊、肉桂、高良薑或乳香，並將燃燒的煙霧用作你選擇的聖化儀式的一部分（或是採用第11章的方法）。
- 每年這個時候的蠟燭魔法，往往以綠、粉紅、黃或白色蠟燭為特色，而且往往聚焦在覺醒；動物；驅逐和新的開始；占卜和預言；生育和分娩；療癒、希望、靈感；光明和覺照；繁榮；淨化；轉化；安康；青春。
- 通常與每年這個時候有關的木材，包括黑刺李、花楸、西克莫無花果（sycamore）。[335]

製作蠟燭冠

在《巴克蘭德的巫術全書》（*Buckland's Complete Book of Witchcraft*）[336]中提到的一

註[335]：Kynes, *Correspondences*, 395-396。

註[336]：Buckland, *Complete Book of Witchcraft*, 101。

個傳統是，女祭司戴的蠟燭冠或燈光冠，象徵女神以很年輕的形象出現。

身為有著滿頭濃密粗髮且偶爾一根執拗地突出的人，頭戴一頂燃燒的蠟燭冠的想法，使我充滿多到我無法在此一一列舉的焦慮。

在珍妮特．法拉爾與史都華．法拉爾的《女巫聖經》（*Witches' Bible*）之中，有稍微不那麼令人擔憂的蠟燭冠操作指南，使用生日蛋糕蠟燭以及一頂內裡由錫箔製成的半罩型頭套，來保護佩戴者的頭皮，但是我偏愛使用電子蠟燭、金箔，或新一季的黃色、橙色、或紅色鮮花編成的花環。在澳大利亞，盛開的金合歡最適合這麼做。

收集和晾乾神聖木材

隨著比較溫暖的日子終於來臨，該是為未來規劃的時候了。收集、野外採集、乞求或交換砍好的不同木材，將它們存放在溫暖而乾燥的地方。如果你堅持收集不超過拇指粗的碎片，這些碎片應該要夠乾燥，足以在貝爾丹火焰節點燃你的儀式用火。

如果覺得自己特別聰明，不妨研究一下有某些對應關係（例如好運、健康、繁榮等等）的木材，並相應地用一些有色棉線或天然麻線，將適當的木材捆紮起來，製作成一捆生火的木材，方便未來使用。

你可能想要開始使用的一些神聖木材，可能是：橡木、白蠟木、樺木、花楸、柳木、冬青或榛木。關於準備木柴以及一些常見木材的魔法關聯的更多信息，請見第六章和第十章。

春分

又名：奧斯塔拉（Ostara）、伊奧斯特（Eostre）

南半球：九月二十一日（大約）

北半球：三月二十一日（大約）

在耶魯節過後，白天開始變長。到了春分（Spring Equinox，這在時間上是一個精確的時刻，在特定的某一天，太陽與地球的赤道完美對齊）時，白天和黑夜差不多等長。許多女巫和異教徒把這一天左右的季節稱作「奧斯塔拉」，慶祝平衡、生命、繁殖力、春天。雖然現在不太常見，但是由於光明和黑暗的總量相等，某些異教徒和巫術傳統確實認為春分是一年的開始和結束。[337]

在異教信仰和巫術之中，「奧斯塔拉」這個名稱，最初是由詩人兼巫師艾丹．凱利（Aidan Kelly）在一九七四年創造並用來代表春分的。直到幾十年前，「奧斯塔拉」還是一個主要由美國女巫和作家使用的名稱，不過隨著社群日益全球化，愈來愈多來自遙遠地方的異教徒，吸收美國作家的內容，「奧斯塔拉」在世界各地變得愈來愈廣泛地使用。也就是說，許多女巫還是偏愛使用一九七〇年代之前的名稱，例如「屬於春天的晝夜平分」和「春分」。

某些現代女巫利用這個季節，代表既有魔力又平凡的春季大掃除；豐盛／繁殖力／成長的儀式；經歷冬天的寒冷之後返回到戶外；園藝；彩繪蛋、花冠製作、壓花之類的「小型手工藝」；為來年占卜。

火與春分

平衡和光明回歸

在太陽曆中，春分是日光與黑夜等長的時候。在這一天之後，日夜的平衡轉向愈來愈多的陽光，白晝慢慢變長。這時候的許多運作和儀式都聚焦在平衡，或是將比較黑暗的日子拋諸腦後。

是黎明女神嗎？

「奧斯塔拉」的名字源自於「伊奧斯特」（**Eostre**），這是一位古老的日耳曼黎明和春天女神的名字。一八三五年，著名的格林兄弟之一雅各布・格林（**Jacob Grimm**），在他的著作《德國神話學》（*Deutsche Mythologie*）中，重新架構了關於這位女神的細節。

當格林撰寫關於伊奧斯特的文章時，他參考的是一部年代早許多的作品，作者是生活在西元六七二年至七三五年的英國本篤會（**Benedict**）修士「可敬者比德」（**the Venerable Bede**）。比德被許多人尊為英國歷史之「父」，他被認為是中世紀早期最具影響力且最重要的古代學者。他寫了大量關於基督教教派的傳統和歷史的文章，但他的主要興趣領域卻是「復活節的計算」，即聖日和慶祝活動日期的數學精確定位。

註337：Campanelli, *Llewellyn's Magical Sampler* 中的「The Wheel of the Year」，329-335。

在比德的拉丁文著作《時間的推算》（*De Temporum Ratione*）中，他寫了關於日耳曼的節日季「伊奧斯特月」（*Eosturmonath*）的文章，他聲稱，這是一個根據古代女神「伊奧斯特」命名的假期。

但是，這位女神似乎只有比德有過深刻或細節的描寫。在任何其他有文字記載的歷史或神話中，都沒有提到她或她的敬拜。我們無法百分百確定，但是隨著時間的推移以及更多的研究完成，看起來愈來愈像是比德可能編造了伊奧斯特，用她來美化「伊奧斯特月」這個名稱。

離真相最近的研究人員，得到關於女神奧斯塔拉／伊奧斯特的證據包括，提到一位名為「奧斯特洛」（*Austrō*）的原始日耳曼女神、一位名為「奧索絲」（*Ausōs*）的原始印歐黎明女神、以及名為「奧斯特里雅亨妮」（Austriahenae）的羅馬日耳曼母神，但是這些是來自完全不同時期的獨立神；如果有什麼關係，也只是名字逐漸演變成伊奧斯特／奧斯塔拉，而且即使是那樣，這也只是理論而已。

直到十九世紀中葉，許多奧斯塔拉／春分的「古代」象徵，才與這位女神或慶祝活動有關；比德或格林從來沒有提過野兔、蛋、小雞等等事物。最早提到的其實是作者阿道夫．霍爾茲曼（Adolf Holzmann）於一八七四年發表的一篇相當草率的評論。就跟女神奧斯塔拉的身分一樣，這一句天真的引文被幾位作者學到並使用，然後其他作者又引用這幾位作者所言等等，依此類推，直到它成為「事實」，出現在你現在書架上許多的異教和女巫書籍中為止。[338]

不管來自哪裡或看起來有多麼古老（因此不知怎地比較好），奧斯塔拉和春分的現代象徵，包括彩繪新鮮的蛋、新鮮的春天花朵、野兔／兔子、動物寶寶。

太陽的增強

羅伯特．格雷夫斯、法拉爾夫婦與其他人，都寫到太陽在春分時「武裝」自己。某些儀式涉及太陽的象徵以太陽圓盤或輪子的形象出現，乃至擬人化成為某人戴著面具，或穿著明亮的長袍／服裝。對於在澳大利亞境內舉行的「二〇一九年威卡教大會」來說，我們讓某人打扮成太陽，穿著金色斗篷，戴著華麗的面具。作為這個典禮的一部分，有人交給這人一根長矛，顯示太陽增強，對抗黑暗。

註[338]：O'Connor, *Ostara*, 20。

春分之火的方案和活動

- 隨著植物生命持續醒來，用藤蔓或花朵與紅色和黃色絲帶，編織一個太陽圓盤、一個花圈或實心圓圈來代表太陽。
- 這是一年中在園中種植的絕佳時節，在許多地區可以使用「盆栽顏色」（一籃籃寬而淺且易種快長的一年生幼苗）。種植圓形大花盆或一小片可管理的花床，有萬壽菊、金蓮花、黃色三色堇、野花，慶祝這個生長和光明逐漸增長的時候。
- 如果你收集了神聖木材，紮成一捆，準備在較冷月分時用作儀式的引火物，那麼現在是將木材放到戶外的好時機，這時天氣晴朗，可以吸收一些光線，協助晾乾的過程。
- 每年這個時候，蠟燭魔法往往以淡藍、綠、粉紅或黃色蠟燭為特色，而且往往聚焦在園藝和耕作、平衡、美麗、繁殖力、成長和新生命、光明、愛、重生／更新。
- 通常與每年這個時候有關的木材，包括白蠟木、樺木、楓木。

339

製作太陽輪

太陽輪（sun wheel，又名太陽的輪子、太陽十字架、太陽的十字架）是太陽的象徵，由圓圈內的一個等邊十字架組成。太陽輪是曾經出現在許多文化中的象徵，時間可以回溯到史前時代。在現代的巫術和異教信仰中，太陽輪是用來代表太陽或年輪的象徵符號。

若要製作太陽輪，你需要剪下足以彎曲製作成輪子的綠色細樹枝。過去，我一直從攀緣或樹籬植物剪下細長的樹枝來做這件事。首先使用幾根樹枝取得適當的圓度和大小，然後在圓圈周圍纏繞更多的樹枝。保留兩根比較直的樹枝形成十字架，將每一個末端戳入輪子的四個方位。用一根紅繩或棉線固定十字架的中心，或是用噴膠槍固定。最後在輪子邊緣纏繞紅色織品，完成你的太陽輪。把它懸掛在你家內外的某個地方，祈求好運和保護，然後在夏至的時候把它燒掉。

註339：Kynes, *Correspondences*, 396。

我見過一些非常時髦的太陽輪，由柳條編織而成，或者甚至用混凝紙漿製成，但是對春分祭壇來說，同樣有效的是，在顏色鮮豔的盤子或裝飾托盤上，以輪子的形狀排列茶燈蠟燭。你可以先點亮輪子一半的蠟燭，讓其餘的留在黑暗中，在典禮的高潮歡迎陽光歸來時，再點亮（或讓參與者點亮）剩餘的蠟燭。

貝爾丹火焰節

又名：五朔節（May Day）、五月前夕（May Eve）
南半球：十月三十一日（大約）
北半球：五月一日（大約）

在現代的巫術和異教信仰中，貝爾丹火焰節（Beltane）是從傳統的愛爾蘭慶祝活動／火系節慶借來的名稱，後來傳遍了整個不列顛群島。這個名字很可能來自愛爾蘭語 bel，意思是「明亮的」或「幸運的」。有些人試圖將這些歸因於某些神明，但是這些鏈結再好也顯得貧乏無力，而且幾乎沒有歷史證據可以支持。[340] 傳統上，這是農民和牧人為他們的畜群和收成，在即將到來的整個夏天尋求保護和祝福的時候。在現代的巫術和異教信仰中，我們知道的貝爾丹火焰節，主要源自於英國五朔節的慶祝活動，我們從這個活動中得到五月柱（maypole）、五月皇后（may queen）、綠色傑克（jack-in-the-green）、綠人（green men）等等的傳統。

圍繞著貝爾丹火焰節和五朔節的許多迷信和民俗信仰，都與火有關。我最喜愛的其中之一是，五朔節當天，絕不要讓任何人來拿你廚房的爐火去點燃他們自己的爐灶。凡是做這件事的人都被認為是女巫，而且如果你讓她用你的爐火點燃她的爐灶，她會在今年的剩下時間裡偷走你的奶油。[341]在許多地方，逢五朔節當天早晨，讓爐火熄滅也被認為是非常倒霉的。如果這事發生在愛爾蘭的部分地區，那麼只能用從當地神職人員家帶來的一塊燃燒的草皮重新點燃爐火。一旦火被點燃了，這塊草皮的灰燼，往往被撒在那棟住宅的地板和門檻上。[342]

註[340]：Mankey, *Wheel of the Year*。

註[341]：Opie and Tatem, *A Dictionary of Superstitions*, 152。

註[342]：Opie and Tatem, *A Dictionary of Superstitions*, 152。

今晚是五月前夕，我應該要在門的上方放一些樺木和白蠟木，幫忙擋住「老巫婆」。但是我懶得出門找木頭。但願老巫婆晚上不會進來。年輕的女巫們，歡迎光臨。

——英國牧師弗朗西斯・基爾弗特（Francis Kilvert）的日記

一八七〇年四月三十日。[343]

在現代的異教信仰中，許多人認為貝爾丹火焰節是慶祝生命和繁殖力。慶祝活動有時候包括演出年輕的「角神」（Horned God）向未婚女神求愛，不過隨著社群和價值觀的改變，男女在「追求」中固定扮演的角色，以及兩性之間同意的界線模糊之類的想法，愈來愈不受歡迎。五月柱、莫里斯舞（Morris dancing，譯註：英格蘭的一種傳統民間舞蹈）、篝火也是當今許多儀式的一部分。我認識的許多莫里斯愛好者，都喜歡在貝爾丹火焰節當天，在黎明時分「跳著舞迎接太陽升起」。

火與貝爾丹火焰節

保護的貝爾丹之火

傳統的貝爾丹火焰節慶祝活動，往往涉及大型篝火以及運用火／煙祈求保護。在某些地區，農民會讓他們的家畜穿過貝爾丹之火的煙霧，為的是保護牲口免於邪惡的侵害。[343]

這也是德國境內點燃大型篝火的原因；在北半球，瓦爾普吉斯之夜（Walpurgisnacht）與貝爾丹火焰節，大約在一年中的同一時間慶祝。「瓦爾普吉斯之夜」是以一位基督教聖徒的名字命名的，它被某些人認為是女巫們特別活躍的夜晚，結果卻被煙／火趕走。不過，由於德國和愛爾蘭之間的距離，這個節日不太可能與貝爾丹火焰節有直接的關係。[344]

註[343]：Costley and Kightly, *A Celtic Book of Days*。
註[344]：Mankey, *Wheel of the Year*。

澳大利亞境內的貝爾丹火焰節

我幫忙組織「富蘭克林山異教徒聚會」，這個聚會在貝爾丹火焰節時在澳大利亞境內舉行。聚會從一九八一年開始，在一座休火山的火山口舉行，現在是全世界最古老的新異教聚會之一。那是一個放輕鬆的露營週末，感覺比較像是大型的家人團聚，有一場社群貝爾丹儀式、五月柱舞，以及最重要的「火」。我們有燃燒一整夜的篝火，而且有時候運用點燃火炬列隊行進，在綠樹成蔭的火山口內部開始貝爾丹火焰節的儀式。

貝爾丹火焰節之火的方案和活動

- 在貝爾丹火焰節當天早晨，與幾位朋友一起「跳著舞迎接太陽升起」。為了達到這個目的，你可以在 YouTube 上學習許多簡單的莫里斯舞步，也可以自己編寫。如果莫里斯舞步太難跳，即使是簡單的圓圈舞也可以達到同樣的效果。不過首先，請設法確保你的朋友們同意在愚蠢的時間被拖下床。
- 其他有幾百年歷史的貝爾丹火焰節傳統包括：在黎明前起床用露水（尤其是從山楂灌木叢收集到的露水）洗臉，可以促進青春、美麗、活力。在日出時攪拌奶油也被認為可以帶來好運。我認識的人沒有幾個還在自己攪拌奶油，但是我見過現代版的攪拌奶油，意謂著在黎明時分準備大大的煎餅早餐。

- 如果你收集到且晾乾了在寒冷月分用於儀式生火的一捆捆木材，那麼現在是使用木材的時候了。將木材放置在篝火的基部周圍，或是點燃一捆，作為你的貝爾丹火焰節典禮的一部分，然後小心翼翼地將它放在主要的火堆上。關於建立和點燃完美篝火的更多信息，請見第十章。
- 拿著火炬列隊行進，作為你的貝爾丹火焰節慶祝活動的一部分，利用那些已點燃的火炬點燃你的貝爾丹火焰節的篝火。關於火炬製作的某些訣竅，我已經收錄在第十章裡。
- 每年這個時候的蠟燭魔法，往往以綠、橙、粉紅、紅、黃或白色蠟燭為特色，而且往往聚焦在園藝和農業；創造力；繁殖力；淫慾、感性、性慾、歡愉；婚姻；彼岸世界和冥界；通靈能力和願景；淨化；溫暖和青春。
- 通常與每年這個時候有關的木材，包括：蘋果木、白蠟木、黑莓／懸鉤子、雪松、接骨木、冷杉、山楂木、杜松、椴木、橡木、松木、楊木、花楸、柳木。[345]

註[345]：Kynes, *Correspondences*, 397。

酒湯和燕麥餅

關於貝爾丹火焰節的慶祝活動，一則有趣的描述，來自十八世紀的蘇格蘭。威爾斯的博物學家兼旅行家托馬斯・彭南特（Thomas Pennant），描述村民們生起巨大的火，拌勻一盅酒湯（一種甜甜的熱飲），然後將酒湯當作奠酒，倒在地上。一旦這事完成，人們便全都拿起一塊裝飾了九顆方形疙瘩的燕麥餅，「每一顆獻給某位特定的存有，所謂畜群的保護者，或是獻給某隻特定的動物，畜群的真正毀滅者。」[346]

每一個人依次面對巨大的火，剝下一顆疙瘩，從自己的肩膀上方往後扔，然後說些類似這樣的話：**我給祢這個，請祢保護我的（馬匹／羊群等等）。**

然後為可能導致牲畜受傷的動物重複這個過程：**這是我給你的，喔，狐狸（烏鴉、老鷹等等）啊！請你饒了我的羔羊吧！**

你可以按照類似的台詞進行一場現代儀典，將焦點放在保護上（為自己／家人／社群／不管什麼東西），乃至作為簡短禮拜，獻給你的神或靈。彭南特描述的酒湯聽起來有點兒像現代的蛋酒：雞蛋、牛奶、奶油、燕麥片。但是如果你對此並不熱衷，一杯杯暖和的蜂蜜茶或熱巧克力也可以達到同樣的效果。

市面上有許多燕麥餅食譜。我發現以下這個食譜簡單又有效：

材料：

½杯（125公克）奶油
1大匙糖
1杯中筋麵粉
1茶匙碳酸氫鈉（小蘇打粉）
1茶匙塔塔粉（cream of tartar）
1杯燕麥片
溫水

1. 烤箱預熱至中等溫度（180℃／350℉）。
2. 用乾淨的雙手以及一只乾燥的碗，將奶油揉入糖之中。篩入麵粉、小蘇打粉、塔塔粉。

註346：Costley and Kightly, *A Celtic Book of Days*。

3. 加入足量的溫水，將所有材料混合成一顆硬麵團。
4. 擀薄，切成想要的形狀。你可能喜歡複製彭南特描述過的燕麥餅，方法是用刀子劃出九個正方形。
5. 烘烤十至十五分鐘，直至呈金棕色。

夏至

又名：利塔節（Litha）、仲夏節（Midsummer）、聖約翰之夜（St. John's Night）

南半球：十二月二十一日（大約）

北半球：六月二十一日（大約）

在所有地方，夏至可能不是日曆的夏季的中間，但是許多女巫將貝爾丹火焰節視為夏季的開始，將夏至視為夏季的中間，而將豐收節視為第一個收穫以及夏季的結束。

長久以來，仲夏節一直被連結到小仙子，一部分是因為威廉·莎士比亞的戲劇《仲夏夜之夢》（*A Midsummer Night's Dream*）。這是最早將小仙子表現成不是壞心腸和邪惡的作品之一，[347]而且無疑是最受歡迎的作品。

現代的異教仲夏節慶祝活動，有時候包括對小仙子獻祭和致謝；橡樹王／冬青王儀式；篝火（或是在整個夏季都有用火限制的澳大利亞，至少有火的圖像）；對太陽神的祈禱和獻祭；太陽輪／圓盤等等。有些人也喜歡在這個吉日當天占卜來年。

火與夏至

好幾個世紀以來，許多紀錄顯示，歐洲各地的人們建造巨大的篝火來慶祝仲夏節，或聖約翰之夜——也就是「施洗約翰」（John the Baptist）的生日。在某些北方國家，這被認為是一年中最重要的慶祝活動。火是要在太陽最強烈的當天向太陽致敬，以此慶祝它的許多力量，包括使「小仙子」無法接近的力量。某些人認為，仲夏節之火產生的煙霧具有保護屬性，因此在莊稼和果園旁邊建造了篝火。在某些地區，這些保護的火不但

註[347]：Mankey, *Wheel of the Year*。

與「主要的」篝火有所分別，而且內含動物骨頭。[348]

在愛爾蘭和英格蘭的部分地區，火在午夜被點燃，以此向太陽致敬。來自一七九五年一位英國人的報導，描述了愛爾蘭境內的火在剛好午夜時分被點燃，方圓數公里都「有宗教的肅穆」。[349]

叢林大火和枯草

因為澳洲是地球上最乾燥的有人居大陸，因此在澳大利亞的許多地區，夏季是荒蕪的季節。在維多利亞州中部，我們有時候會持續四到六個月或更長的時間，沒有適度的降雨，於是灰塵、枯草、光禿禿被烤乾的土地，與我們在來自美國和歐洲的巫術書籍中，讀到的綠色植物、豐滿的果實、美麗的花朵對照，實在是大相逕庭。

對異教徒來說，許多這些文獻中現代仲夏傳統的點子根本行不通，因此幾乎是可笑的，尤其是那些涉及熊熊篝火的想法。在這些地區，用火限制從十月（貝爾丹火焰節）開始，一直持續到三月或四月（薩溫節）。在極端熱浪期間，道路融化，白天太熱，無法出門。請記住，在我所在的世界，仲夏發生在十二月。許多非異教徒在這個時候慶祝耶誕節，往往包括吃沙拉和燒烤、去海灘，或午飯後在樹蔭下好好打個盹兒。我們也有烤肉、盛裝打扮的聖誕老人、到處都是人造雪。至少可以說，有時候可能感覺起來……不協調。

對於這裡的異教徒來說，這意謂著，我們必須改編大部分來自海外的巫術材料，才能符合我們的需求。在傳統威卡教中工作的許多人，在他們的仲夏儀式需要的時候，想出了好些代表火的巧妙方法。我在第十章中討論過一部分。最近，我看到了幾個社區仲夏活動，旨在打破乾旱、帶來雨水，乃至療癒陸地或哀悼在叢林大火災難後喪失的人類和動物生命。

夏至之火的方案和活動

- 如果你住在可以安全且合法地擁有儀式篝火的地方，那就大膽嘗試吧。查閱一下本書

註348：Mankey, *Wheel of the Year*。
註349：Costley and Kightly, *A Celtic Book of Days*。

第十章，了解如何建立一簇可以持續燃燒到深夜的奇妙之火。

- 如果你在春分時用紙或藤蔓製作了一圈可燃燒的太陽輪，現在是點燃它的大好時機（如果這麼做安全無虞）。將太陽輪固定在你的儀式用火的頂部，以求獲得最大的戲劇效果。
- 如果你跟我一樣，生活在仲夏與巫術書中所呈現的仲夏完全不一樣的土地上，那就試試看讓仲夏為你和你周圍的土地運作。如果需要，請嘗試火的替代品或指示符。不求豐盛和繁殖力，而是為了符合你所在的地區和生活在那裡的生物，改變儀式的焦點是完全可行的。如果你需要靈感，不妨研究一下某些在一年中的這個時候很重要的流行主題，例如橡樹王／冬青王神話循環，或靈感的大鍋的概念等等。
- 用夏天花朵裝飾你的儀式空間、祭壇或住家，尤其是黃色、橙色或紅色花朵，象徵此時太陽的強度和力量。想想向日葵、萬壽菊、天竺葵等等。
- 每年這個時候的蠟燭魔法往往以藍、金、綠、或紅色蠟燭為特色，而且往往聚焦在園藝和農業；改變和終結；占卜；繁殖力和新生命；光明；顯化和成功；力量和實力；團結。350

仲夏草本

仲夏是採集草本並將它們晾乾的大好時機。我在第六章收錄了一些關於種植、野外採集、準備草本的訣竅和說明，這裡還有以下列出的許多草本的詳細信息。

- **通常與太陽／仲夏有關的木材**：相思木；白蠟木；竹子；山毛櫸；樺木；雪松；栗木；接骨木；榛木；冬青；七葉樹；杜松；月桂；椴木；橡木；橄欖；棕櫚；花楸；核桃；金縷梅。
- **通常與太陽／仲夏有關的草本和植物**：當歸；金雀花；康乃馨；洋甘菊；菊；水仙；雛菊；小米草（eyebright）；高良薑；人蔘；荊豆；帚石楠；天芥菜；薰衣草；蓮花；獨活草（lovage）；萬壽菊；槲寄生；芍藥；迷迭香；番紅花；聖約翰草；向日葵；馬鞭草[351]。

註[350]：Kynes, *Correspondences*, 398。
註[351]：Kynes, *Correspondences*, 383。

夏至這一天是太陽的力量達到頂點，但是隨著白天開始再次縮短，那股力量在第二天開始慢慢衰退。正如許多仲冬慶祝活動從日出時分開始一樣，仲夏慶祝活動也從日落開始。不妨考慮好好建立你的儀式，看著最長白晝的最後身影離開，或是找幾個朋友聚聚，點燃火焰（或電子蠟燭），唱出最強大的光。

豐收節

又名：魯格紀念集會（Lughnasadh）、麵包彌撒節（Loaf-mass）
南半球：二月一日（大約）
北半球：八月一日（大約）

歷史上，古老的愛爾蘭節慶「魯格紀念集會」，發生在七月三十一日當天日落時分，慶祝活動一直持續到第二天。豐收節（Lammas）是一個盎格魯撒克遜節日，發生在一年中的大約同一時間。目前並不清楚兩者是否有關係。豐收節後來成為天主教會的節日，在天主教會，豐收節有時候被稱作「麵包彌撒節」。它是慶祝穀物收成以及來自穀物的一條條麵包出爐。豐收節通常在八月一日當天慶祝，不過有些女巫在八月二日慶祝，這是羅伯特．格雷夫斯在《白色女神》中給出的日期。有些女巫分別慶祝這兩個節日。[352]

在愛爾蘭和蘇格蘭境內，豐收節慶祝穀物收成的開始。在現代的異教信仰中，豐收節仍然時常與麵包和穀物收成關聯在一起。某些傳統包括製作稻草人，稻草人通常被視為代表女神扮演「地球母親」的角色。你可以用手邊的任何穀物或牧草製作這些。我有一位朋友，他用澳洲原生牧草以美麗的紅色、黃色、灰色製作一些非常美麗的稻草人。

每年這個時候的儀式，往往以許多形式向收成致敬，有時候，這些儀式僅限於與該地區相關的特定收穫。在維多利亞州中部，薰衣草、葡萄、蘋果收穫節，是這個時候世俗日曆上常見的大事。某些團體和個人慶祝他們自己的收穫，而且將分享、烹飪、食用本土農產品納入豐收節的儀式。其他人慶祝隱喻的「收穫」、得以實現的方案、目標的達成、重要的轉化等等。

註[352]：Mankey, *Wheel of the Year*。

火與豐收節

魯格與魯格紀念集會

愛爾蘭境內的魯格紀念集會，並不是真正像貝爾丹火焰節和薩溫節那樣的火系節慶。某些現代女巫和異教徒們，將魯格紀念集會與男神魯格（Lugh）關聯在一起，而且使他（以及關於他的神話）成為慶祝活動的焦點，儘管目前尚不清楚魯格是否被凱爾特人尊為太陽神。[353]

大麥約翰：在灼熱的火焰上方消耗了

「大麥約翰」（John Barleycorn）是十六世紀期間首次被寫下來的一首英國民歌（但是它出現的時間應該早許多），它已經成功進入了不少現代巫術和異教傳統的禮拜儀式。這首歌講述大麥約翰的生命週期故事，大麥約翰是大麥收成以及由此產生的一切事物的化身，尤其是威士忌和啤酒。在這整首歌之中，在與大麥收成的不同階段相對應的不同韻文中，約翰面臨屈辱、不幸、「死亡」。

就跟所有的傳統歌曲一樣，有從各個角度探討的一些不同的變化。蘇格蘭詩人兼作詞家羅伯特·伯恩斯（Robert Burns）在他的版本中，提到火在大麥加工過程中扮演重要的角色：

他們在灼熱的火焰上方
消耗了他的骨髓；
但是磨坊主人利用得最澈底
因為他用兩塊石頭將他碾碎。[354]

某些女巫和異教徒，喜歡在他們的豐收節儀式中保留穀物收成的主題，他們常會用麵包麵團烘烤一個人形的大麥約翰，然後將它囊括在他們的慶祝活動中。

註[353]：Mankey, *Wheel of the Year*。
註[354]：Burns, "John Barleycorn: A Ballad"。

豐收節之火的方案和活動

- 如果你的慶祝活動的焦點，比較不是穀物收成，而是分享收穫，不妨考慮主辦一場共享的烹飪下午，讓每一個人貢獻自家種植的、借來的或購買的食材。
- 如果你可以在每年的這個時候搭起營火，一個絕佳的團體活動，可能是烤馬鈴薯、蕃薯、南瓜或其他硬質蔬菜。只要用錫紙將每一個蔬菜包裹起來，然後留在火中（但不是放置在最熾熱的中心區）烤二十分鐘左右。
- 每年這個時候的蠟燭魔法，往往以紅棕、金、橙、紫或黃色蠟燭為特色，而且往往聚焦在目標的達成；園藝和農業；挑戰和面對黑暗；死亡、釋放、終結；轉化。
- 通常與每年這個時候有關的木材，包括相思木、蘋果木、黑莓／懸鉤子、荊豆、桃金孃（myrtle）、橡木、花楸木。355

簡單的麵包食譜

這是一個好方法，可以慶祝火的創造和轉化的能力，同時食用大量的奶油和果醬。

這個食譜可以製作一條麵包或一打左右的麵包捲。你也可以把麵包塑造成「大麥約翰」

的外形。

無論你是在為儀式烘烤麵包或「大麥約翰」的外形，使用著標準電烤箱，或是用木材或煤氣燒著某樣東西，都要花些時間閱讀和深思整個過程中因高溫／火帶來的物理和化學變化。

材料：

2杯中筋麵粉

2杯全麥麵粉

2杯細磨麵粉（或是你選擇的另外一種麵粉）

½茶匙鹽

2杯溫水

1茶匙蜂蜜

註355：Kynes, *Correspondences*, 399。

½大匙乾酵母
牛奶
1大匙芝麻

1. 麵粉和鹽一起過篩。放入一只溫暖的碗中，放在溫暖的地方。
2. 將½杯溫水與蜂蜜混合，加入酵母。靜置10～15分鐘或直到混合物起泡為止。
3. 將酵母混合物加入溫暖的麵粉中。加入剩餘的溫水，攪拌混合至足以使這些原料結合在一起。
4. 來到撒了麵粉的板子或工作檯面上，好好揉捏大約10分鐘（這是很讚的團體活動，大家可以輪流揉捏麵團）。
5. 放回到碗中，用保鮮膜或乾淨的茶巾蓋住。放在溫暖的地方靜置，直到麵團發至兩倍大。這通常需要40分鐘左右，氣候較冷時，有時候需要更長的時間。
6. 將烤箱預熱至220℃／425℉。
7. 將麵團放回撒了麵粉的板子／工作檯面上，再次揉麵。將麵團塑造成你想要的形狀：一條麵包、幾個麵包捲、大麥約翰等等。

8. 放在塗了油的托盤上（如果你要製作麵包，請使用麵包焗烤盤）。再次蓋上蓋子，放回溫暖的地方靜置，等麵團再發酵一些。這通常需要再40分鐘左右。如果你用麵包焗烤盤，40分鐘後，麵團應該發到焗烤盤的頂部。

9. 塗上少許牛奶，撒上芝麻。

10. 在預熱到非常熱（220℃／425℉）的烤箱中烘烤10分鐘。然後將熱度降至中等溫度（180℃／350℉）。再烘烤30～40分鐘。

關於烤麵包的一些訣竅

- 酵母是活的有機體，若要生長，需要溫暖、水分、食物。除非滿足所有這三項需求，否則無法正常工作。酵母生長時所釋放的二氧化碳，是導致麵包膨脹的原因。
- 始終將麵包麵團放在溫暖的地方發酵。寒冷會減緩、有時候會阻止酵母生長。過熱會殺死酵母。
- 乾酵母是最常見的一種酵母。要將乾酵母存放在陰涼乾燥的地方。一旦開封，請保存在冰箱裡的密封玻璃容器內。

● 大部分的麵粉是由小麥製成，但是隨著人們的需求和飲食的改變，總是找得到愈來愈多的替代品。一旦你製作了幾種簡單的麵包，不妨嘗試用不同的麵粉做實驗。與質量較輕的麵粉相較，質量較重的麵粉（例如雜糧或全麥）通常需要額外多一些的液體和酵母。

● 製作麵包麵團的時候，器具和原料應該要是溫暖的，這樣酵母才能不受干擾地生長。

● 非常澈底的揉捏，對一條好麵包是必不可少的。這也是很好的手臂鍛練。

● 麵團靜置發酵時，一定要遮蓋起來。

● 一開始烘烤任何酵母混合物的時候，熱騰騰的烤箱也是必不可少的。始終將生的混合物放入熾熱的烤箱中，然後在大約10分鐘之後，視需要調低熱度。

● 當麵包稍微收縮，脫離麵包焗烤盤的側面時，麵包就烤熟了，輕輕敲擊麵包皮會發出空洞的聲音。

秋分

又名：馬布節（Mabon）

南半球：三月二十一日（大約）

北半球：九月二十一日（大約）

一旦結束，就不要設法緊緊抓住即將到來的盤旋——要期盼即將離去的。[356]

——珍妮特．法拉爾與史都華．法拉爾

《女巫的八個安息日》（*Eight Sabbats for Witches*）

古代並沒有舉行具體的秋分慶祝活動的記載，但是有證據顯示，幾個不同國家的豐收節慶，大致上都在每年的這個時候舉行。在每年這個時候，現代異教和巫術慶祝活動的共同主題和中心思想，都確認收穫的結束以及太陽的持續減弱。

馬布節是艾丹．凱利創造的另一個名稱，而且在整個一九七〇年代首度刊載在各種美國異教和巫術書籍之中。這個名稱來自威爾斯神話人物馬布．阿普．莫德龍（Mabon

註356：Farrar and Farrar, *A Witches' Bible*, 117。

ap Modron），他出現在某些亞瑟王神話以及人稱《馬比諾吉昂》的威爾斯文學集之中。在這些神話中，馬布無疑是非常次要的人物，與秋分或收穫其實沒有任何關聯。他通常以年輕人的身分出現，有些學者將他連結到掌管青春的凱爾特男神馬波努斯（Maponus）。[357]

許多現代的女巫和異教徒，將秋分視為第二個收穫節。就跟豐收節一樣，收穫的構成分子往往是在地化或個人化的，而且因地區而不同。在沒有生長糧食作物的地區，女巫們可能會慶祝當地的蘋果收成等等。近來，某些女巫也舉行獻給波瑟芬妮的儀式和祭品。某些美國人將這個節日視為等同於感恩節，因為發生在一年中的類似時間。

火與秋分

平衡與殘陽

秋分當天，光明與黑暗等長相對，但是黑暗占了上風。秋分過後，夜晚將會比白晝長一點兒，而且會愈來愈長，直到最長的冬至夜晚。

每年這個時候，事情往往變得有點兒不穩。正如威卡教作者茱莉亞·菲利普斯指出的，對許多人來說，這可能是一年中的艱難時期，因為人類在很大程度上最為害怕黑暗和死亡。[358]某些人相信，在學習接受死亡和腐爛的那些最初徵象的過程中（我們每年這個時候在身邊看見這些，包括逐漸枯死的樹葉、即將開完的花朵、收成、逐漸減弱的光），有慰藉和學習存在。

秋分之火的方案和活動

- 從現在開始，日子會愈來愈冷。如果你有壁爐或燒柴生火取暖器，那麼現在正是為未來幾個月擁有舒適的冬天，制定行動計畫的大好時機。砍好和堆好木柴，打掃爐床，將煙囪清理乾淨，開始收集大量引火物，免得你之後在寒冷和潮濕中工作。
- 收穫和收集種子是每年這個時候的重要活動。將未來種植用的乾燥種子貯存在密閉的罐子內或密封在紙信封中，放在乾燥的地方。將烤箱設定在低溫，將可食用的堅果和

註357：Mankey, *Wheel of the Year*。
註358：Philips and Philips, *The Witches of Oz*, 79。

種子攤開在托盤上烘乾；你甚至可以添加一些燕麥，嘗試製作你自己的格蘭諾拉脆穀麥（granola）。

- 在每年這個時候，燃燒樹葉和花園插枝感覺上很有女巫風，但是請先查閱一下當地的法律，而且要留意你的鄰居和他們洗好的衣服。
- 每年這個時候的蠟燭魔法，往往以藍、棕、金、褐紫紅、橙、藍紫或黃色蠟燭為特色，而且往往聚焦在目標的達成、豐收、平衡和接地、感恩。
- 通常與每年這個時候有關的木材，包括顫楊、黑莓／懸鉤子、雪松、榛木、楓木、桃金孃、橡木。[359]

用蘋果和火占卜

在現代的巫術書籍中，你將會看見與蘋果有關的最常見民俗占卜之一，關於用削出連續不斷的蘋果皮拼出情人的名字。但是也有一些鮮為人知的習俗，關於將蘋果和火用於占卜。

試試這個來自一八四九年的英國流行歌謠集的方法。它鼓勵年輕女子將蘋果籽扔進火裡，想著她們心儀的某人，同時說出以下的話：

如果你愛我，啪一下就飛起
如果你恨我，就躺下來死去

如果蘋果籽發出聲響且因熱度而爆裂，據說女子的愛便得到回應。靜靜躺著不動且被默默燒掉的蘋果籽，被認為表示欠缺任何浪漫的感覺。在英格蘭許多地方以及蘇格蘭和愛爾蘭境內的民間傳說中，這種迷信的變形都是顯而易見的。[360]

秋分草本

這是一年中製作和晾乾薰香束和祈福束的絕佳時機。使用天然麻線、棉線或羊毛線，來繫牢你的薰香束和祈福束。使用前，請在溫暖乾燥的地方晾乾六至十週，避免陽光直射。通常與秋分有關的草本和植物，包括穀物、薊、荷蘭菊（**aster**）、菊、蕨類植物、葡萄藤葉、常春藤、萬壽菊、鼠尾草。[361]

註359：Kynes, *Correspondences*, 399。
註360：Opie and Tatem, *A Dictionary of Superstitions*, 3-4。
註361：Kynes, *Correspondences*, 399。

薩溫節

南半球：五月一日（大約）

北半球：十月三十一日（大約）

薩溫節（Samhain）是古老的愛爾蘭收穫慶祝活動，不過關於如何慶祝薩溫節的紀錄並不完整；與薩溫節有關的大部分「萬聖節」傳統，只能追溯到基督教時代。在當代的巫術中，這是一個節日，發生在恰巧一年中最寒冷且最黑暗的夜晚開始來臨時。許多女巫和異教徒將薩溫節視為死者的季節，但是並沒有歷史紀錄可以表明最初的情況確實如此。直到一八九〇年代詹姆斯．弗雷澤爵士（Sir James Frazer）與《金枝》（*The Golden Bough*）一起出現時，薩溫節與靈和死者的連結才存在。由於薩溫節的日期與「諸靈節」十分接近，所以弗雷澤寫到，這個古老的節日被「去世且看不見的徘徊靈魂們」照管著。[362]

有些人認為，薩溫節是「凱爾特人的新年」，但是幾乎沒有證據顯示當年的情況確實如此。許多現代女巫和異教徒將薩溫節視為緬懷死者的時間，尤其是過去十二個月來死亡的人。與此同時，薩溫節有時候仍被當作是過去的豐收慶典，它是收割最後一批莊稼的時候，也是隨著天色愈來愈暗以及冬天來臨，該要稍事休息的時候。近幾十年來，對某些人來說，在薩溫節進行連結到波瑟芬妮與狄蜜特的神話的作業和儀式，也已經變成了傳統。

火與薩溫節

澳紐軍團日、黎明儀式、永恆的火焰

有趣的是，南半球的薩溫節非常接近澳紐軍團日，這是個週年紀念日，紀念澳大利亞和紐西蘭軍隊在第一次世界大戰期間進行的第一次重大軍事行動，以及此後在戰爭中服役的人們。「澳紐軍團」代表澳大利亞和紐西蘭軍團。第一次世界大戰時，在這些部隊的軍人被稱作「澳紐軍團」。許多這些軍人在加里波利（**Gallipoli**，譯註：指土耳其境內

註362：Mankey, *Wheel of the Year*。

的加里波利半島）之戰中死亡或受傷，在不到一年的時間中（一九一五年四月至一九一六年一月），來自世界各地將近四十萬的軍隊在這場戰役中陣亡或受傷。

澳紐軍團日是澳大利亞的全國紀念日。紀念儀式於黎明時分在全國各地的戰爭紀念館舉行，也就是當初登陸加里波利半島的時間。自第一次世界大戰結束以來，黎明祈禱一直是紀念活動的基礎，由來自全國各地和更遙遠地區的退伍軍人、神職人員、平民百姓主動參與。這些儀典通常包括敬獻花圈、誦讀讚美詩、默哀一分鐘、一位號手吹奏《最後崗位》（*Last Post*），這是標示當天結束的軍事傳統，用來向死者告別，也用來象徵他們的職責已經結束，可以好好安息。

就跟在許多歐洲國家一樣，澳大利亞國家戰爭紀念館（**Australian National War Memorial**）和全國許多其他地方，都有永恆的火焰（一只永遠燃燒的火盆），可以代表紀念緬懷，也可以象徵靈魂不死的理念。這個傳統最早於一九二〇年代在法國開始，它似乎是受到古典歷史中永恆照料的火焰的理念所啟發，例如「維斯塔貞女」的火焰（見第三章）。雖然這絕不是異教徒的節日，但是許多異教徒肯定很熟悉像這樣的主題。

我花了許多年才領悟到，發生在南半球薩溫節附近的澳紐軍團日的重要性。在一年的其餘時間中，非異教社會與北半球一起慶祝；舉例來說，世俗的復活節發生在我們的秋分附近。當我們異教徒為了貝爾丹火焰節進入森林時，許多澳大利亞人正穿上萬聖節服裝，而且不要叫我在盛夏時節（再一次）開始製作「耶魯」原木、人造雪、花圈。

但是在每年這個時候，當我們每天在花園裡留神觀察著一個新的終結，想著不再在我們身邊的人們以及英年早逝的人們時，在某種程度上，澳大利亞也在以同樣的方式思考。

薩溫節之火的方案和活動

- 如果你有花園，請把乾燥、枯死的花冠、即將死去的植物收集起來，然後在收集好你想要的任何種子之後，將這些納入你的薩溫節之火的引火物之中。
- 如果切實可行的話，不妨考慮在爐邊或小蠟燭旁布置一份小小的祭品，獻給祖先或靈。
- 每年這個時候的蠟燭魔法往往以黑、橙、紅或白色蠟燭為特色，而且往往聚焦在重大的抉擇時刻和內省反思；黑暗、彼岸世界、冥界；死亡、釋放、向祖先致敬；占卜、願景、智慧。

●通常與每年這個時候有關的木材，包括蘋果木、山毛櫸、黑刺李、石榴木、柳木、金縷梅。[363]

雕刻蕪菁燈籠

早在美國萬聖節期間十分流行豔麗、古怪對稱的傑克燈籠（jack-o-lantern）之前，人們就把蕪菁甘藍或蕪菁——在蘇格蘭的部分地區叫做「大頭菜」——雕刻成燈籠。蕪菁淡白色的果肉和帶紫色的紅暈，在挖空後就變成了一張可怕的小臉，而且它們的大小剛好適合茶燈蠟燭。

採用拳頭大小的蕪菁或蕪菁甘藍，尺寸不要比網球小。把它想像成雕刻一顆南瓜，不過是小型南瓜。小心翼翼地在頂部切出一個圓形的「蓋子」，將蓋子放在一旁。挖出內部，直到你擁有一個大約一公分厚的殼。切出兩顆小小的三角眼以及一張鋸齒狀的嘴。用串肉扦在兩側各打一個洞作為把手，然後將一個茶燈蠟燭放進去。我們通常使用細繩來製作稍長的手柄，這樣就可以將這些大頭菜懸掛在戶外儀式場地的周圍。

邪惡的小小大頭菜的臉孔，在枯萎和變乾時變得更令人毛骨悚然。將它們留在陽光下，然後在仲冬時節或次年的薩溫節時燒掉。

結論

身為女巫、異教徒、多神論者、其他泥土崇拜的族群，我們搭起篝火來慶祝太陽的各個階段，用火炬來排列我們的行進隊伍，為幾乎每一個可以想像的場合，用蠟燭點綴我們的祭壇和魔法圈。無論是如實的或隱喻的，火和火焰在許多女巫和異教徒慶祝「年輪」，以及生命、死亡、重生的持續循環時扮演著重要的角色。

註363：Kynes, *Correspondences*, 400。

結語

在許多方面，火都是一種使我們更接近的元素。我們圍坐在營火旁，與愛人熱情地緊緊相擁，與家人共享溫暖和熟食，或是分享我們的想法和熱情，以求創造比自己更大的事物，火都在那裡。因此，它是一個非常有人性的元素。

但是火也在我們之上，超越我們。火是太陽的熱和光，維繫這個星球上的生命。它支配著我們，從我們的季節和生態系統，下達個人的日常安排和例行公事。太陽及其一整年的旅程非常重要，難怪對許多人來說，長久以來，太陽已經形成了崇敬的中心點。

既然我們已經探索了古往今來火的許多臉孔和層面，我希望你已經找到了有用的東西，或在某方面與你的修行有關的東西。我希望你也找到了使你想要採取行動的事，不管那事可能是什麼——別老是夢想著在你內在燃燒的那份熱情，要動手完成那份工作啊！

願你始終在黑暗中找到自己的火花。

致謝

這本書獻給我的祖母約瑟芬（Josephine），也獻給賽門・漢南（Simon Hannan）、賈斯廷・麥基秦（Justin McGeachin），在你們的火的旁邊，我第一次踏進了自己的內心。

由衷的感謝和愛獻給我媽媽菲歐娜（Fiona）；獻給馬克（Mark）、提姆（Tim）、艾麗西亞（Alithea）、克莉絲阿姨（Aunty Chris）、蘇阿姨（Aunty Sue），感謝你們在我所有怪異的短途旅遊和計畫中支持我；也獻給凱莉・莫洛尼（Kylie Moroney）、萊恩・麥克勞德（Ryan McLeod）、莎拉・摩根（Sarah Morgan）、保羅・多諾凡（Paul Donovan）、傑森・特雷曼（Jason Tremain）、舍馬斯・麥克勞德（Seumas Mcleod）、迪恩・法利斯特（Dean Forest）、朵麗安・曼提科爾（Dorian Manticore）、埃里克・阿迪什（Eryk Adish）、大衛・沃爾德倫（David Waldron）、安德魯（Andrew）和茱莉（Julie）、弗蘭（Fran）、基岡（Keegan）、沙茲（Shaz）、昂（Ang）和凱勒姆（Callum）；獻給崔佛・庫諾（Trevor Curnow）、琳達・馬羅德（Linda Marold）和米

歐爾・馬羅德（Michel Marold）、嘉比（Gabby C.）、艾德麗安・皮戈特（Adrienne Pigott）、彼德・麥克（Peter Mc）、特里（Tree）、康德拉（Kundra），以及奧茲境內異教徒社群裡的所有其他「做事的人」，還有教過我如何在不燒掉自己手臂的情況下製作火炬的任何其他人。

附錄：火系魔法關鍵字綜合對照表

關鍵字	激情、意志、轉化、實力
方向	南方
一天中的時間	正午
星座	牡羊、獅子、射手
行星	太陽、火星、木星
塔羅牌	權杖、皇帝、力量、惡魔、高塔、太陽
脈輪	太陽神經叢
工具	儀式刀、魔杖
香	雪松、乳香、石榴
元素精靈	火蜥蜴、鎮尼
顏色	深紅、金、橙、粉紅、紅、白、黃
寶石	琥珀、黑曜石、紅寶石
植物	甜茴香、萬壽菊、迷迭香

樹木	山楂、杜松、花楸
自然地物	火山石和玻璃
動物	獅子、馬、山羊
神明	布麗姬、阿耆尼、芙蕾亞、赫菲斯托斯
五感	視覺
象徵符號	火焰，或火的煉金術符號
盧恩符文	德格（Dag，意指「白晝」）、肯恩（Ken，意指「火」）、瑞德（Rad，意指「旅行」）、西格爾（Sigel，意指「太陽」）
大天使	麥可
魔法功課	意欲

參考書目

Adler, Margot. "A Time for Truth." *Beliefnet.* 2000. Accessed April 2020. https://www.beliefnet.com/faiths/pagan-and-earth-based/2000/09/a-time-for-truth.aspx.

Andersen, Johannes. *Myths and Legends of the Polynesians*. Rutland, Vermont: Tuttle Publishing, 1986.

Arthur Yates & Co. *Yates Garden Guide: Centennial Edition, 1895–1995.* Pymble, New South Wales: Angus & Robertson, 1995.

Atkin, Emily. "Do You Know Where Your Healing Crystals Come From?" *New Republic.* May 11, 2018. Accessed April 2020. https://newrepublic.com/article/148190/know-healing-crystals-come-from.

Australian War Memorial. "Red Poppies." *Australian War Memorial website.* Accessed February 27, 2020. https://www.awm.gov.au/commemoration/customs-and-ceremony/poppies.

"Averni." In *Cyclopædia, or an Universal Dictionary of Arts and Sciences*, edited by Ephraim Chambers. London: James and John Knapton, et al., 1728.

Bloodofox. "The Snaptun Stone." *Ancient History Encyclopedia.* November 17, 2017. Accessed April 2020. https://www.ancient.eu/image/7640/the-snaptun-stone/.

Boardman, John, Jasper Griffin, and Oswyn Murray. *The Oxford History of the Classical World.* 3rd. New York: Oxford University Press, 1993.

Brasileiro, Adriana. “Brazilian mines produce world’s priciest gems under fire.” *Reuters*. June 19, 2016. Accessed March 2020. https://www.reuters.com/article/us-brazil-tourmaline-mines/brazilian-mines-produce-worlds-priciest-gems-under-fire-idUSKCN0Z30O5.

Buckland, Raymond. *Buckland’s Complete Book of Witchcraft*. St. Paul, Minnesota: Llewellyn, 1986.

Burns, Robert. “John Barleycorn: A Ballad.” *robertburns.org*. Accessed June 2020. http://www.robertburns.org/works/27.shtml.

Caesar, Julius. *Caesar’s Commentaries on the Gallic Wars*. Translated by T. R. Holmes, London, 1908.

Cart, Julie. “Hawaii’s Hot Rocks Blamed by Tourists for Bad Luck: Goddess said to curse those who take a piece of her island.” *Los Angeles Times*. May 17, 2001. Retrieved July 2020. https://www.sfgate.com/news/article/Hawaii-s-hot-rocks-blamed-by-tourists-for-bad-2920041.php.

Cartwright, Mark. “Agni.” *Ancient History Encyclopedia*. May 18, 2015. Accessed April 2020. https://www.ancient.eu/Agni/.

Chauran, Alexander. *Faeries & Elementals for Beginners: Learn About & Communicate With Nature Spirits*. Woodbury, Minnesota: Llewellyn, 2013.

Classic Folktales from Around the World. London: Leopard, 1996.

Costley, Sarah, and Charles Kightly. *A Celtic Book of Days*. London: Thames & Hudson, 1998.

Craig, R. D. *Dictionary of Polynesian Mythology*. New York: Greenwood Press, 1989.

Cunningham, Scott. *Cunningham’s Encyclopedia of Crystal, Gem & Metal Magic*. St. Paul, Minnesota: Llewellyn, 1988.

Cunningham, Scott. *Cunningham’s Encyclopedia of Magical Herbs*. St. Paul, Minnesota: Llewellyn, 1985.

Daimler, Morgan. *Brigid: Meeting the Celtic Goddess of Poetry, Forge, and Healing Well.* Arlesford, UK: Moon Books, 2016.

Daimler, Morgan. *The Dagda: Meeting the Good God of Ireland.* Arlesford, UK: Moon Books, 2018.

Davis, F. H. *Myths and Legends of Japan*. New York: Dover Publications, 1992.

Day, Ed, ed. *Llewellyn's Magical Sampler.* Woodbury, Minnesota: Llewellyn, 2015.

D'Este, Sorita, and David Rankine. *Practical Elemental Magick: Working the Magick of the Four Elements in the Western Mystery Tradition.* London: Avalonia, 2008.

Dorsey, Lilith. "Feast for Chango and Santa Barbara." *Patheos Pagan.* Accessed July 2020. https://www.patheos.com/blogs/voodoo universe/2015/12/124-feast-for-chango-and-santa-barbara/.

Dorsey, Lilith. "Orisha Ogun: Lord of Iron, God of War." *Patheos Pagan*. Accessed July 2020. https://www.patheos.com/blogs /voodoouniverse/2013/11/orisha-ogun-lord-of-iron-god-of-war/.

Dorsey, Lilith. *Orishas, Goddesses and Voodoo Queens: The Divine Feminine in the African Religious Traditions*. Newburyport, Massachusetts: Weiser Books, 2020.

Drury, Nevill. *The Watkins Dictionary of Magic.* London: Watkins Publishing, 2005.

Drury, Nevill, and Gregory Tillett. *The Occult Sourcebook.* London: Routledge & Kegan Paul, 1978.

Dublin, Trinity College, MS 1319. *Cath Muige Tuired Cunga.* pp. 90–110 [s. xv] pp. 90a–99b. Translated by Fraser, J. "The First Battle of Moytura." *Ériu* v.8 (1915), pp. 1–63. Accessed July 2020. https://loraobrien.ie/first-battle-of-moytura-cath-muige -tuired-cunga/.

Dunwich, Gerina. *Dunwich's Guide to Gemstone Sorcery: Using Stones for Spells, Amulets, Rituals, and Divination.* San Francisco: Weiser, 2003.

Dunwich, Gerina. *The Wicca Garden.* Secaucus, New Jersey: Citadel, 1998.

Earthworks. "How the 20 tons of mine waste per gold ring figure was calculated." *Earthworks.org.* Accessed April 2020. https://earthworks.org/cms/assets/uploads/archive/files/publications/20TonsMemo_FINAL.pdf.

Elsie, Robert. *A Dictionary of Albanian Religion, Mythology and Folk Culture.* London: C. Hurst & Co., 2001.

Encyclopaedia Britannica. "Cacus and Caca." *Encyclopaedia Britannica.* Accessed April 2020. https://www.britannica.com/topic/Cacus-and-Caca.

Etymology Online. "Fire." Accessed April 2020. https://www.etymonline.com/search?q=fire.

Fobar, Rachel. "Frankincense trees—of biblical lore—are being tapped out for essential oils." December 13, 2019. Accessed February 20, 2020. https://www.nationalgeographic.com/animals/2019/12/frankincense-trees-declining-overtapping/.

Ford, David N. "Dinas Emrys: Vortigern's Hideout?" *David Nash Ford's Early British Kingdoms.* Accessed April 2020. http://www.earlybritishkingdoms.com/archaeology/emrys.html.

Frazer, James G. *The Golden Bough.* 3rd ed. London: McMillan & Co., 1955.

Gardner, Lily. "The Nine Sacred Trees." In *Llewellyn's Magical Sampler*, edited by Ed Day, 70–75. Woodbury, Minnesota: Llewellyn, 2015.

Goren-Inbar, Naama, Nira Alperson, Mordechai E. Kislev, Orit Simchoni, Yoel Melamed, Adi Ben-Nun, and Ella Werker.

"Evidence of Hominin Control of Fire at Gesher Benot Ya`aqov, Israel." *Science*. April 30, 2004: 725–727. Accessed April 2020. doi:10.1126/science.1095443.

Gray, Eden. *The Tarot Revealed.* London: Penguin, 1969.

Green, Marian. *The Elements of Ritual Magic.* Shaftesbury, UK: Element Books, 1990.

Grimassi, Raven. *Encyclopedia of Wicca and Witchcraft.* St. Paul, Minnesota: Llewellyn, 2000.

Groundspeak. "Seafarers and Killed in the Sea Monument and Eternal Flame—Helsinki, Finland." Wayfinders.com. Accessed July 2020. http://staging.waymarking.com/waymarks/WMG1R3_Seafarers_and_Killed_in_the_Sea_Monument_Eternal_Flame_Helsinki_Finland.

Gupta, Shakti M. *Plant Myths and Traditions in India.* Leiden, Netherlands: E. J. Brill, 1971.

Gwydion MacLir, Alferian. *The Witch's Wand: The Craft, Lore, and Magick of Wands & Staffs.* Woodbury, Minnesota: Llewellyn, 2015.

Hall, Judy. *The Crystal Bible.* Cincinnati, Ohio: Walking Stick Press, 2003.

Hazen, Walter. *Inside Hinduism.* Dayton, Ohio: Milliken, 2003.

Holmyard, Eric John. *Alchemy*. Middlesex, England: Penguin Books, 1957.

Hughes, Kristoffer. *From the Cauldron Born: Exploring the Magic of Welsh Legend and Lore.* Woodbury, Minnesota: Llewellyn, 2012.

Hughes, Kristoffer. *The Journey into Spirit: A Pagan's Perspective on Death, Dying and Bereavement.* Woodbury, Minnesota: Llewellyn, 2015.

Human Rights Watch. "The Hidden Cost of Jewelry: Human Rights in Supply Chains and the Responsibility of Jewelry Companies."

HRW website. February 8, 2018. Accessed March 2020. https://www.hrw.org/report/2018/02/08/hidden-cost-jewelry/human-rights-supply-chains-and-responsibility-jewelry.

Hutton, Ronald. *Blood and Mistletoe: The History of the Druids in Britain.* New Haven, Connecticut: Yale University Press, 2009.

Hutton, Ronald. *Triumph of the Moon: A History of Modern Pagan Witchcraft.* Oxford, UK: Oxford University Press, 1999.

Illes, Judika. *The Element Encyclopedia of 5000 Spells.* London: Harper Element, 2004.

Illes, Judika. *The Encyclopedia of Spirits: The Ultimate Guide to the Magic of Fairies, Genies, Demons, Ghosts, Gods, and Goddesses.* New York: Harper Collins, 2009.

Jones, Gwyn. *A History of the Vikings.* Oxford, UK: Oxford University Press, 2001.

Jones, Gwyn, and Thomas Jones, transl. *The Mabinogion.* London: J M Dent & Sons, 1993.

Jung, Carl. *Man and His Symbols.* London: Aldus Books, 1964.

Khan, Inayat. "Abstract Sound." *The Mysticism of Music, Sound and Word.* Accessed July 2020. https://wahiduddin.net/mv2/II/II_8.htm.

King, Hobart M. "Igneous Rocks." *Geology.com.* Accessed March 2020. https://geology.com/rocks/igneous-rocks.shtml.

Kirton, Meredith. *Dig Deeper.* Crows Nest, New South Wales: Murdoch Books, 2014.

Kirton, Meredith. *Harvest.* Millers Point, New South Wales: Murdoch Books, 2009.

Kryuchkova, Elena and Olga Kryuchkova. *The Illustrated Encyclopedia of Slavic Gods and Spirits.* Translated by Inna Rutkovska. Babelcube Inc., 2019.

Kynes, Sandra. *Llewellyn's Complete Book of Correspondences.* Woodbury, Minnesota: Llewellyn Publications, 2016.

Little, Brenda. *The Complete Book of Herbs and Spices.* Frenchs Forest, New South Wales: Reed Books, 1986.

Lochtefeld, James G. *The Illustrated Encyclopedia of Hinduism: A–M.* New York: The Rosen Publishing Group, 2002.

Lurker, Manfred. *The Routledge Dictionary of Gods and Goddesses, Devils and Demons.* London: Routledge, 2005.

MacCulloch, J. A. *The Celtic and Scandinavian Religions*. London: Hutchinson & Co., 1948.

MacGregor, Trish. *The Everything Astrology Book.* Avon, Massachusetts: Adams Media, 1999.

Mackenzie, Donald A. *Myths of Babylon and Assyria.* London: The Gresham Publishing Company, 1915.

Mankey, Jason. *The Witch's Athame: The Craft, Lore & Magick of Ritual Blades.* Woodbury, Minnesota: Llewellyn, 2016.

Mankey, Jason. *Witch's Wheel of the Year: Rituals for Circles, Solitaries & Covens.* Woodbury, Minnesota: Llewellyn, 2019.

Mierzwicki, Tony. *Hellenismos: Practicing Greek Polytheism Today.* Woodbury, Minnesota: Llewellyn, 2018.

Mitchell, Alan. *A Field Guide to the Trees of Britain and Northern Europe.* London: Collins, 1974.

Moss, Vivienne. *Hekate: A Devotional.* Alresford, UK: Moon Books, 2015.

Murrell, Nathaniel Samuel. *Afro-Caribbean Religions*. Philadelphia, Pennsylvania: Temple University Press, 2010.

Norton, Holly. "Honey, I Love You: Our 40,000 Year Relationship with the Humble Bee." *The Guardian.* May 24, 2017. Accessed August 2020. https://www.theguardian.com/science/2017/

may/24/honey-i-love-you-our-40000-year-relationship-with-the-humble-bee.

Nowak, Claire. "The Fascinating History of the Birthday Cake." *Readers' Digest website.* Accessed May 2020. https://www.rd.com/culture/origin-of-birthday-cake/.

O'Connor, Kerri. *Ostara: Rituals, Recipes & Lore for the Spring Equinox.* Woodbury, Minnesota: Llewellyn, 2015.

Ono, Sokyo. *Shinto: The Kami Way.* North Clarendon, USA: Tuttle Publishing, 1962.

Opie, Iona, and Moira Tatem. *A Dictionary of Superstitions.* New York: Oxford University Press, 1992.

Patinkin, Jason. "World's Last Wild Frankincense Forests Are Under Threat." *Yahoo Finance.* December 25, 2016. Accessed February 24, 2020. https://finance.yahoo.com/news/worlds-last-wild-frankincense-forests-084122152.html.

Paxson, Diana L. *Essential Asatru: Walking the Path of Norse Paganism.* New York: Citadel, 2006.

Paxson, Diana L. *The Way of the Oracle: Recovering the Practices of the Past to Find Answers for Today.* San Francisco: Weiser, 2012.

People's Daily Online. "Archaeologists Find Crocodile is Prototype of Dragon." April 29, 2000. Accessed June 2020. http://en.people.cn/english/200004/29/eng20000429_40001.html.

Philips, Julia, and Matthew Philips. *The Witches of Oz.* Chievely, UK: Capall Bann, 1994.

Pollack, Rachel. *Seventy-Eight Degrees of Wisdom: A Book of Tarot.* Wellingborough, Northamptonshire: The Aquarian Press, 1980.

Pratchett, Terry. *Jingo.* London: Corgi Books, 1997.

Qumsiyeh, Mazin B. *Mammals of the Holy Land.* Lubboch, Texas: Texas Tech University Press, 1996.

Ravenwolf, Silver. *American Folk Magic.* St. Paul, Minnesota: Llewellyn, 1996.

Readers' Digest Association. *Folklore, Myths and Legends of Britain.* London: Readers' Digest, 1977.

Reilly, Michael, Suzanne Duncan, Gianna Leoni, Lachy Paterson, Lyn Carter, Matiu Rātima, and Poia Rewi. *Te Kōparapara: An Introduction to the Māori World.* Auckland, New Zealand: Auckland University Press, 2018.

Riegler, Dan. "Co-Ops—Do we support ethical frankincense harvesting?" March 21, 2014. Accessed February 20, 2020. https://apothecarysgarden.com/2014/03/21/co-ops-do-we-support-ethical-frankincense-harvesting/.

Save Frankincense. "Certifiable Resin Supply Chain." Accessed February 20, 2020. https://www.savefrankincense.org/certifiable-resin-supply-chain.

Save Frankincense. "Frankincense Decline." Accessed February 20, 2020. https://www.savefrankincense.org/frankincense-decline.

Scot, Reginald. *The Discoverie of Witchcraft.* London: William Brome, 1584. Accessed March 8, 2020. https://www.gutenberg.org/files/60766/60766-h/60766-h.htm.

Solas Bhride Centre and Hermitages. "Lighting the Perpetual Flame: A Brief History." Solas Bhride. Accessed July 2020. http://solasbhride.ie/the-perpetual-flame/.

Stromberg, Joseph. "Where Did Dragons Come From?" *Smithsonian Magazine.* January 23, 2012. Accessed June 2020. https://www.smithsonianmag.com/science-nature/where-did-dragons-come-from-23969126/.

Skinner, Stephen. *The Complete Magician's Tables.* London: Avalonia, 2006.

Squire, Charles. *Mythology of the Celtic People.* 3rd ed. London: Bracken Books, 1996.

Symes, Alison. *Willow.* London: Reaktion Books, 2014.

The German Way & More. "Fasching and Karneval." Accessed February 13, 2020. https://www.german-way.com/history-and-culture/holidays-and-celebrations/fasching-and-karneval/.

The Medieval Bestiary. "Eagle." *The Medieval Bestiary website.* Accessed July 2020. http://bestiary.ca/beasts/beast232.htm.

The University of Auckland. "Basalt." *Geology: Rocks and Minerals.* Accessed March 2020. https://flexiblelearning.auckland.ac.nz/rocks_minerals/rocks/basalt.html.

Thompson, Janet. *Magical Hearth: Home for the Modern Pagan.* York Beach, Maine: Samuel Weiser, Inc., 1995.

Tourist Office of Brocéliande. "The Fountain of Barenton." *Tourist Office of Brocéliande website.* Accessed February 2, 2020. https://tourisme-broceliande.bzh/en/lieu/fontaine-de-barenton/.

Tudeau, Johanna. "Girra (god)." *Ancient Mesopotamian Gods and Goddesses*. Oracc and the UK Higher Education Academy. Accessed July 2020. http://oracc.museum.upenn.edu/amgg/listofdeities/girra/.

Tuan. "The Working Tools of the Witch: The Sword." *Esoterica* (1995), 42–44.

Valiente, Doreen. *An ABC of Witchcraft Past and Present.* London: Robert Hale, 1973.

Valiente, Doreen. *The Rebirth of Witchcraft.* London: Robert Hale, 1989.

Virgil. 29–19 BCE. *The Aeneid (1697 translation).* Translated by John Dryden. Accessed April 2020. http://www.gutenberg.org/files/228/228-h/228-h.htm.

Waite, Arthur Edward. *The Pictorial Key to the Tarot: Fragments of a Secret Tradition under the Veil of Divination (1993 edition).* London: Parragon, 1993.

Waldron, David. *The Sign of the Witch: Modernity and the Pagan Revival.* Durham, North Carolina: Carolina Academic Press, 2008.

Watts, D. C. *Elsevier's Dictionary of Plant Lore.* London: Elsevier, 2007.

Weber, Courtney. *Brigid: History, Mystery, and Magick of the Celtic Goddess.* San Francisco: Weiser, 2015.

Willard, Pat. *The Secrets of Saffron.* Boston: Beacon Press, 2002.

Wilson, Courtney. "Ornithologist seeks to prove theory NT desert hunting birds spread fire to flush out prey." *ABC News*. March 3, 2016. Accessed July 2020. https://www.abc.net.au/news/2016-03-03/smart-bushfire-birds/7216934.

Wiseman, Eva. "Are Crystals the New Blood Diamonds?" *The Guardian*. June 16, 2019. Accessed March 2020. https://www.theguardian.com/global/2019/jun/16/are-crystals-the-new-blood-diamonds-the-truth-about-muky-business-of-healing-stones.

Woodbury, Sarah. "Dinas Ffareon (Dinas Emrys)." *Sarah Woodbury: Mystery, Fantasy and Romance in Medieval Wales.* Accessed April 2020. https://www.sarahwoodbury.com/dinas-ffareon-dinas-emrys/.

Worth, Valerie. *The Crone's Book of Words.* St. Paul, Minnesota: Llewellyn, 1971.

Yeats, William Butler. "The Song of Wandering Aengus." *The Wind Among the Reeds.* Accessed April 2020. https://www.poetryfoundation.org/poems/55687/the-song-of-wandering-aengus.

Zai, Dr. J. *Taoism and Science: Cosmology, Evolution, Morality, Health and more.* Ultravisum, 2015.

Zakroff, Laura Tempest. *Weave the Liminal: Living Modern Traditional Witchcraft.* Woodbury, Minnesota: Llewellyn, 2019.

傳統並不是崇拜灰燼，而是保存火。

——古斯塔夫・馬勒（Gustav Mahler）

國家圖書館出版品預行編目（CIP）資料

火系魔法【自然元素魔法系列 3】：關於力量、創造、重生的魔法／約瑟芬．溫特（Josephine Winter）著；非語譯．-- 初版．-- 臺北市：橡實文化出版：大雁出版基地發行，2022.06
面；　公分
譯自：Fire magic
ISBN 978-626-7085-25-7（平裝）

1.CST：巫術　2.CST：火

295　　111005547

BC1109

火系魔法【自然元素魔法系列 3】：關於力量、創造、重生的魔法

Fire Magic: Elements of Witchcraft Book 3

本書內容僅供個人療癒輔助參考之用，無法取代正統醫學療程或專業醫師之建議與診斷。如果您對健康狀況有所疑慮，請諮詢專業醫事者的協助。

作　　者　約瑟芬．溫特（Josephine Winter）
譯　　者　非語
責任編輯　田哲榮
協力編輯　朗慧
封面設計　斐類設計
內頁構成　歐陽碧智
校　　對　蔡函廷

發 行 人　蘇拾平
總 編 輯　于芝峰
副總編輯　田哲榮
業務發行　王綬晨、邱紹溢
行銷企劃　陳詩婷
出　　版　橡實文化 ACORN Publishing
地址：10544 臺北市松山區復興北路 333 號 11 樓之 4
電話：02-2718-2001　傳真：02-2719-1308
網址：www.acornbooks.com.tw
E-mail 信箱：acorn@andbooks.com.tw
發　　行　大雁出版基地
地址：10544 臺北市松山區復興北路 333 號 11 樓之 4
電話：02-2718-2001　傳真：02-2718-1258
讀者傳真服務：02-2718-1258
讀者服務信箱：andbooks@andbooks.com.tw
劃撥帳號：19983379　戶名：大雁文化事業股份有限公司

印　　刷　中原造像股份有限公司
初版一刷　2022 年 6 月
定　　價　520 元
I S B N　978-626-7085-25-7